VI HORAE

古今之变

蜀学今文学与近代革命

傅正　著

U0330942

华东师范大学出版社

华东师范大学出版社六点分社　策划

关注中国问题
重铸中国故事

缘　　起

在思想史上,"犹太人"一直作为一个"问题"横贯在我们的面前,成为人们众多问题的思考线索。在当下三千年未有之大变局中,最突显的是"中国人"也已成为一个"问题",摆在世界面前,成为众说纷纭的对象。随着中国的崛起强盛,这个问题将日趋突出、尖锐。无论你是什么立场,这是未来几代人必须承受且重负的。究其因,简言之:中国人站起来了!

百年来,中国人"落后挨打"的切肤经验,使我们许多人确信一个"普世神话":中国"东亚病夫"的身子骨只能从西方的"药铺"抓药,方可自信长大成人。于是,我们在技术进步中选择了"被奴役",我们在绝对的娱乐化中接受"民主",我们在大众的唾沫中享受"自由"。今日乃是技术图景之世界，我们所拥有的东西比任何一个时代要多，但我们丢失的东西也不会比任何一个时代少。我们站起来的身子结实了，但我们的头颅依旧无法昂起。

中国有个神话，叫《西游记》。说的是师徒四人，历尽劫波，赴西天"取经"之事。这个神话的"微言大义"：取经不易，一路上，妖魔鬼怪，层出不穷；取真经更难，征途中，真真假假，迷惑不绝。当下之中国实乃在"取经"之途，正所谓"敢问路在何方"？

取"经"自然为了念"经"，念经当然为了修成"正果"。问题是：我们渴望修成的"正果"是什么？我们需要什么"经"？从哪里"取经"？取什么"经"？念什么"经"？这自然攸关我们这个国家崛起之旅、我们这个民族复兴之路。

清理、辨析我们的思想食谱，在纷繁的思想光谱中，寻找中国人的"底色"，重铸中国的"故事"，关注中国的"问题"，这是我们所期待的，也是"六点评论"旨趣所在。

点　点

2011.8.10

新今文经学与现代革命志士

刘小枫

从帝制到共和,中国政制的现代转型经历了艰难曲折的百年历程(1840—1949),古老的天安门前竖立起"人民英雄纪念碑",标志着三千年未有之大变局终于大局初定。如今的我们生活在新生的共和时代,虽然晚近半个多世纪以来,共和经历仍然曲折艰难,毕竟已经进入后共和政治状态。

从英国舰队炮击国门到帝制瓦解,从"真假共和"之争引发内战和外敌趁虚而入到中共军队将外国舰队逐出长江,从共和国在灰烬中重生到改革开放,儒家思想的经历可谓一波三折。今文经学率先突起引领变局,随后"打倒孔家店"的口号成为主流并在"文革"时期贯穿落实,改革开放之后儒家思想又死灰复燃。如今,儒学复兴的学术景观已蔚然可观,不仅论说蜂起,而且内部相互攻讦日盛。就此而言,在后共和时代的政治状态中检讨儒家思想的百年经历，对于今天的我们来说不仅具有政治史学意义，而且具有政治哲学意义。

傅正博士的《古今之变：蜀学今文学与近代革命》篇幅虽小，涉及的问题却不小。在笔者看来，本书的实际主题是"新今文经学与现代革命志士"——副标题点明了这一点。"古今之变"这个书名不外乎表明，对儒家而言，"革命"是一个古老语汇而非现代语汇。晚清以来的现代革命堪称独一无二，仅仅因为这场革命的实质乃"古今之变"。因此，新经学与现代革命志士之关系究竟如何，与今天的我们并非没有直接干系。毕竟，无论从制度还是思想层面上讲，这场伟大的"古今之变"尚未尘埃落定。

回顾并检讨儒家思想与现代中国变局的关系，不可能不谈康有为及其弟子梁启超。本书作者则告诉我们：还应该加上，不可能不谈廖平及其弟子蒙文通！倘若如此，我们就得对学界已有的现代儒家思想的历史地图做出重大修正。

一、新今文经学的现代革命含义

经学有古文与今文之分，本是汉代重建国家秩序时当为哪些经书立学官之争，因秦火而来的经文抄写文字的差异，成为这场政治冲突的导火索。时过境迁，无论从学术上还是政治上讲，古文与今文之分都早已失去意义。廖平在晚清时局中突然旧事重提，而且提出前所未有的判分标准：古文经与今文经之分不在抄写文字和是否立为学官，而在崇旧制（周礼）

抑或崇新制(孔子所立之制)。作者提醒我们,这个道理甚至
"西汉大儒也不知道"(页21)。把这一经学议题转换成政治
议题便意味着,今人必须在损益旧制(帝制)抑或创立新制
(民主共和)之间做出选择。难怪刘师培、章太炎一类所谓古
文派经学家也赞成廖平的判分。这并不意味着他们赞同廖平
的新今文学本身,毋宁说,他们欣赏其中所包含的革命正当性
法理。

廖平经学的革命品质首先体现在,他并非如人们以为的
那样回到汉儒,而是"自创"出一个"新的今古文学说体系"。
史学家们迄今仍津津乐道常州学派与晚清新今文学的连带关
系,经作者的考察,这其实是个莫须有的史学论题。真实的史
学论题毋宁是:既然廖平的今文经学观"恢怪"得出奇且无所
依凭,我们就应该问,如此革命性的经学观是怎么来的? 康有
为的《新学伪经考》是否得自廖平的启发是现代儒学史上的
著名公案,作者却关心另一个问题:身处西南腹地的廖平何以
可能会先于身处沿海的康有为发明如此革命性的经学观。

作者首先以"晚清蜀学与经今文学的另一谱系学"为题
尝试回答这个问题,并用了三分之一篇幅讲述廖平经学形成
的地缘政治背景,以至于思想史研究成了政治史学研究。关
于廖平的早年经历,史学家们会津津乐道张之洞慧眼识珠或
王闿运打造尊经学院的问学取向等等。在作者看来,这些都
是不争的史实,但具有决定性意义的其实是另一史实:

1874年,英国保守党政府上台,一改克里米亚战争

后期20年的对俄绥靖政策,转而在东方全面遏制俄国扩
张。从阿富汗到西藏,广袤的中亚大地都成为了英俄争
夺势力范围的疆场。……在这种情况下,本来作为内地
的川、滇、甘诸省突然成为了边疆,成为了西方殖民主义
势力交锋的前线。(页31—33)

现代列强进逼中国不仅有海路(从沿海到内地),还有陆
路(从中亚、南亚经新疆、西藏到内地)。经作者这么一提醒,
笔者才恍然明白,身处内陆腹地的廖平为何会具有全球政治
地理视野。1898年,廖平刊印其"三变"期的代表作《地球新
义》,提出孔子已知全球为九大州、中国为小九州的著名论断
(页61—66)。凭靠重新解释中国古代经典来建构一套儒家
式的全球政治地理观,是廖平经学中的一大亮点。廖平一生
学术多变,这一点并未改变。

作者没有举例让我们领略廖平儒家式的世界政治地理说
高论,笔者不妨引廖平在《地球新义》刊行20年后(1919)发
表的一篇论述《诗经·国风》"五帝分运"的文章中的说法,以
便读者切实感受一下廖平经学如何"恢怪"得出奇。廖平文
章说,他仍然坚持自己曾凭靠《周礼》中的"赋、比、兴之名"推
衍全球政治地理的"九国而三统之说":

> 《王风》,《鲁诗》以为鲁,在东大统,以托伏羲,为海
> 外东经、大荒东经。以中国为中,则日本以外之海岛,当
> 为今美洲。《齿》在雍,乾位西北,为少昊所司之分,为海

外西经、大荒西经,为金德王之政。欧以中国为中,则应
以欧洲当之。盖就中国言,以美为东,以欧为西。就中土
言,则以中国为东,美为西。《诗》之"中"字有二义,一指
中国,一指中土言之。……孔子殷人,先就三统立说。且
美洲非圣人旧,虽曰金统,要必由中以化外,故国少昊曲
阜,以西方之中亦归于东鲁。如少昊以金德为帝,治五
洲,其余四洲之帝皆退位。以神主之,东洲则勾萌,本洲
则祝融,中洲则后土,北洲则玄冥。以金德王,当在美洲
立留都。①

　　即便在当时的中国知识人看来,这样的说法也明显穿凿
附会得可笑,遑论今天的我们。尽管如此,作者的政治史学笔
法提醒我们应该意识到,地理大发现始于 16 世纪,西欧人直
到 18 世纪才大致形成明确的全球地表知识。② 德国大学在
1874 年建立地理系,标志着科学的世界地理观开始成为现代
民族国家争夺全球支配势力范围的工具,麦金德在 1904 年提
出的地缘政治观堪称最好的例证。廖平在 1898 年提出儒家
式的全球政治地理观,缺乏的仅是地理学的实证知识,相比之
下,麦金德的政治地理学虽然有实证知识垫底却缺乏德性。
　　因此,廖平的"地球新义"的问题并不在于他把刚刚得知

---

　　① 廖平,《诗说》,潘林校注,上海:华东师范大学出版社,2017,页
72—73。
　　② 比较詹姆斯,《地理学思想史》(1972),李旭旦译,北京:商务印
书馆,1982,页 166—180。

的地理大发现知识塞进了中国古代经典,而在于他凭此将孔子推为世界教主。

> 《诗》之主教,则在东方。以孔居鲁,少昊之都亦在鲁,故曰"颠倒衣裳"。金德之帝,不在西洲,而在东洲。考三统九风,一统一君二臣,如《易》之三人行损一人,一人行得友二臣,以备二统之臣,君则自王之主国。如《邶》为王,则鲁、周二统之《王》、《豳》退位,以《郑》、《魏》为之臣。如一王而二伯,《王》为王,则《鄘》、《秦》为之臣。亦如《易》之三爻中,有一君二臣也。而一篇之中,又自分三统,有自应本风之篇,有附应二统之篇。可以考见,由斯以推,则一风分应三统,九风互相为君臣佐佑焉。(廖平,《诗说》,前揭,页73)

可以看到,《王制》是廖平推衍全球政治地理的"九国而三统之说"的基础。作者恰切地指出,廖平"完全以《王制》为绳准,只有符合《王制》的才配成为'今文经'"——用廖平自己的说法:"至于今学,则全祖孔子改制之意,只有一派"(页49)。由此我们得知,即便廖平的新今文经学谱系是伪造,也算得上哲人式的立法行为,用实证史学的脑筋来衡量,当然扞格难通——问题在于:燕雀安知鸿鹄之志哉。

法国著名思想史家哈扎德(Paul Hazard,1878—1944)在其名著《欧洲意识的危机》一书序言中曾说,伏尔泰的《论普遍历史》几乎在一夜之间取代了波舒哀的《论普遍历史》:"大多数法国人一直像波舒哀那样思考,突然之间,法国人像伏尔泰那样思考:这是一场革命"。① 廖平把孔子推为世界教主,与其说必然与泰西的基督教迎面相撞,不如说与现代的文明进步史观狭路相逢。因此,作者在"孔子的'一神化'与文明进化史观"这一标题下讨论廖平的地理观,恰如其分。如今的我们很清楚,无论基督教还是儒家的世界观都面临地理大发现以来形成的文明进化史观的致命挑战。

> 廖平区分"小九州"与"大九州","真三代"与"王之三代",其根本时代背景是古人对于上古三代的信仰破产了,对上古三代的研究不再具有致用的价值。如此一来,经学就面临覆亡的危险。(页66)

廖平的新今文经学显得是绝地挽救儒学的行动,但在作者看来,这似乎无异于儒家传统的自杀。首先,由于"体现孔子'因革继周'之道的今文经少之又少,反映旧史的大多数经文又'各就所见立说'",廖平提出的今古文经学的区分标准就"撕裂了"体现古三代典章制度的六经的整体性,为后来经学的实证史学化大开方便之门。作者敏锐地推断,民国古史辨派将六经还原为史料,实起自清末今文家(页51,比较页83)。

第二,把儒学打造为一神教,在中国"恰恰推动了历史进

---

① Paul Hazard, *La Crise de la Conscience Européenne*:1680—1715, Paris,1935/2005,页4。

步观念的形成"。作者在上篇结束前添加了长篇"附论",提出中国的现代历史主义实际有"两条路径"。言下之意,本来是要抵制历史主义的新今文学反倒开辟出了一条独特的历史主义路径。

笔者感到困惑:按作者的辨识,廖平恰好要通过其确立的新今文经学标准阻断对经学的史学理解,何以可能引导出一种历史主义?作者没有深究这个问题,他的关注几乎完全被自己所发现的廖平经学的革命性质吸引。在结束对廖平经学的考察时,作者说,虽然廖平与康有为都以尊孔唯尚,但廖平经学更具革命品质:康有为凭靠新经学提倡改制,廖平凭靠新经学提倡革命,从而其经学主张更为激进。作者强调,这并非他自己的看法,而是廖平弟子蒙文通的观点:"康有为虽然剿袭了廖平的观点,却从未剿袭到廖平学术的真精神,这个精神就是革命"(页67)。显然,作者更为关切这样一个政治史学问题:蒙文通的经学观可能比廖平更具有革命品质。

情形若真的像作者让我们看到的那样,后共和政治状态中的新儒家们就得小心了:他们自以为在弘扬儒家传统,没准儿恰恰是在破碎儒家传统。我们不能想当然地以为,只要是弘扬儒家就没问题,毋宁说,关键问题在于如何弘扬以及弘扬儒家传统中的什么。

二、新经学与新知识人

结束对廖平新今文经学之革命性质的剖析后,作者戏剧突转式地谈起了一个看似与廖平的经学革命并不相干的论题:"本省意识、保路运动与蜀学认同"。由于这一部分的标题是"中等社会的革命",笔者不禁好奇:廖平及其弟子蒙文通的新今文经学与"中等社会的革命"有什么关系吗?

为了更好地理解作者的论述,有必要简扼回顾保路运动的来龙去脉。这一运动历时数年,其高潮"成都血案"史称辛亥革命前奏。事情原委大致是这样:1903年9月,清廷推行"新政"搞改革开放,允许民间集资办铁路、矿务、工艺、农务等公司,各省陆续成立私营铁路公司集资修铁路。清廷没有想到,如此"新政"举措会损害西方列强的在华利益,进而引发民间私营公司与西方列强所谓在华铁路修筑权的利益冲突。换言之,清廷高层对现代政治缺乏基本常识,竟然不知国家主权为何物。湖南、湖北、广东三省绅商首先发起"收回路权"运动,并在1905年成功从美国人手中赎回粤汉铁路和川汉铁路修筑权。在今天看来不可思议的是,愚蠢的清廷在1911年春东施效颦成立"责任内阁"后不久(同年5月),随即颁发"上谕"宣布商办铁路一律收归国有,并派出"督办粤汉、川汉铁路大臣"强行接收湘鄂川粤四省的商办铁路公司,打算把筑路权卖给英美德法四国财团。

湖南人首先起身反抗,在绅商组织下,长沙和株洲出现万人筑路工游行示威,甚至包围了巡抚衙门。湖北人随后跟进,绅商组织筑路工与前来强行接收的政府军发生冲突,当场打死政府军20余人。成都的保路运动出现得稍晚却更持久,组织性也更强,保路同志会成立10天就发展到十万之众。愚蠢的清廷仍然采取高压手段,没想到同盟会早已介入,与地方哥老会联手,把保路同志会改为保路同志军,准备武装反抗。四川总督赵尔丰设计诱捕省谘议局议长及保路同志会和川路股东会要人,引发数万人包围总督府,赵尔丰竟然下令开枪,当场打死30多人。几天之内,成都附近州县保路同志军二十多万人围攻成都。由于行动仓促又缺乏统一指挥,同志军攻打成都十余天未果,不然的话,辛亥革命的发生地就不是武昌了。尽管如此,新共和国开国元帅中,川人占四位,湖南湖北各占两位,绝非偶然。

显然,在作者看来,保路运动是所谓"中等社会的革命"。作者关注这样一个问题:清廷已经搞改革开放而且准备立宪,何以成了自掘坟墓。这明显属于政治史学论题,作者的论析甚至带有历史社会学史学的痕迹:通过考察保路运动与本省意识和蜀学认同的关系,作者希望解释"静悄悄的革命"何以最终引致"孙中山和暴力革命话语的成功"(页95)。

作者让我们看到,所谓"中等社会"这个概念的具体所指有不同的界定,但无论哪种界定都会包含新知识阶层。作者还提醒我们:

> "中等社会"的优势在于,它作为当时人自己的术语,既是历史研究的对象,又是分析历史的框架。(页102—103)

这当然不等于提醒我们,20世纪末东欧的"公民社会"或

"公共空间"看起来是在搞"静悄悄的革命",没准会引致某种"暴力革命话语的成功"。其实,在西欧这样的基督教传统国家的现代转型过程中,新知识阶层的形成也是一个重大的政治史学课题。要说中国的现代知识阶层的形成有什么独特性,人们恐怕只能说,清廷新政搞改革开放时废除科举过于匆忙,没有迅速建立由国家主导的新型国民学校和高等教育。作者让我们看到,一方面,大量年轻学子蜂拥东渡日本留学,另一方面,国内各地纷纷建立新式学堂,"学生成为了一个游离于政治控制之外的特殊阶层"(页113)。

其实,从今天的经验来看,年轻学子大量出洋留学不是问题,关键在于执政者是否对国内教育体制有形塑和掌控能力。作者让我们注意到,清末新式学堂模仿海外新学,纷纷增设"历史""地理"科目。清廷固然多次颁布了"奏定"学堂章程,但高层官僚缺乏明智的政治意识和应有的政治素质,意在激发爱国意识的教育反倒成了强化本省意识的催化剂。换言之,清廷并非没有致力于形塑国家教育体制的形成,毋宁说,清廷高层完全不懂得应该如何形塑国民教育。单纯的强制无异于毫无章法,以至于新学成了自掘坟墓的行为。

清廷高层不懂西方却瞎学西方,尤其体现在1907年下谕各省"速设谘议局",为议会政治做准备。从政治常识上讲,清廷设立的这种"不受督抚节制的地方立法机构,等于给地方精英提供了一个可以对抗中央权威的平台"(页139)。短短几年内,全国出现多起"开国会"的请愿事件。在保路运动中,各省谘议局似乎起了不小的作用,起码成都事件与总督赵尔丰诱捕四川谘议局议长有关。

作者用了大量篇幅论析晚清政府搞新式学堂和开设地方谘议局似乎意在说明,保路运动这样的"中等社会"革命其实是清廷自作自受。笔者却感到,这一论断明显有问题。凭常识也容易看出,即便没搞新式学堂和开设地方谘议局,保路运动照样会发生,因为,这一事件明显是清廷执政者的政治素质差得不可思议所致。毕竟,民间集资修铁路的股东不仅有绅士、商人、地主,还有农民,而且据说农民购买的股份占很大比例。因此,保路运动与清政府强行收回路权且不退还或补偿民间集资有关,与清廷的教育改革失败和开设地方谘议局谈不上有直接关系。

作者提到传统国家现代化转型的一个重要特征,即中间阶层乃至下层民众的参政。换言之,现代国家的建构必然要求中间阶层乃至下层民众的广泛参与。如马基雅维利所说,共和政制有利于政治体保持最佳的竞争状态。对于增强政治体的强力来说,让国民有政治参与感比庞大的税收更管用。中间阶层乃至下层民众处于积极的政治状态,政治体更有底气保持强势外交政策。因此,激活"中等社会"的政治活力,绝非意味着中央集权的君主制必然崩溃。成都事件之后仅仅几个月,由于武昌新军被紧急调往四川镇压保路军,武昌守备空虚,辛亥革命趁机就来了。如果清廷懂得利用民间自1903年以来持续不断的"收回路权"运动,凭此力量强化国家主权,未必会有这样的结果。

即便采用了历史社会学的分析范式,想必作者也不至于会忽视这类常识性思考。因此,这一部分的论析意图让笔者感到难以琢磨。读完附论"严复对梁启超的批判:对中等社会的一种反思",笔者才恍然大悟。作者说,他考察保路运动与清廷的教育改革和开设地方谘议局的关系为的是证明:

> 清廷改革的初衷固然正大光明,结局却播出龙种收获跳蚤,很大程度上是因为事权往往落在了这群毫无政治经验却自以为是的新式知识分子手中。正是这些人把改革引向了自我毁灭的道路。(页179)

在"中篇"考察的附论中,作者看似要通过严复批评梁启超缺乏明智来证明这一点。因为,在作者看来,"越是大的变革越需要依赖高政治素养的人,而不是让更多本没有政治经验的人分享权力"(页187)。因此,

> 严复更在乎如何提高执政者的政治技能,而非启蒙民众。反观梁启超等人以似懂非懂的西学知识煽动民众,其将有益于维新改革乎?(页189)

作者笔下出现了明显的自相矛盾,我们可以问:保路运动乃至辛亥革命是因为事权落在了"毫无政治经验却自以为是的新式知识分子手中"吗?当然不是!情形明明是清廷执政者缺乏最为基本的政治素质和政治才干。然而,完全可以理解,在我国的政治史学研究中,论者显然不便从维持清廷统治

的角度展开论述,否则会被视为替封建专制说话。

由此来看,笔者的另一个困惑也迎刃而解了。在结束保路运动与清廷的教育改革和开设地方谘议局之关系的考察时,作者提到,廖平不仅积极参与保路运动,而且在辛亥革命后成为四川枢密院长。作者似乎认为,这足以进一步证明,廖平的新今文经学"要旨在革命,而不在改制"(页177);这时的康有为成了保皇党领袖,"岂足与投身革命的廖平相比"(页175)。在笔者看来,这同样是明显的似是而非之论。毕竟,即便情形如此,也不等于保路运动直接反映了廖平经学的革命性。我们当然更不能说,由于有了廖平的革命性经学,才有了保路运动这样的革命行动——与这一行动有直接关系的是同盟会,而廖平并非同盟会秘密成员。

作者的曲折笔法暗中提出了这样的问题:廖平具有革命品质的经学究竟写给谁看,或者说,廖平学术在对谁说话? 接下来作者就转向了廖平的弟子蒙文通,考察他如何推进廖平经学的革命性。

三、新今文经学与中国现代革命的正当性论证

作者在结束对"中等社会"革命的考察时问了这样一个问题:

> 深受革命激荡感染的蒙文通,会否因其"素王革命论"而比主张"改制说"的康有为更切近于现代中国的核

心政治问题呢？（页177—178）

　　蒙文通成为经学家和文史家之前和之后，都应该算"中等社会"中的一员，倘若如此，他张扬"素王革命论"可以理解为既受"革命激荡感染"又对"革命激荡"做出解释，这意味着对自我或自己所处的时代做出解释。"素王革命论"并非蒙文通的发明，而是对廖平和康有为的新今文经学核心要点的推衍，其含义也许不难厘清，但要说清何谓"现代中国的核心政治问题"就难了。

　　按照作者的辨析，蒙文通的经学比自己的老师更具革命色彩。对蒙文通来说，不仅董仲舒之学是伪今文学，康有为之学也是伪今文学：董子主张改制论，篡改了主张革命的孟子真学，康学一方面主张孟子传公羊微言，一方面又以董氏学说为今文经学要核，可见他不懂孟子（页197）。蒙文通经学的革命品质，尤其见于他凭靠现代民主政治原则否弃古代儒家的政治理想："《周官》不是理想制度，《孟子》所述的也不是理想制度。"这不仅"否定了清末以来今文家的'孔子改制说'，更否定了孟子传大同之道"。毕竟，即便在孟子那里，革命也仅仅针对"贵戚之卿"，"与民主革命相去诚不可以道里计"——用蒙文通自己的说法，岂可"持之以致用于今日"（页219，238）。

　　蒙文通凭靠现代民主政治观念裁决古典儒学，使得新今文经学的革命矛头指向了儒家自身，与如今我们见到的好些新派儒家差不多。这无异于革儒家自身的命，以至于我们禁不住要问，为何蒙文通的经学观会如此激进？

作者给出了一个颇富政治史学意味的解释：清末立宪和清帝逊位实际已经认可现代的"主权在民"原则，但"二次革命"置换了现代中国确立"主权在民"原则的历史前提。换言之，清帝逊位的意义史无前例，因为这相当于帝制禅让给"主权在民"的共和制。从而，中国政体的现代转型既实现了古今之变又并非是一场古今之变，毕竟，"主权在民"至少在观念上符合儒家政治传统。"二次革命"改变了这一历史变局的含义："主权在民"原则的确立不是君主禅让的结果，而只能是革命的成果。这样一来，"主权在民"的现代原则的确立必然与传统的政治观念发生断裂（页222）。

作者进一步提请我们注意，蒙文通的经学观产生于一个特殊的历史语境：自"二次革命"以来，整个中国一直处于军阀割据的分裂状态，日本入侵才使得中国各派政治力量达成战时统一。一时间人们觉得，基于国家统一的民主宪政终于有望："抗战"为民主"建国"提供了历史契机。1938年，国民党召开临时全国代表大会，通过了《抗日建国纲领》，甚至得到中共的认同。然而，作者敏锐地看到，《抗日建国纲领》实际隐含着致命的内在矛盾，即"建国"与"抗战"的矛盾：抵御外敌的抗战以国家的整全为前提，而时人却企望靠抵御外敌的抗战来达成重建国家的整全：

> 难题在于，"抗战"要保卫中国，"建国"却说中国还没有建成。一者是历史传统意义上的中国，一者是革命

断裂意义上的中国,两个中国很可能在逻辑上相互否定。人们又将如何解决二者之间的分裂呢?（页227）。

换言之,为了实现世袭君主制转型为现代式的主权国家,"二次革命"的政治理想让文明中国近乎碎裂,国家也丧失了完整性,否则日本断乎不敢如此肆无忌惮进犯中国。作者揪住这个中国现代转型中的内在矛盾不放,进一步揭示其中所蕴含的问题:抗战以保存华夏文明传统为战时动员口号,而坚持抗战的革命党又以反传统的"革命"起家。如此矛盾的荒谬性尤其体现于"汉奸"现象:

> 根据梁启超等清末今文家的"新夷狄说",夷夏之别由历史进化程度高低决定。相比之下,日本文明开化程度深于中国,是故日本庶几近乎华夏,中国则属于新夷狄。无疑,在清末新政时期,非如此则不足以号召政界、学界学习列强。但在抗战前期,如此则不啻于为投敌叛国辩护。显而易见,"中日提携"乃是"用夏变夷",人们投身"新华夏"尚且应之不暇,又何必抗日呢?（页230）

作者一路追究下去,一步步把政治史学式的提问上升为政治哲学问题,追问作为传统符号的文明中国与作为现代政治单位的主权国家之间的悖谬关系:

> 倘若中国传统一贯包含现代因素,则仁人志士又何

必投身于革命呢？倘若革命本无必要,则由革命建立的
现代政权岂非同样没有必要了？反过来,倘若革命是现
代中国的必由之路,则岂不证明了中国传统并没有自动
走向现代化的能力？（页 234）

看来,作者所说的"现代中国的核心政治问题"或"古今
之变"的实际含义是:"主权在民"作为现代政制原则本来并
不与中国传统政治观念抵牾,由于"二次革命"人为制造出抵
牾,传统与现代的对立才成为中国现代化的思想难题。蒙文
通的经学观成于军阀混战到抗战初期这段时期,从而内在地
带有上述矛盾,或者说,他下意识地致力解决这一矛盾。因
此,作者给下篇拟定了这样一个副标题:"蒙文通的革命儒学
与现代中国之根由"。似乎,如果张扬古代儒家本来就有"主
权在民"的革命论,那么,传统与现代的断裂难题就会迎刃
而解。

"革命儒学"这个指号意味着,蒙文通学问的关注重点实
际已不是经学本身,而是革命论——作者告诉我们:

蒙文通敏锐地发现,尽管近代革命家除了西学资源
外,大可以利用法家、墨家、道家、释家等学说,但传统资
源中只有儒家才是明确提倡革命的。（页 238）

为了消弭现代革命与儒家传统的裂痕,蒙文通致力从儒
家典籍中找寻平民革命论的资源,就像如今不少新儒家从儒

家典籍中找寻自由民主论的资源。蒙文通之所以尤其看重辕固生，乃因为他把出自平民而登天子位的汉高祖比作汤武，这意味着"革命已经不再是诸侯或贵戚之卿的特权"（页239）。因此，蒙文通比廖平更为自觉地致力搞清"革命"的确切含义——我们必须补充说，这当然指现代意义的"革命"含义。由此可以理解，蒙文通不仅与康有为划清界线，而且在根本立场上也与其师廖平划清界线。晚清新今文经学家从廖平、康有为到皮锡瑞，无不看重《王制》，蒙文通却认为，这些前辈未必看到，《王制》"非特取消了乡遂之别，更突破了平民、贵族的绝对界线"（页253）。换言之，晚清新今文经学家都没有看到，古代儒家已经有平民革命论。蒙文通在《孔子和今文学》一文中如此盛赞陈涉揭竿而起：

> 这一次人民大起义为儒生所拥护而打破了原有的成见，陈涉虽然失败，而刘邦却成了功。这让儒生受到绝大的启发。（页239—240）

作者在解释这段引文时说，司马迁把陈涉列入"世家"，"体现了汉儒的平民思想，这是先秦儒家不具备的"，因为这意味着汉儒"把'有德者'的资格彻底平民化了"。作者指出，蒙文通为平民革命提供儒家式正当性证明的最终理据在于："天下唯有德者居之"。由此可以理解，蒙文通凭靠儒家政治思想传统为平民革命提供正当性论证时，突出强调《王制》中所描述的国家权力阶层的选拔方式：

乡秀士完全可以凭借自己的才能一步步升入国学，与"三公九卿大夫元士"处于同样的地位。天子拜观授爵都在国学中选拔，平民享有了与贵族同样的晋升国家权力阶层的机会。（页253）

尽管如此，在蒙文通看来，"天下为公，选贤与能"并非汉初儒家的发明，而是汉初今文学家吸取墨家"选天子"和法家"明君权，削世卿"等主张的结果（页256—258）。作者让我们看到，为了替平民革命提供正当性论证，蒙文通致力动员诸子百家的资源，而非仅仅是儒家的资源——蒙文通眼中的汉代今文家革命论不过是诸子百家相关思想精粹的汇集。

问题已经上升到政治思想史和政治哲学高度，笔者难免会想到一个问题："天下唯有德者居之"与平民革命论是一个意思吗？"平民享有了与贵族同样的晋升国家权力阶层的机会"，凭靠的是某个平民身上自然禀有且需要经过修养才得以焕发的政治德性，这意味着"平民"概念还不能与政治德性直接划等号。我们显然不能说，只要是平民就自然而然有晋升国家权力阶层的权利。廖平出身于贫寒农家，张之洞则称，廖平是他在蜀中所见"天资最高，文笔雄奇拔俗"的志士。如果廖平有革命的权利，那么，这种权利来自其"天资最高，文笔雄奇拔俗"，而非来自他的贫农出身。再说，既然《王制》已经规定国家权力阶层的选拔方式，平民中的天素优异者有了晋升国家权力阶层的机会，何以需要革命，又何来革命法权这样的问题？何况，平民革命与法家的"明君权"岂不矛盾？

但笔者转念一想，情形又未必如此：难道不正是因为"选天子"的理想自周制瓦解以来从未实现过，现代中国革命才获得了正当性？从世界历史角度看，近代西欧的革命诉求源于欧洲君主国的宗教内战，人的自然权利因此成为"主权在民"的实际内涵。与此不同，即便是中欧（如德国）或横跨欧亚大陆的俄国，革命诉求实际源于世袭君主政体无法应对"主权在民"的新共和政体挑起的国际权力争端。中国传统的世袭君主政体即便老早就通过科举制实现了国家权力阶层的选贤制，依然无法应付险恶的现代国际政治状态。换言之，废黜世袭君主制的革命具有"现代根由"，而这个"根由"恰好与"选天子"的古代理想相符。这样一来，"古今之变"就成了古今融贯。因此，作者禁不住说，

> "王侯将相，宁有种乎？"此话在今人看来不足为奇，但纵观世界历史，则不能不说这是一次历史的大进步，远超于欧洲、日本封建时期的思想。（页240）

为什么可以说"这是一次历史的大进步"？因为，近代西欧的革命法理依据源于人的自然权利——所谓"天赋人权"，由此引导出来的革命结果未必是"天下唯有德者居之"。谁都清楚，如今的自由民主国家并非依凭德性选总统。相反，中国革命的结果却始终不忘"天下唯有德者居之"的古训。

这当然不是蒙文通的看法，毋宁说，作者希望我们从蒙文通的"革命儒学"中进一步思考这样的问题：即便《王制》为平

民享有与贵族同样的晋升国家权力阶层的机会提供了法理，也不等于《王制》中的这一法理与现代的"主权在民"原则若合符节。蒙文通是睿智高士，不大可能真的不懂，平民革命与"天下唯有德者居之"的革命并不同义。蒙文通专论今文家革命观的主要文本有两种，即作于 1930 年代的《儒家政治思想之发展》（文言文）和作于 1960 年代的《孔子与今文学》（语体文），内容似乎完全相同。笔者拿不准，作者引用过的《孔子与今文学》中那段赞扬"人民大起义"的话，在《儒家政治思想之发展》中是否有过如此直白的表达。笔者倒是注意到，作者两次提及蒙文通与革命军儒将的私交，似乎并非信笔而至：在台儿庄战役中战死沙场的王铭章将军（1893—1938）是四川人，参加保路运动时还不到 20 岁，但他的文史学识足以与蒙文通共同探讨周秦民族史问题；严立三将军（1892—1944）是湖北人，16 岁就入陆军小学，其文史学识却非比一般，他懂得"学有汉宋之殊，宋儒于性德之奥抒发至矣，惟但有内圣而无外王，则于经世之旨不足"（页 195、236）。这让笔者想到，中共将领中的儒将更多，《朱德诗词集》（人民文学出版社，1963）、《陈毅诗稿》（文物出版社，1979）、《叶剑英诗词选集》（中央文献出版社，2008）就是证明。

看来，作者的曲折笔法隐含着这样一种政治哲学思考：创生新共和的革命与其说是"中等社会"的革命，不如说是中国文明的中坚阶层的革命。这个阶层以德性唯尚，并不从属于任何阶层，因为，这个阶层的形成端赖于以儒家教育为主体的中国文教不绝若线的养育。平民并非德性的符号，正如知识人甚至儒生也并非德性的符号——荀子说过,儒生也有"俗儒""烂儒"。

中国文明极高明道中庸的高明之处在于,让无论出生于何种阶层的人都向优良德性看齐。周恩来出身官宦世家,是周敦颐的第33世孙,从小就自觉地以周敦颐为德性楷模,其高祖周元棠在青年时期留下的《海巢书屋诗稿》甚至陪伴他度过晚年的艰难岁月。[①] 毛泽东出身富农之家,其诗才因凌云之志而盖世无双,作为王者其文史修养也前无古人。由此看来,我们与其关注现代中国革命与古代儒家革命论的内在关联,不如关注现代中国革命志士与古代德性论的内在关联。毕竟,这个问题关乎如何在后共和政治状态中保有中国文明的优良德性传统,以免中国文明的中坚阶层整个儿成了自然权利论的信徒——这才是文明自毁的古今之变。

余　　论

作者在"导言"中提到笔者的旧作《儒家革命精神源流考》,并谦虚地说,他的这部论著受到笔者旧著的启发。确如作者所说,笔者旧著的主要目的"仍是想在中国传统内部找到现代性危机的根源",而作者得到的启发是,从中"看到了一条弥缝传统与现代裂痕的道路"(导言,页13)。毕竟,由于

---

① 参见周尔鎏,《我的七爸周恩来》,北京:中央文献出版社,页11—13,19;比较《周恩来青年诗选》,北京:人民出版社,1972/2014。

时代语境和人世经历的差异,笔者旧著关注的问题与作者所关切的问题有所不同。

1967年五月初的一天,笔者还未满11岁,家父急匆匆跑回家,命我把家里的《朱德诗词集》烧掉。笔者后来才知道,这是"二月逆流"事件的结果。当时,学堂已经停课闹革命,笔者在家无事,烧书时不是一把火烧掉,而是一页页撕下来,读一页烧一页。笔者迄今感到百思不得其解:这样的新共和开国元帅戎马倥偬,为何与古人一样诗情不断,而且诗笔古雅?

家父命我一同烧掉的还有多卷本《沫若文集》,因为沫若自己宣布,他过去的所有作品当付之一炬。笔者也是读一页烧一页,那时笔者才小学四年级,仅仅对文集中讲的故事感兴趣。笔者迄今还记得的并非是沫若留学日本的经历,而是他在北伐军政治部的经历和前往南昌参加起义途中的历险。长大后每读沫若的文史论著,笔者都会想起这位一代文豪曾有过的革命军旅生涯。

《儒家革命精神源流考》没有论及廖平,作者的这部论著让笔者认识到廖平经学的革命品质,这是笔者的最大收获。遗憾的是,作者没有论及廖平的哲学。毕竟,廖平是哲人,其经学是哲学,如蒙文通所说,"廖先生说古文是史学、今文是经学(或哲学),的确是颠扑不破的判断"(页216)。因此,这部论著难免让笔者想到一个问题:蒙文通的经学观是廖平经学的推衍吗?笔者的直觉恰好相反:蒙文通一再背离宗师。

蒙文通认同现代史学的观点,《王制》不是孔子的设计,而是汉初博士的设计，这无异于腰斩了"知圣"论这一廖平经学思想的要核。自二变以来，廖平抨击宋儒凭靠孟子建立的心性之学抹去人的德性差异不遗余力，一以贯之地强调圣人与贤者的德性等差，蒙文通则要打通孟子心性之学与公羊学，因为他相信，"经历了启蒙的智识人不会再去相信那有如上帝般的孔圣人了"（导言，页12）。就此而言，蒙文通的经学观与廖平经学实不可同日而语。

2018 年 5 月 23 日

古典文明研究工作坊

导　　言

一

　　1932 年 6 月 5 日,廖平在家乡四川井研辞世。三百年来,四川学界积贫积弱,廖平的离世对于蜀学的打击可想而知。对此,入室弟子蒙文通更会感到重任在肩。在此后的一二年间,蒙氏连续撰写《井研廖师与近代今文学》、《廖季平先生与清代汉学》、《井研廖师与汉代今古文学》三篇文章,先论近代今文学,次论清代汉学,最后上升到汉代今古文学,逐级确立了廖平在经学史上的地位。

　　为首的《井研廖师与近代今文学》一文,劈头就重申了蒙文通早年在《古史甄微》"序言"中的观点:"汉代之今文学惟一,今世之今文学有二。"在他看来,庄存与、刘逢禄、宋翔凤等一干常州学者,虽名为"今文学家",实未审经今文学之真谛。

然于今古两派立说异同,其中心所在,实未之知,徒以立学官与否为断,是则知表而仍不知其里。……论事而不知其本,则为已得门径而未臻堂室,刘、宋不足以言成熟之今文学。①

刘、宋二人尚且不足以言成熟之今文学,况夫龚自珍、魏源辈乎?"故龚、魏之学别为一派,别为伪今文学,去道已远。激其流者,皆依傍自附者之所为,固无齿于今古文之事。"②

直到廖平撰写《今古学考》,以《王制》、《周官》平分今、古二学,明乎辨别今、古文经的标准不在学官,而在礼制,困扰学界的千古难题遂迎刃而解。"推阐至是,然后今古立说异同之所在乃以大明。以言两汉家学,若振裘之挈领,划若江河,皎若日星。"③此功此绩,三百年来惟一人耳!该书大可与顾炎武《音学五书》、阎若璩《古文尚书疏证》鼎足而立,并列清代经学的三大发明,"于是廖氏之学,自为一宗,立异前哲,岸然以独树而自雄也。"④

谈论至此,人们想必起疑,蒙文通会不会乃师说得过于高大?他这番对于廖氏的谀辞有几分可信度呢?

然而容易为人忽略的,正是这三篇颂扬廖平功绩的论文,

---

① 蒙文通:《井研廖季平师与近代今文学》,蒙默编:《经学抉原》,上海:上海人民出版社,2006年,第94页。
② 蒙文通:《井研廖季平师与近代今文学》,《经学抉原》,第95页。
③ 同上。
④ 蒙文通:《议蜀学》,《经学抉原》,第48页。

竟隐藏了蒙氏的委婉批评：

> 夫今古学，两汉之事也，不明今古则不足以知两汉之学，然而两汉之事固不足持之以语先秦。推两汉学之本，更溯源于先秦则可，墨守汉人之学以囿先秦则不可。廖师以渊微卓绝之识，博厚深宏之学，既已辨析两汉之学也，而上溯其源若犹未合，此固廖师之欲罢不能者。①

廖平《今古学考》订古、今二学分别为孔子早、晚年之学。孔子早年游历燕赵，燕赵之学遂为古学，晚年退而居鲁，鲁学遂为今学，齐地处晋、鲁之间，齐学遂杂糅今、古。蒙文通早年的《古史甄微》就发扬师说：把鲁学上溯至伏羲东方海岱文明，善思辨，主哲学；把晋学上溯至黄帝北方河洛文明，善谋略，主史学；又别立炎帝南方江汉文明，善袄祥，主宗教。蒙氏乃因此说成名于学林。吊诡的是，当1933年《古史甄微》单行本出版时，蒙氏竟已扬弃了它的基本思路。

　　他在上述引文中称，"不明今古则不足以知两汉之学，然而两汉之事固不足持之以语先秦。"明白指出，廖平把今古文问题一推至先秦是错误的；自己早年把今古文学上溯到伏羲、黄帝，更是错误的。此时的蒙文通已经意识到，从两汉到先秦，隔着一个"周秦之变"，"周秦之变"才是他真正应该思考的问题。

---

　　①　蒙文通：《井研廖师与汉代今古文学》，《经学抉原》，第108页。

稍有常识的人都不难察觉,当蒙文通说出这些话的时候,中国处在什么样的历史境况之中。1933 年初,日寇大举进犯长城,3 月 4 日,热河省主席汤玉麟不战而逃,十天之内,承德沦陷,华北形势危如累卵! 就在热河省陷落之际,蒙氏正好路过苏州拜访章太炎,二人"昕夕论对,将十余日,每至废寝忘食,几于无所不言,亦言无不罄"。据陶元甘回忆:

> 一九三三年时,大师(指欧阳竟无)看见日本步步进逼,忿慨万端,又想不出有效的办法,就派蒙老师去问章太炎先生有无良谋? 手无一兵一卒的太炎先生也只能感慨万端! 三位学人虽无办法,但沸腾的热血究不同于卖国求荣者的凉血! (蒙老师有一段笔记,言及此事,给我看过。)①

除了政治以外,经学当然是二人讨论的重点。蒙氏请教太炎先生:"六经之道同源,何以末流复有今、古之悬别?"太炎的反应是:"默然久之,乃曰:今、古皆汉代之学,吾辈所应究者,则先秦之学也。"所谓言者无心,听者有意,在蒙氏看来,章氏之论不啻于暗示他:两汉归两汉,先秦归先秦,明乎周秦之变,方可言汉学之由来。

"南夷与北狄交,中国不绝若线。"近代列强入寇,民族存

---

① 陶元甘:《蒙文通老师的美德》,中国人民政治协商会议盐亭县委员会编:《盐亭县文史资料选辑》第 10 辑,1993 年 2 月,第 61—62 页。

亡悬于一线，能不是又一次周秦之变？于是上古旧史便与近代国变紧密相连，须臾不离。没有周秦之变，就不会有"祖述尧舜，宪章文武"的儒家；没有近代民族危机和共和肇兴，儒家君臣父子之伦就仍然还是中国的官方教义。身处第二次历史巨变中的蒙文通会如何思考两次巨变之间的内在关联？

可以肯定，蒙氏对于廖平的评说，不只要吹捧其师，更要从廖平"以礼制分今古"处把握中国历史古今之变的内部机理。用他的话说，廖氏学术的关轴就在于"历史之三代"与"理想之三代"的分离。

二

1919 年，对于德意志民族而言，同样是危急存亡之秋。马克斯·韦伯在慕尼黑大学的阴郁氛围中，发表了题为《以学术为业》的著名演讲。韦伯提醒德国青年，不要被新浪漫主义的种种迷狂所惑，不要以为自己掌握了诸如自由民主或共产主义之类的终极真理就可以改变整个世界，"现代科学不涉及终极关怀。"他说道：

> 人们试图利用严密的自然科学，因为这些学问可以用物理的方法来把握上帝的作品，以此找出一些线索去了解上帝对于这个世界的意图。今天的情况又如何呢？除了那些老稚童（在自然科学界当然也可以找到这类人物），今天还有谁会相信，天文学、生物学、物理学或化

学,能教给我们一些有关世界意义的知识呢?即便有这样的意义,我们如何才能找到这种意义的线索?姑不论其他,自然科学家总是倾向于从根底上窒息这样的信念,即相信存在着世界的"意义"这种东西。自然科学是非宗教的,现在谁也不会从内心深处对此表示怀疑,无论他是否乐意承认这一点。①

韦伯直言不讳:古代人和中世纪人都会把真、善、美视作一个整体,求真的同时就是求善、求美;然而到了近代,理性与信仰却不可避免地分道扬镳了。真的东西未必善,更不见得美,它可能丑陋肮脏、无耻下流。现代科学理性不会再像中世纪那样,为了证明上帝的伟大而存在,它会反过来为信仰"祛魅",使世界走向合理化。此即韦伯所说的,"自然科学家总是倾向于从根底上窒息这样的信念,即相信存在着世界的'意义'这种东西。"

大抵对现代性问题有所研究的学者,都不敢无视海德格尔的重要判断:现代科学的实质是以种种对于意识或经验确定性的追求,遮蔽了对于存在本身的追问。诚如刘小枫教授的近著《海德格尔与中国》所论,海氏对存在与自然的理解远不能说是古人的,它倒毋宁体现了日耳曼文化传统中的"历史处境"或曰"势"。不过我们同样无法否认,海德格尔所说

---

① 〔德〕马克斯·韦伯:《以学术为业》,《学术与政治:韦伯的两篇演说》,冯克利译,北京:三联书店,1998 年,第 33 页。

的"种种对意识或经验确定性的追求",一语道破了现代科学主义和历史主义思维的实质。

古希腊人、古罗马人往往会认为,确实存在着某种自然的秩序或曰"天道"。人间政治就是对自然秩序的模仿,越接近自然秩序的政治统治,就越是好的统治。自然始终都是人的技艺追求的目的,都是人必须投身其中的真实存在。然而近代主体主义却把自然变成了人意识的对象和供人技艺操作的质料。那么对后者而言,还会有什么秩序和德性是永恒的呢?苏联解体的教训不就证明了,即便是强有力的革命政权,也完全有可能被打着"告别革命"旗号的颜色革命给革掉。

这种变化起于何时?我们不难在西方历史中确定它的位置:中世纪晚期的唯名论哲学和宗教改革。它们打击了经院哲学中的亚里士多德主义,把实体彻底排除出了人类知识的范畴,使永恒存在从此不再是人类知识的对象,而只是单纯信仰的对象。这种信仰不再需要教会或其他公共机构的中介,它完全从属于私人空间。

西方历史固如是乎,中国呢?中国会不会也经历了类似于韦伯所说的"整全性思想的沦丧"、"理性与信仰的分离",会不会也经历了类似于海德格尔和列奥·施特劳斯所说的"自然与技艺的倒置"?

大凡我国的传统学者都会肯定,周公与孔子的区别在于,前者"有德有位",后者"有德无位"。周秦之变的根本即在于从"德位一致"沦落至"德位分离"。是故三代以上圣人之道行于天地,百姓日用而不知;三代以下圣人之道隐没不彰,学者遂著书立说,载之文字,传于后世。

然而如本书上篇所示,廖平变周孔"德位之别"为"制度之别"。古学传"三代旧制",今学传"孔子新制",前者不过一朝一代的盛世,后者才是万事太平之道。对于乾嘉学者而言,三代之治无疑能够垂范于后世,把上古典章考据得越清楚,就越能为后人树法立规。廖平的所作所为则不啻于像后来韦伯那样告诉世人,不要以为研究古史就能立法后世,"古史研究不涉及终极关怀"。美轮美奂的三代之治只存在于儒家理想,远不是过去的真实。过去的真实很可能尔虞我诈、鲜血淋漓。

由是,"历史之三代"与"理想之三代"分裂了。换句话说,经与史、"尊德性"与"道问学"分裂了。

孔子曾说,"我欲载之空言,不如见诸行事之深切著明焉。"古代中国人固然不会像古希腊哲人那样绕过历史现象,直接求诸理念、实体,但这并不代表古代中国人没有古希腊哲人那种对于世界整体性的思考。此诚如刘家和先生所言,古希腊人善于越过变动的现象追求永恒的存在,中国古人则习惯于在变动的现象之中发现永恒的存在(大意)。整全性思想在中国处,便体现为六经的整体性,体现为有某种一以贯之的圣人之道连接起上古三代的历史事迹。

复如本书下篇所示,乾嘉学者治经仍以此六经的整体性为基本准则,仍凭"以经证经"为不二法门。这使得他们总试图弥缝《周礼》与《王制》之间的制度差异。自廖平撰写《今古学考》开始,学者索性彻底割裂了二者。晚清今文学家批判郑玄混注今、古文经,但其结果并没有真正回到西汉十四博士"专守一经一传"的状态中去。他们只是拆掉了六经的整体性,把它们还原为"五部不相干的书(《乐》本无经)"(钱玄同语)。疑古派如此,释古派亦复如是。所谓"二重证据法"使得地下古物、域外人类学观念与上古文献互证的效力,大大高于六经文献之间互证的效力,这本身就是拆解六经整体性,就是现代历史主义在中国的表现方式。

念及于此,我们还会笑话蒙文通过分拔高了廖平吗? 不妨听听历史学家吕思勉先生的判词:

> 康氏昌言孔子改制讬古;廖氏发明今古文之别,在于其所说之制度;此则为经学上之两大发明。有康氏之说,而后古胜于今之观念全破,考究古事,乃一无障碍。有廖氏之说,而后今古文之分野,得以判然分明。[1]

三

本书正标题为"古今之变",正意在思考上述近代中国学人心智的巨大变革。其中上篇"晚清蜀学与经今文学的另一谱系",就试图通过廖平的《今古学考》揭示这种思想变革,这当然是仍想"复三代之旧"的常州学派未尝梦见的。

---

[1]　吕思勉:《吕思勉读史札记》(上),上海:上海古籍出版社,1982年,第663—664页。

思想革命的另一面是政治革命。历史的巧合往往令人回味无穷,廖平能在《皇清经解》无一部蜀人著作的情况下发动经学革命,似乎暗示了后人四川人能在风气远不如东南沿海开化的情况下,走在辛亥鼎革的前列。本书中篇"中等社会的革命"就意在揭示这场革命的实相,及其与蜀学认同的关联。二十世纪的大半部分时间里,中国都是在不断革命的过程中渡过的。从阶段论的角度看,后一场革命当然接续了前一场革命。但我们不妨换一个视角,从类型论的角度品评一番,新民主主义革命与辛亥革命这样的旧民主主义革命属于同一类型吗?清政府因保路运动引发的革命浪潮而垮台,然而四川人的"铁路梦"却直到 1952 年成渝铁路全线贯通,才得以实现。相信这一基本事实已经给出了答案。

值得一提,保路运动可能是四川历史上第一次真正意义上的全民动员,廖平当然不能置身事外。他不惟积极鼓吹"破约保路",更在光复之初成为了四川军政府的枢密院院长。政治立场的不同为廖平的今文学涂抹上了一层与康有为十分不同的底色。还在鼎革之初的 1913 年,廖平就驰书康有为,规劝其正视革命现实,早日弃暗投明回到人民的怀抱:

> 西人革命,自图生存,为世界进化必经之阶级。吾国数千年前汤武革命,何尝不如此。①

---

① 廖平:《再与康长素书》,《廖平全集》第 11 册,第 836—837 页。

这番话不禁令人想起了一个有趣的现象:按理说左派应该激进地拒斥现状,右派应该保守地维护现状,但在当下的中国思想界,情况却反转了过来。左翼不过在痛斥传统糟粕沉渣泛起,搅乱了社会公正;右翼却激进到连革命这一现代中国的合法性根基都不要了。我们的"保守主义者"一面鼓吹哈耶克,一面宣扬"告别革命",这不像极了叶利钦一面搞"休克疗法",一面为沙皇平反?

甚或有某些"政治儒家"将拒斥革命、谋求复辟的康有为引为保守主义的同道,殊不觉康氏一贯主张欧美、日本近于孔子的大同之道,当为华夏,中国反而近于夷狄。

造成上述吊诡现象的根源,端在于革命业已造成了传统与现代的断裂。这种断裂不是事实的断裂,而是法理的断裂。我们诚然可以举出一大堆史实,证明革命后与革命前仍存在千丝万缕的联系,但谁都无法否认,革命的法理对象就是传统,革命之所以正当,乃是预设了传统不能自发地走上现代化的道路。一个理想的民族国家自然既需要传统,也需要现代。当传统与现代不得不相互对立、互相否定时,百年共和之路就遗留下了难以愈合的精神创伤。

还是廖平,他不惟首先划出了中国人的伤口,更很快开出了医治伤口的药方。廖平指出,近代革命不只是西方人的舶来品,它更是中国人的传统精神,革命不是告别传统,而是回归传统。时过境迁三十几载,蒙文通在"抗战建国"的历史背景下,将恩师的学说发展成了系统的"素王革命论",彻底跟康有为、陈柱的"素王改制论"划清了界线。

本书下篇"'诸子合流'与'素王改制'",就是对这一理论的系统评述。不同于廖平"千溪百壑皆欲纳之孔氏",在蒙文通那里,从孔子到汉儒,隔着一个周秦之变。"汤以七十里之地王天下,文王以百里之壤而臣诸侯。"孔孟主张的"汤武革命"是诸侯革命、贵戚革命,陈涉、刘邦实践的革命却是平民革命、群众革命。由谘议局领导的"中等社会革命"和由布尔什维克政党领导的"下等社会革命"不正是这两种不同类型的革命吗?

法家"明君权,削世卿",打破了"贵贱悬绝"的先秦血缘等级社会,却造成了"贫富悬殊"、"皇权专横"的新问题。汉儒不想倒退回先秦去,就必须吸收法家的成果"讥世卿,杜门阀";汉儒要解决法家的问题,就必须吸收墨家的成果"均贫富,选天子"。总之,汉儒不再是先秦"郁郁乎文哉,吾从周"的旧儒家,而是总结周秦之变并吸收百家之长的新儒家。

从这个意义上说,今文学研究倒毋宁是一个从先秦到西汉的思想史、社会史研究。蒙文通十分清楚,经历了启蒙的智识人不会再去相信那有如上帝般的孔圣人了,康有为主张的孔教终不过自说自话。[①] 在现代社会,任何经学大义都必须在现代历史学研究面前说明自己的合理性。蒙氏的上述努

---

① 有朋友可能会质疑,今天的社会业已经历启蒙,基督教、伊斯兰教不仍然大彰其道吗?北美的保皇会确实处处模仿美国新教的宗教仪式、组织方式。但须知基督教、伊斯兰教都是救赎性宗教,就算我们翻遍六经七纬,何曾找得到关于"得不得救"的只言片语?儒家思想在于政教礼俗,拿它去比附救赎性宗教,终归凿枘不投。

力,无疑反映了我们今天学人不得不面对的境况和症候。

四

必须指出,我之所以会关注蒙文通,得益于刘小枫先生
2000 年的旧著《儒家革命精神源流考》。七八年倏然而过,我
依然清楚地记得在友人闫晟哲的提醒下,初读此书时的种种
兴奋之情。大抵小枫老师撰写此书的主要目的,仍是想在中
国传统内部找到现代性危机的根源,但它却令我看到了一条
弥缝传统与现代裂痕的道路,遂豁然开朗。

出于男孩子的天性,我从小就爱看革命战争影片,自然深
受我党正统教育的熏陶。许多年过去了,当我回味其中剧情
时,才恍然发觉那一幕幕"军爱民,民拥军"、"劳苦大众盼解
放"的场景,就是"至仁伐至不仁"、"天下所归往"之类古训的
现代重写。毛泽东在谈到"愚公移山"时曾说过:"我们也会
感动上帝的。这个上帝不是别人,就是全中国人民大众。"
"天意民心"、"有德有位"就是构筑共和国政权合法性的现实
性根基。

及至2015 年,小枫老师出版《百年共和之义》,终于挑明
了令他长期以来深感不安的"中华民族精神内战"。世人倡
言的"通三统",岂不就要回应此"精神内战"?然而"三统"
怎么通?吾友夏永红博士早有明言,《儒家革命精神源流考》
已经给出了方案,惟革命的前提不只在于生产力,更在于
德性。

上篇：晚清蜀学与经今文学的另一谱系

——以廖平《今古学考》为中心

一、"近代之今文有二"

蒙文通在他的成名作《古史甄微》的"自序"中曾区分了两汉今文学与近代今文学的不同。他指出：

> 在昔两汉言学，严守师法，各有异类、统归，于同道则交午旁通，于异家则不相杂越，笃信谨守，说不厌详。而晚近言学则异是，刘（逢禄）、宋（翔凤）、龚（自珍）、魏（源）、崔（适）、康（有为）之流，肆为险怪之辩，不探师法之源，徒讥讪康成、诋诃子骏，即以是今文。至若晋《伪孔书传》而曲信皇甫士安，究不明两家之说为同为异，斯谓之能讪郑则可，谓之今文则不可。惠（士奇）、金（锷）、陈（奂）、邹（汉勋）其陈说礼教，亦何尝不征之先秦以易后郑？途径岂出龚、魏下，彼则不自命为今文，此乃张皇

纬以骇俗。董、伏、韩、杨之术，岂其若斯。若张惠言、陈
寿祺之述论，则庶有当于今文家法之学。是前代之今文
惟一，近代之今文有二，鱼目混珠，朱夺于紫，其散也
久矣。①

在他看来，近代今文学家囿于《公羊传》，殊不知今、古文的根
本区别在于礼制不同，经今文学的入门读物也不是董氏《繁
露》、何氏《解诂》，而是班固的《白虎通义》和许慎的《五经异
义》。不通《白虎通义》、《五经异义》，则不知今古文礼制之
别，不知今古文礼制之别，则不知郑玄之过。所谓"今文学"，
不过"讪郑"之学而已。

　　准此，蒙氏建构了一条不同于主流的今文学家法。该家法
的基础不在《春秋》三传，而在五经异同。"前代之今文惟一，
近代之今文有二"，能继承两汉今文学大旨的真今文经学家并
不是我们熟悉的魏源、康有为等人，而是陈寿祺、陈立和廖平。

　　蒙文通终其一生都在极力恢复这条被压抑的今文学谱
系。《古史甄微》创作于1927年春，发表于1933年春，是蒙氏
早期思想的代表。1937年底发表的《非常异义之政治学说》
则是蒙文通经学体系走向完成的重要标识。文中他仍然延续
早年的说法：

---

　　① 蒙文通：《古史甄微》"自序"，蒙默编：《蒙文通全集》第3册，成
都：巴蜀书社，2015年，第4页。为注释简洁计，本书以篇为单位，每篇内
重复引用的文献，除第一次引用外，将省去出版信息和编校者或翻译者，
只标注作者、著述和页码。

公羊家言,动曰以春秋当新王,曰王鲁新周,曰孔子为素王,曰为汉制作,辄张为幻,恢奇不可训,惑乱后学。此二庄刘宋龚魏习而称之,所以徒滋人疑,终无裨道术者也。左海父子卓人鹿门为能言礼,今文礼说,此焉为详,而质僿无义趣,未足以恢宏汉师之远旨。在汉之今文学惟一,而清代言今文则有二,言礼言春秋者不相谋。……惟井研廖氏明于三传,澈于礼制,以今古分流,诀于《王制》《周官》之同异,百年谈之而不得其宗者,至是适海适岱,各有途归。①

近代主流今文学家并不清楚今古文之别在于礼制,而这点恰恰是廖平的发现。言下之意,如果廖平的贡献被埋没,那么学者可能永远不清楚什么是今文经学,什么是古文经学。

时至晚年,蒙氏在给《辞海》经学条目提供修改意见时,仍然批评魏源,"《诗古微》、《书古微》同是以攻击郑学为主要内容。文人说经,虽自负今文学,实未知今文师法,于今、古两派异同所在,作者亦未明了。"又强调,"陈寿祺《五经异义疏证》、陈乔枞《三家诗遗说考》、《今文尚书遗说考》、陈立《公羊义疏》、《白虎通疏证》都是今文学重要之作。"②重要的是,蒙氏指出:

---

① 蒙文通:《非常异义之政治学说》,《重光》创刊号,1937 年 12 月 15 日,第 63 页。

② 辑自汤志钧:《蒙文通先生与〈辞海〉》,蒙默:《蒙文通学记》(增订本),北京:三联书店,2006 年,第 131、133 页。

> 到廖季平先生作《今古学考》，才发明今、古文之分时学问的不同。最中心的问题是，今文学说的制度是同于《王制》，古文学说的制度都同于《周官》。《王制》、《周官》是两部内容矛盾的书，后来康（有为）、皮（锡瑞）、章（太炎）、刘（申叔）都采用这一说法来分别今、古，而只是或主张今文学，或主张古文学，有不同而已。①

或许是因为给《辞海》提意见需要考虑立场的公正性，蒙文通在这里并没有像过去那样把康有为屏出“真今文学”的阵营。但是他仍指出，廖平是近代经今文学发展的转折点：廖平之前，学者皆以文字、学官分今古；廖平以后，学者才认识到今古文的不同，在于制度。②

这一套以廖平为中心和转折点的经学史叙事，在今人看来委实陌生。蒙文通之论固然有为乃师张目之用心，但“以礼制分今古”的重要意义，仍不容小视。

今人熟悉的今古文分派标准，在常州学派那里仍未形成。此辈学人没有像后来的今文家那样分裂周公、孔子，也没有把孔子之制与三代之制判然分开。

---

① 汤志钧：《蒙文通先生与〈辞海〉》，《蒙文通学记》（增订本），第129—130页。

② 关于蒙文通区分两条近代今文学谱系的论述，可参见张凯：《“义与制不相遗”：蒙文通与民国学界》，广州：中山大学博士学位论文，2009年，第68—72页。

例如龚自珍鼓吹《春秋》微言大义,认定《周官》为"六国阴谋之书",不得列于正经:

> 《周官》晚出,刘歆始立。刘向、班固灼知其出于晚周,先秦之士掇拾旧章者所为,附之于礼,等之于明堂、阴阳而已。后世称为经,是为述刘歆,非述孔氏。

这无疑是今文家的主张。但他在同一篇文章中又主张"六经皆史":

> 孔子之未生,天下有六经久矣。庄周《天运篇》曰:"孔子曰:某以六经奸七十君而不用。"记曰:"孔子曰:入其国,其教可知也。有《易》、《书》、《诗》、《礼》、《乐》、《春秋》之教。"孔子所观是《易》、《书》、《诗》,后世知之矣,若夫孔子所见《礼》,即汉世出于淹中之五十六篇;孔子所谓《春秋》,周室所藏百二十国宝书是也。是故孔子曰:"述而不作。"司马迁曰:"天下言六艺者,折衷于孔子。"六经、六艺之名,由来久远,不可以臆增益。[1]

这些观点又像是个古文经学家,以至于后来皮锡瑞斥责他,

---

[1]　龚自珍:《六经正名》,《龚自珍全集》第 1 辑,王佩诤校:《龚自珍全集》第 1 辑,上海:上海人民出版社,1975 年,第36—37 页。

"如龚氏言,不知何以解夫子之作《春秋》? 是犹惑于刘歆、杜预之说,不知孔子以前不得有经之义也。"①因为这些看似矛盾的论述,时至今日,学界关于龚氏是否属于今文家仍有争议。②

又如魏源。萧一山说:"默深初崇尚宋儒理学,后发明西汉人之谊,既斥毛诗,又尊董于何,主微言大义,重经术政事,直欲泯汉宋之界,由思孟而达于孔子一贯之道。"③明乎魏氏乃以宋学入今文学。但今文学家魏源却十分不满于各级学校不祭祀周公,希望恢复汉代太学"周圣孔师"的牌位。如他所言:

> 考学校所崇《五经》,《易》、《诗》、《书》、《礼》,皆原本于周公,而述定于孔子。如《周易》之六十四爻,皆作于周公,而传翼于孔子;《诗》之《雅》、《颂》、《南》、《豳》,皆出于周公,而正乐于孔子;《书》之《周诰》固出周公,而《典》、《谟》、《虞》、《夏》之书,亦周史藏之而孔子编定之。至于《周礼》、《仪礼》及二戴所记礼仪三百、威仪三千,尤皆出周公一圣之手,惟《春秋》因鲁史之旧而笔削

---

① 皮锡瑞:《经学历史》,周予同注,北京:中华书局,1959 年,第39 页。

② 例如黄开国就主张龚自珍今古文兼采,与乾嘉汉学的基本精神一致。参见氏著:《龚自珍对经学纷争的评议》,《中山大学学报》2009年第 4 期;《龚自珍的五经大义终始论》,《孔子研究》2009 年第 5 期;《龚自珍对经史关系的定位》,《中国社会科学院研究生院学报》2008 年第 6 期。

③ 萧一山:《清代通史》,北京:中华书局,1986 年,第 1797 页。

于孔子耳。故夫子自言"述而不作",盖作者之谓圣,述
者之谓明。①

这些观点前引龚自珍的话并无太大差别,即二人都没有要把
孔子之制与三代之制严格区分开来,也不会把周公、孔子割裂
开来。

再如宋翔凤虽然曾明确区分过经今文学、经古文学。如
刘师培所言:

(宋翔凤)首述今古文立学先后,以博士所传为今文
家,民间所行为古文家。西京之世,自朝廷以至乡党,文
章议论,罔不为今文家说,此固然矣。又谓古文家专明训
诂,其谈先王之制、为政之体非博士所传,不可依也。推
宋氏之义—若古文所言略于典章制度,不足推经致用,不
知汉初之时所用之制,全本于古文家言。②

由上可知,宋翔凤区分今古的标准仍然是立不立学官。相比
之下,廖平在《今古学考》中则指出:

知今学同祖《王制》,万变不离宗;《戴礼》今古杂有,
非一家之说;今古不当以立学不立学为断;古学主《周

---

① 魏源:《学校应增祀先圣周公议》,《魏源全集》第 12 册,第 139 页。
② 刘师培:《汉代古文学辩诬》,《刘申叔遗书》下册,南京:凤凰出
版社,1997 年影印本,第 1385 页上。

礼》，隐与今学为敌；今礼少，古礼多；今礼所异皆改古礼
等说，则西汉大儒均不识此义矣，何论许、郑乎！①

今古文之别不在学官、文字，而在礼制。这个道理不惟西汉大
儒不知道，宋翔凤等常州学者也不知道，却是清末康有为、皮
锡瑞等人分派今古的基本标准。

其实龚自珍有番话令人玩味。他曾说：

> 予大惧后世益不见《易》、《书》、《诗》、《春秋》。李
> 锐、陈奂、江藩，友朋之贤者也，皆语自珍曰：曷不写定
> 《易》、《书》、《诗》、《春秋》？方读百家，好杂家之言，未
> 暇也。

又说：

> 龚自珍岁岁为此言，且十稔，卒不能写定《易》、《书》、
> 《诗》、《春秋》。生同世，又同志，写定者，王引之、顾广
> 圻、李锐、江藩、陈奂、刘逢禄、庄绥甲。②

看到这份名单，我们不免疑惑：康有为标举今文学，引得汉学
正统派大张挞伐，而之前常州学者标举"今文学"，却与正统

---

① 廖平：《今古学考》，《廖平选集》上册，李燿先主编：《廖平选集》
上册，成都：巴蜀书社，1998 年，第 69 页。
② 龚自珍：《古史钩沉论三》，《龚自珍全集》第 1 辑，第 25、26 页。

派相互友善呢?

无疑,刘逢禄、宋翔凤、龚自珍等人与我们认定的正统乾嘉学者出于同一个交游圈。正是因为在一个圈子里相互影响,使得常州学派很难完全超出乾嘉汉学的畛域。

反观四川一省,地处西南边陲,与东部交流不便。咸同以前,全川仅有锦江书院一家省级书院,还是以时文八股为宗,几乎不知道彼时学术前沿是什么。《四库全书》之中,川人著作"十不占一"。①《皇清经解》中更没有一部川籍学人著作。说当时的四川是文化荒漠,毫不为过。但正是这片文化荒漠,却脱离了江浙学术的藩篱,使四川学者可以不受江浙学术的羁绊,以全新的姿态别开经学研究的新路径。

龚熙台便说:"清朝二百余年,大江南北,学者林立,四川独无一人列入著作之林,可谓大耻。自尊经设立,人才辈出,廖先生尤出乎其类……"②这个转折要等到尊经书院的出现,在这座主导了晚清四川政界、学界走向的书院中,廖平堪称表率。

二、尊经书院与近代蜀学的形成

廖平在《经学初程》中回顾自己早年的求学经历:

---

① 刘咸炘:《推十文集·蜀学论》,《推十书》第3册,成都:成都古籍书店,1996年,第2100页。

② 廖幼平:《我的父亲廖平》,《廖平全集》第16册,上海:上海古籍出版社,2015年,第990页。

予幼笃好宋五子书、八家文。丙子(1876)从事训诂文字之学,用功甚勤,博览考据诸书。冬间偶读唐宋人文,不觉嫌其空滑无实,不如训诂书字字有意,盖聪明心思于此一变矣。庚辰(1880)以后,厌弃破碎,专事求大义,以视考据诸书,则又以为糟粕而无精华,枝叶而非根本。取《庄子》、《管》、《列》、《墨》读之,则乃喜其义实,是心思聪明至此又一变矣。初学看考据书,当以自验,倘未变侈性情,其功犹甚浅也。①

这里涉及到了廖氏早年学术生涯的两次转变:首先从"好宋五子书、八家文"转变到"博览考据诸书",亦即由宋学转向考据学;其次又从考据学到"专事求大义"。说来整个过程前后不过四年功夫。但也正是这短短四年,尊经书院从无到有,又遭凡大变。可说廖平早年的学术变化同尊经书院的诞生、变轨须臾不离,更是蜀学风气丕变的缩影。蜀风之变是从晚清名臣张之洞开始的。

(一) 张之洞与尊经书院的江浙学风

1873 年,张之洞简放四川学政。正赶上次年 4 月,工部侍郎薛焕回乡"丁忧""偕通省荐绅先生十五人,投牒于总督、学政,请建书院,以通经学古,课蜀士"。② 当时川中有识之

---

① 廖平、吴之英:《经学初程》,《六译馆丛书》,成都:存古书局,1914 年,第 12a—12b 页。

② 张之洞:《创建尊经书院记》,《张之洞全集》第 12 册,武汉:武汉出版社,2008 年,第 368 页。

士,"有见于当时之读书者,自初入塾时,率皆人执一经,至老而卒,无只字之获解,有志者悯焉。因特立一书院,以为攻经之地。"①"光绪元年(1875)春,书院成。择诸生百人,肄业其中。"②尊经书院因此而建立。

这是张之洞兴办的第一所学校,不可谓不倾注心血。他不仅"暇日莅临为诸生演说",更撰写《輶轩语》、《书目答问》以教蜀士。在张氏看来,蜀人天资聪慧,之所以学术不昌,实在是因为风气不正。例如他在《輶轩语》中就劝告四川士子"戒早开笔为文":

> 近今风气,年方幼学,五经未毕,即令强为时文。其胸中尚无千许字,何论文辞,更何论义理哉。常见有开笔十年,而文理仍未明顺者,岂非欲速反迟。

满四川学人一门心思为了应考,哪会有什么学术? 除了应试之风外,张之洞还发现川人特别迷信:

> 近年川省陋习,扶箕之风大盛。为其术者,将理学、释老、方伎合而为一。昨在省会,有一士以所著书来,上将《阴骘文》、《感应篇》,世俗道流所谓《九皇经》、《觉世经》,与《大学》、《中庸》杂糅牵引。忽言性理,忽言易理,

---

① 丁宝桢:《尊经书院初集序》,赵所生、薛正兴主编:《中国历代书院志》第16册,南京:江苏教育出版社,1995年,第1页。

② 张之洞:《创建尊经书院记》,《张之洞全集》第12册,第368页。

忽言神灵果报,忽言丹鼎符箓,鄙俚拉杂有如病狂。此大
为人心风俗之害,当即痛诃而麾去之。①

翻遍《輶轩语》,类似的批评比比皆是,这里不一一列举。

大抵张之洞学宗乾嘉吴派,曾有云"先王设教,孔门授
学,自当本末兼赅,道器并著,岂有但详学僮仪节之文、五礼名
物之制,而于身心治道绝不容一语及之者?"②吴派代表元和
惠氏在红豆山房的楹联便称:"六经尊服、郑,百行法程、朱"。
修身固然要尊奉程、朱之道,但治学却要回归汉儒。如他所
言,"学不得不求诸经,治经不得不先求诸汉学,其势然、其序
然也"。汉儒治经,当以小学为先导:

> 凡学之根柢,必在经史。读群书之根柢,在通经。读
> 经史之根柢,亦在通经。通经之根柢,在通小学,此万古
> 不废之理也。③

张氏当然希望能把江浙学术的门径带到四川去。因此他
强调:

---

①　张之洞:《輶轩语·语行第一》,《张之洞全集》第 12 册,第
196—198 页。
②　张之洞:《读经札记·汪拔贡述学》,《张之洞全集》第 12 册,第
324 页。
③　张之洞:《创建尊经书院记》,《张之洞全集》第 12 册,第 369 页。

　　经是汉人所传,注是汉人创作。义有师承,语有根据,去古最近,多见古书,能识古字,通古语,故必须以汉学为本,而推阐之,乃能合。①

在这种思想的主导下,尊经书院有意识地模仿学海堂、诂经精舍。在机构设置上,全院设山长一人,另设襄校二人以助教,设监察二人、斋长四人以经理斋务、辅助学业(斋长以诸生之学优年长者充之)。山长综理全院行政、讲学及一切事务;山长出缺,则由襄校二人主持之。② 讲课任务由山长和主讲共同担负(初为五日一讲,后改为十日一讲)。

　　张之洞还要求学生"人立日记一册,记美日看书之数,某书弟几卷起,弟几卷止,记其所疑,记其所得"。为了保证实施,山长必须亲自坐镇,检查日记:

　　　　山长与诸生五日一会于讲堂,监院呈日记,山长摘其所习之书而问之,以验其有得与否。阅日记毕,与之讲说,问难不禁、所记不实者罚之,前所讲授不能复答者罚之,甚者夏楚之。假日,视远近为限,逾期不至者除其名,到日候阙再补。③

---

　　① 张之洞:《輶轩语·语学第二》,《张之洞全集》第 12 册,第 199 页。
　　② 参见徐仁甫:《振兴蜀学人才辈出的尊经书院》,《四川文史资料选辑》第 35 辑,成都:四川人民出版社,1985 年。
　　③ 张之洞:《创建尊经书院记》,《张之洞全集》第 12 册,第 371 页。

不仅如此,他还鼓励学生随时向师长"请业"、"问业"。书院分设官、师(堂课、斋课)考课制度,每月两次。为了遏制趣慕利禄之风,考课不用帖括时文,而是每课出四题,分别为经解、史论、杂文、诗赋各一题,限四日内交卷。①

可以说,张之洞建立尊经书院,就是要全盘引进江浙先进的治学方式,以便有朝一日四川学人能够昂首抬头于中国学术之林。② 为此,他鼓励尊经书院学子,"学海堂之三集、诂经精舍文钞之三编,皆书院诸生所为也,何渠不若彼乎?"③江浙学人做到的,四川学人也应该做到!

为了让四川学人能受江浙学风感染,四川总督吴棠和张之洞二人还打算聘请浙江著名学问家俞樾出任尊经山长,奈何俞樾不至,才改为薛焕暂领。薛焕不以学术见长,还兼任行政职务,实权就落入了两位浙江籍主讲钱保塘、钱保宣兄弟手里。相较于俞樾,二钱虽然名不见经传,但好歹也是乾嘉后学,足以使江浙学术风化泽被于书院。

可惜的是,尊经书院仅仅落成一年,即1876年,张之洞就离开了四川。他走后仍然心心念念于书院建设,谓"身虽去蜀,独一尊经书院,惓惓不忘。此事建议造端,经营规画,鄙人

---

① 胡昭曦:《振兴近代蜀学的尊经书院》,《蜀学》第3辑,成都:巴蜀书社,2008年,第2—3页。

② 1881年,张之洞补授山西巡抚,任上修建令德书院,仍然要"仿学海堂、诂经精舍例",足见他对这两所书院的教育模式情有独钟。参见李国钧、王炳照、李才栋主编:《中国书院史》,长沙:湖南教育出版社,1994年,第906页。

③ 张之洞:《创建尊经书院记》,《张之洞全集》第12册,第369页。

与焉。"他特意叮嘱继任者谭宗浚：

> 今日略有规模，未臻坚定，章程学规，具在精坚（章程有稿存案，书院记即学规），斟酌损益，端赖神力。他年院内生徒各读数百卷书，蜀中通经学古者，能得数百人，执事之赐也。①

为此，张氏特意向谭宗浚推荐了几名他看中的学生：

> 蜀才甚盛，一经衡鉴，定入网罗。兹姑就素所欣赏者，略举一隅。
>
> 五少年：
>
> 杨锐。（绵竹学生，才英迈而品清洁，不染蜀人习气，颖悟好学，文章雅赡，史事颇熟，于经学、小学，皆有究心。）
>
> 廖登廷。（井研学生。天资最高，文笔雄奇拔俗，于经学、小学极能覃索，一说即解，实为仅见，他日必有成就。）
>
> 张祥龄。（汉州学生。敏悟有志，好古不俗，文辞秀发，独嗜经学、小学。）
>
> 彭毓嵩。（宜宾学生。安雅聪悟，文藻清丽，甚能深索经学、小学。）

---

① 张之洞：《致谭叔裕之二》，《张之洞全集》第 12 册，第 15 页。

毛瀚丰。（仁寿学生。深稳勤学，文笔茂美。）

　　以上五人，皆时文、诗赋兼工，皆在书院。美才甚多，好用功者亦不少，但讲根柢者，实难其人。此五人未能深造，尚有志耳，已不易矣。此五人皆美质好学而皆少年、皆有志古学者，实蜀士一时之秀。洞令其结一课互相砥砺，冀其他日必有成就，幸执事鼓舞而教育之，所成必有可观。①

如杨锐等人后来因戊戌变法而鼎鼎有名。但从评语看，张之洞最看中廖登廷，说他"天资最高，文笔雄奇拔俗，于经学、小学极能搴索，一说即解，实为仅见，他日必有成就"。张之洞何许人物？能入张氏法眼的人物，岂是等闲之辈？廖登廷就是廖平。廖平后来果然学有成就，可说张之洞确实独具慧眼，但廖平立足学林的路数，却远不是张之洞设想的样子，张氏又似看走了眼。②

　　实则廖平的经历就是尊经书院的缩影。"张之洞未至蜀时，蜀士除时文外不读书，至毕生不见《史》、《汉》。"③可以说，没有张之洞就不会有尊经书院和经学家廖平。然而正是

---

①　张之洞：《致谭叔裕之二》，《张之洞全集》第12册，第16页。

②　1897年夏，时值维新运动高涨，张之洞就在给湖南学政江标的去电中，称公羊改制之说"创始于四川廖平，而大盛于广东康有为，其说过奇，甚骇人听。"不满之情，见于纸端。张之洞：《致长沙江学台》（光绪二十三年七月十二日亥刻发），《张之洞全集》第9册，武汉：武汉出版社，2008年，第244页。

③　《六译先生年谱》，《廖平全集》第15册，上海：上海古籍出版社，2015年，第436页。

张之洞离去后,尊经书院发生的巨大转变,既成就了书院,又成就了廖平。

(二) 丁宝桢督川与蜀风丕变

1875 年初,"马嘉理案"发,次年秋,《中英烟台条约》签订。英方获得了驻重庆查看商务和由四川等地入藏"探访路程"的权益,西藏门户洞开。[①] 在这个背景下,丁宝桢赴任四川总督。

早在到任之前,丁氏就探访四川民情。他在奏折中称:"臣自蒙恩简任以来,凡遇蜀中人士及他省官绅之自蜀中来者,庞谙博询,均谓'川省吏贪民玩,势成岌岌'。初以为言之过甚。自入川后即沿途悉心体察,始知该省现在情形真有江河日下之势,人言非虚语也。夫川省之坏,据目前情形而论,其象已见于民,而其毒尚种于官。"[②]川省民情可谓败坏之极,以"贪吏玩民"而因应西藏危机,丁宝桢能不感到重压在肩?1886 年,丁宝桢病逝于任上,王闿运在《丁文诚诔》中详述其生平事迹,当中就说道:"昔虎视乎南荒,策缅甸之必亡。连天竺以窥俄,填二藏以为强。"[③]丁氏晚年处理西藏危机,正是

---

① 王铁崖编:《中外旧约章汇编》第 1 册,北京:三联书店,1982 年,第 346—350 页。

② 丁宝桢:《到川附陈大概情形片》(光绪三年三月二十八日),《丁文诚公奏稿》第 13 卷,《续修四库全书·史部》第 509 册,上海:上海古籍出版社,1999 年影印本,第 373 页下。

③ 王闿运:《丁文诚诔》,《湘绮楼诗文集》,长沙:岳麓书社,1996年,第 221 页。

他生平的一大亮点。

1874年,英国保守党政府上台,一改克里米亚战争后为期20年的"精明无为"政策,转而在亚洲全面遏制俄国扩张。从阿富汗到西藏,广袤的中亚大地都成为了英俄争夺势力范围的疆场。列强虎视眈眈,丁宝桢有着清楚的认识,他在奏稿中指出:

> 臣查该英员等来川,住扎重庆,查看通商事宜,兹一则由川赴藏,又由藏赴滇,一则由川赴滇,又由滇回川,行踪迄无一定。其为查看道路形势,探明风土人情,以为日后拟由该国陆路出入川境可知。但该国由藏入川较之由滇入川须绕行缅甸道路较近,缘廓尔喀(按,尼泊尔)与英连界仅一山之隔,而后藏与廓夷毗连故也。①

西藏与印度虽有喜马拉雅山阻隔,但自《烟台条约》赋予英人入藏"探访路程"之权,西藏门户已然洞开,一时间各路英国探险队蜂拥至此。丁宝桢在给沈桂芬的信中写道:"自上年滇案议结,准洋人入藏探路,去岁七、八月以来,洋人来川游历者十倍于前。其欲入藏者,十居三四,均经密饬各地方官,设法劝阻。"②

---

① 丁宝桢:《英人吉为哩等游历情形片》(光绪三年十月十一日),《丁文诚公奏稿》第14卷,《续修四库全书·史部》第509册,第404页下。
② 丁宝桢:《丁宝桢为藏事致沈桂芬函》,丁泽霖注释,垂健供稿,《贵州文史丛刊》,2009年第3期,第105页。

鸦片战争之后,西方人获得了通商口岸的治外法权,随着殖民者脚步伸向内地,治外法权也在无形之中扩大了。西藏、云南一下出现这些外国人,倘若引发冲突,势必上升到国际事件,"马嘉理案"就是前车之鉴。针对西方探险家必须管,又管不得的局面令丁宝桢忧心忡忡。他在奏折中又说道:

> 臣窃揣英人之意,从前专注意海疆,今则二十余年船礮既极坚利,而沿海之地势人情亦经熟悉,自以为经营就绪。惟不通海疆之四川、云南、贵州、湖南、广西、甘肃、陕西、山西、河南数省未能水陆相通。彼就目前视之实觉毫无可恃,故又欲以向之致力于海疆者转而用之于西南各省。然必择其与该国最近之省先为入手,徐图推广。而与该国最近者,莫近于蜀,滇次之。而蜀又为数省中菁华聚集之所,故英人此时用意在蜀,蜀得而滇、黔归其囊括矣。此实英人目前肺腑之谋也。①

丁宝桢可能不知道英国保守党政府与俄国争夺中亚的政策,但他敏感地察觉到,通向中国内地是西方殖民主义者必须要做的事情,从沿海到内地是一条通道,从中亚、南亚经新疆、西藏又是一条通道。正如他所说:"窃维藏卫与川省唇齿相依,

---

① 丁宝桢:《英人窥探西藏陆路情形片》(光绪三年十月十一日),《丁文诚公奏稿》第14卷,《续修四库全书·史部》第509册,第405页。

自西人有赴藏探路之约,情事时虞变更。"①在这种情况下,本来作为内地的川、滇、甘诸省突然成为了边疆,成为了与西方殖民主义势力交锋的前线。

边疆危机给中国思想界最大的刺激是促进了边疆史地之学的蓬勃发展。如王国维所说:"道咸以降,涂辙稍变,言经者及今文,考史者兼辽、金、元,治地理者逮四裔,务为前人所不为。"②今天学界多重视彼时出现的西北史地之学,同样重要的西南史地之学却研究寥寥,这不能不说是种遗憾。

处置西南危局,务先了解西南边情。为此,丁宝桢"仿照沪津两处,派员带人出洋赴各国学习机器算学之举。"他甚至"遴访精习舆图、熟谙算学仪器一二人",到廓尔喀、印度、布鲁克巴等地游历考察,将各处"山川形势、径途道里,以及民人情性一一详绘,总散地图,并详细贴说。俾全蜀西南形势可以周知,庶以后遇事区处较有定见。"③可说丁宝桢乃是近代西南边疆地理学的开创者之一。

丁氏或许没有注意到,随着四川边疆地理研究的深入和普及,四川学人的本乡本省,乃至民族意识都大大加强。对于中国的现代化进程而言,这个影响可能较之任何边疆考察的成果更为重要。本省意识的发达当然要等到戊戌以后,但出

---

① 丁宝桢:《会筹西藏事宜折》(光绪五年闰三月初七日),《丁文诚公奏稿》第16卷,《续修四库全书·史部》第509册,第473页上。

② 王国维:《沈乙庵先生七十寿序》,《观堂集林》第23卷,石家庄:河北教育出版社,2003年,第574页。

③ 丁宝桢:《派员出洋游历片》(光绪四年四月十一日),《丁文诚公奏稿》第14卷,《续修四库全书·史部》第509册,第421页下。

于丁宝桢的影响,早在光绪初年,尊经书院内部的本省意识就
已渐萌蘖。

这是缘于丁氏甫一到任,就延聘王闿运出任尊经书院山
长。后人以王氏为经学家,但其人在当时学界最富盛名的并
不是经学,而是纵横之术。按王闿运在给李黻堂信中的讲法:
"稚公折节下交,非为兴学,豫知英人必窥西藏,欲储幕府材
耳。"①如学者据此考证,丁宝桢之所以聘请王闿运,正是看中
了他的纵横之术,欲揽之入幕府,以因应藏局。② 今天我们很
难知道,王闿运在尊经书院的讲台上有没有谈论过天下大事,
但根据《湘绮楼日记》可以肯定,王氏经常私下与学生交流时
局。西方列强的步步紧逼,使得尊经学子的心中早早扎下了
四川认同与民族认同的根基。

(三) 王闿运与尊经书院的去江浙化

王闿运在光绪五年三月廿一日(1879 年 4 月 12 日)的日
记中曾记录:

> 出答访稚公,为鲁詹求拂拭。谈及夷务,云印度必为
> 战地,英人谋出缅、藏,欲建重镇于藏内,设谍孟拉间以防
> 边。余极称其远略,颇言信而后动之义。又言天下大事,
> 要须六七伟人,而屈指无可当其任者。归而计之,亦未知

---

① 王闿运:《致李藩台》,《湘绮楼诗文集》,第 885 页。
② 关于王闿运受聘尊经书院的缘由,可参见李晓宇:《王闿运受聘
尊经书院史事考》,《四川大学学报》(哲学社会科学版),2008 年第 2 期。

何人可当,乃知求贤不易,用材较易也。然用材必己有才,此所以难。①

英人虎视西藏,稍有差池则四川危矣。举目望去,竟找不到几个足以应付错综复杂局面的人才。时文小楷固不堪用,即便是清代成就丰厚的经学考据学,也难当大任,无怪乎王闿运感叹"求贤不易"。

与张之洞不同,丁宝桢十分反感乾嘉学风。他在给《尊经书院初集》作的序中,就明确说:

> 自秦火后,典策散失,先圣之心传,亦与俱尽。汉世大儒辈出,远承坠绪,迄不可得,不能不于断简零编中寻章摘句,以求古圣精义于微茫渺忽之间。然用心太深,亦间有偏驳不醇之憾。甚矣! 其难也。自后解经者日众,类多不顾其义理之安而惟章句之新奇是务,驯至穿凿附会,破碎决裂,几使先圣载道之文至于不可通晓。议者因是反以汉儒章句之学为病。此岂其情也哉? 忆余尝至书院课士,必进诸生而语之曰:"生等解经贵求心得。必得于心而后能有合于古,有合于古而后能有益于身。"②

清代汉儒"类多不顾其义理之安而惟章句之新奇是务,驯至

---

① 王闿运:《湘绮楼日记》,长沙:岳麓书社,1997 年,第 764 页。
② 丁宝桢:《尊经书院初集序》,《中国历代书院志》第 16 册,第1 页。

穿凿附会,破碎决裂,几使先圣载道之文至于不可通晓",张之洞为尊经书院定下的基调就不对。书院的教学应该往哪个方向转变? 肯定不至于退回到射策之术那里去,王闿运主张的微言大义之学,就成为了唯一的选择。

得益于川督丁宝桢的大力支持,王闿运甫一上任,就提出了自己对书院体制的改革方案:

> 至稚公处久谈,略言书院规制变通,使官课不得夺主讲之权,主讲亦不宜久设,仍当改成学长,学长亦随课绌取,庶免争竞也。[1]

这个方案分为两个部分。第一,"官课不得夺主讲之权"。按照张之洞成规,尊经书院分设官、师(堂课、斋课)考课制度,每月两次。此举的目的,在于通过官方监督以保证教育质量。但王闿运却要求压低官课地位,使主讲不受官员行政干扰。

第二,"主讲亦不宜久设,仍当改成学长,学长亦随课绌取,庶免争竞也。"如前所述,尊经书院原为山长、主讲共同负责制,用今天的话说,就是校长与教授共同治校。但代理山长薛焕并不主事,大权就落在了两位主讲钱保塘、钱保宣手里。王闿运一来,就要求改共同负责制为山长负责制。在王氏的推动下,书院上不受行政干扰,下不使主讲夺权,可谓山长大权独揽。

---

① 王闿运:《湘绮楼日记》,第 732 页。

这样的改革,身为主讲的二钱兄弟当然抵触。1879 年值王闿运上任之际,钱保塘离开了书院,只剩钱保宣一人独木难支。丁宝桢又大力支持王闿运,用王氏自己的话说,"自督部将军皆执弟子礼,虽司道侧目,而学士归心。"①有这样的后台作支撑,王闿运的改革颇为顺利。时任龙绵成茂道兵备使王祖源便称:"院生喜于得师,勇于改辙,霄昕不辍,蒸蒸向上。而先生乐其开敏,评改涂乙,不厌详说,每一帖示,等石经之初立,若左赋之方成。"②张之洞苦心培养的江浙学风,很快就被王闿运颠覆。廖平在"庚辰(1880)以后,厌弃破碎,专事求大义,以视考据诸书,则又以为糟粕而无精华,枝叶而非根本。"这就是这次改革的产物。

丁宝桢说:

今观(《尊经书院初集》)所刻,中有院长壬秋先生所作《释蒙》、《退食》、《自公》等篇,解说精当,言皆有物,与余所言贵求心得之论,适相符合。又观其自记曰:"今愿与诸生通文理,然后说经,理通而经通。"旨哉! 斯言诚后世说经者不易之准绳矣。盖汉儒藉章句以求古圣之义理,义理明而章句之学愈显;后人背义理以求显著之章句,义理晦而章句之病益深。吾尝怪夫,今世之解经者,如行路然,日履康庄而故欲辟荆榛以自矜为坦途也,岂不

---

① 王闿运:《致裴船政》,《湘绮楼诗文集》,第 828 页。
② 王祖源:《尊经书院初集序》,《中国历代书院志》第 16 册,第 3 页。

谬哉?①

丁氏所称"日履康庄而故欲辟荆榛以自矜为坦途也",批判的是江浙之学,受责的是钱保宣。二钱兄弟都是浙江海宁人,"谭宗浚集尊经诸生课艺,刊为《蜀秀集》八卷。皆二钱之教,识者谓为江浙派。"②王闿运改革,夺的是主讲的权,矫正的是乾嘉学风,却在书院学子内部掀起了一股脱离江浙羽翼,而自成一派的风气。这对于近代蜀学的形成至关重要。③

戊戌时期,尊经书院又附设蜀学会,规定"府厅州县学友既同人会,自当联为一气。所有章程,均照总会办理。"④蜀学认同进一步加强。吴玉章就说:"这个'尊经书院'的学生,一开始就有些人好为清议,抱打不平,常爱闹事。其后骆成骧中状元,杨锐入军机,都是由这个学院出身,并以高唱'新学'而取得高官厚禄的。于是'新学'遂一时风靡书院乃至全川。"⑤尊经书院对于晚清四川学风的领导作用,可见一斑!

---

① 丁宝桢:《尊经书院初集序》,《中国历代书院志》第16册,第1页。

② 《六译先生年谱》"光绪三年丁丑(1877)",《廖平全集》第15册,第440页。

③ 需要强调,笔者之所以注意到王闿运改革对于蜀学形成的影响,实得自于张凯甚多。参见张凯:《"义与制不相遗"》第1节,第14—16、33—34页。

④ 《蜀学会章程》,光绪二十四年三月初一日(1898年3月22日),璩鑫圭、唐良炎编:《中国近代教育史资料汇编·戊戌时期教育》,上海:上海教育出版社,2007年,第209页。

⑤ 吴玉章:《吴玉章回忆录》,北京:中国青年出版社,1978年,第29页。

诚然,蜀中学人多矣,人人主张不尽相同,但在经学上最有影响力的当推廖平。宋育仁的弟子杨赞襄就曾说:"楚南则湘绮提倡今文家说,及主讲尊经书院,其道乃大行于吾蜀。……廖学又逾岭而南,康梁实为巨子,与章刘旗鼓中原,遂影响于革命保皇二党,此并研学派也。"①当中就明确指出,近代蜀学其机发于王闿运,而大彰于廖平。因之康有为直承于廖平,是故清末今古文之争就是蜀学与江浙之学的东西学术之争。准此而论,四川学人又怎么会承认在廖平之前有过真正的今文学呢?

需要指出,廖平"庚辰(1880)以后,厌弃破碎,专事求大义",虽然有王闿运改辙学风之功,但究其学术理路,实发前人所未发,已经远非王氏之学可以涵盖了。关于这点,学界已有定论。如章太炎便说廖平"受学湘潭王翁,其后说渐异,王翁颇非之"。② 蒙氏亦称,"廖师出于王氏之门,说经之根实深宏过之。"③

廖氏"于湘潭之学不肯依傍"④,甚至引发王闿运的极度不满,这在《湘绮楼日记》中多有表述。例如"光绪二十年(1894)十二月廿一日","张先生来讲书,余告以吾门有

① 杨赞襄:《书刘申叔南北考证学不同论后》,《四川国学杂志》第3号,1912年11月,第1b—2a页(文页)。本条史料,得自浙江大学张凯先生的提示,谨表谢忱。

② 章太炎:《清故龙安府学教授廖君墓志铭》,《廖平全集》第16册,上海:上海古籍出版社,第921页。

③ 蒙文通:《廖季平先生传》,《廖平全集》第16册,第931页。

④ 廖幼平:《廖季平年谱》,成都:巴蜀书社,1985年,第46页。

二登(廖登廷、张登寿),皆宋学,他日必为余累,然二登亦无成也。"①凡王氏不以为是的学术,皆称之为"宋学",这说明了廖平的经今文学与王闿运之学并不是一个学术范畴。

例如王闿运强调:"治经必先知礼,经所言皆礼制。"②廖平后来以礼制分今古,或许由于王氏的启发。但王闿运最重《仪礼》,如刘成禺《世载堂杂忆》便记载:

> 王壬秋最精《仪礼》之学,平生不谈《仪礼》,人有以《仪礼》问者,王曰:未尝学问也。黄季刚曰:王壬老善匿其所长,如拳棒教师,留下最后一手。③

然而廖平《今古学考》却将《仪礼》视为古文经,并不体现孔子晚年改制之道。这与王闿运主张大异其趣。需要追问,廖平改变《仪礼》的经学属性,暗藏了他怎样的思考?

三、《今古学考》与晚清经今文学的转折

如前所述,廖平"一变"以礼制平分今、古文,实本于班固的《白虎通义》与许慎的《五经异义》。对此,李学勤曾说:

---

① 王闿运:《湘绮楼日记》,第 1980 页。关于王、廖关系讨论,可参见龙晦:《王闿运和他的尊经书院的弟子们》,《蜀学》第 3 辑,成都:巴蜀书社,2008 年,第 19 页。

② 王闿运:《论习礼》,《湘绮楼诗文集》,第 525 页。

③ 刘成禺:《世载堂杂忆》"近代学者轶事",北京:中华书局,1960 年,第 291 页。

仔细研究许慎《五经异义》，结果与廖平《今古学考》的学说是不一致的。这促使我们感到，有必要重新考虑汉代经学今文为一大派，古文为另一大派的观点。当时的几种古文经学说未必全然共通，立于学官的十四博士，所论更非"道一风同"。改变自《今古学考》以来普遍流行的今、古两派观点，对于经学史及有关方面的研究是一件大事。①

廖平《今古学考》本之《五经异义》，但李学勤却说廖书根本是篡改了《五经异义》的内容。《五经异义》那里并不存在"今文为一大派，古文为一大派"的划分。换言之，廖平根本就不是回归汉儒家法，而是自创一个新的今古文学说体系。

事实上，类似的质疑当时就有人提出。例如刘师培在《今古文考》中就明确指出，汉代区分今古是依据经文书写文字和立不立学官，"由是而言，则今文古文之旨不尽互歧，近人廖平乃以今古文同出孔子，有从周、改制之区，岂不惑哉？"②又如素不喜门户之争的钱穆也指出：

> 即以廖氏《今古学考》论，其书貌为谨严，实亦诞奇，与六译馆他书相差不远。彼论今古学源于孔子，初年晚年学

---

① 李学勤：《〈五经异义〉与〈今古学考〉》，张岱年主编：《国学今论》，沈阳：辽宁教育出版社，1991 年，第 135 页。
② 刘师培：《左盦集·古今文考》，《刘申叔遗书》下册，第 1227 页下。

说不同。穆详究孔子一生及其门弟子先后辈行,知其说全无根据。又以《王制》、《周礼》判分古今。其实西汉经学中心,其先为董氏公羊,其后争点亦以左氏为烈,廖氏以礼制一端划分今古鸿沟,早已是拔赵帜立汉帜,非古人之真。①

反讽的是,民初刘师培入蜀之后,却反过来认同了廖平的主张,改而以礼制分今古了。不特刘师培如此,章太炎也说:"余见井研廖平说经,善分别古今文,盖惠、戴、凌、刘所不能上,然其余诬谬猥众。"②何以这些近代大学者都纷纷趋向于廖说? 身为今文家的廖平,为什么会以班固、许慎两个古文家的著作为治学门径? 无疑,《今古学考》"平分今古",树今古文门户之帜,为晚清今古文之争提供了标准。这样的门户之见为什么会深入人心? 它反映了近代思想的深层结构经历了怎样的变化?

(一) 乾嘉汉学与六经的整体性

一般认为,汉代今古文之争大约有四次。唯独最后一次

---

① 钱穆:《致胡适书之一》,《素书楼馀沈》,《钱宾四先生全集》第53 册,台北:联经出版事业股份有限公司,1998 年,第 187 页。另,据钱穆手稿原件,他将《今古学考》误作《古今学考》(钱穆:《钱穆信四通》,耿云志主编:《胡适遗稿及密藏书信》第 40 册,合肥:黄山书社,1994 年,第244 页)。引文可见于刘巍:《〈刘向歆父子年谱〉的学术背景与初始反响——兼论钱穆与疑古学派的关系以及民国史学与晚清经今古文学之争的关系》,《中国社会科学院近代史研究所青年学术论坛·2000 年卷》,第717—718 页。

② 章太炎:《程师》,《章太炎全集》第 4 册,第 138 页。

郑玄与何休之争,不涉及到立不立学官的问题。按理说这次争论对汉代官方学术的影响最小,但偏偏就是它给近代的影响最大。据《后汉书》载:

> 时任城何休好公羊学,遂著《公羊墨守》、《左氏膏肓》、《穀梁废疾》;玄乃发《墨守》,针《膏肓》,起《废疾》。休见而叹曰:"康成入吾室,操吾矛,以伐我乎!"初,中兴之后,范升、陈元、李育、贾逵之徒争论古今学,后马融答北地太守刘瓌及玄答何休,义据通深,由是古学遂明。(《后汉书·郑玄列传》)

或许是由于史书叙事方式的原因,世人往往只把郑、何之争视为今、古文之争。但何休哪里只是尊奉今文?《公羊墨守》、《左氏膏肓》、《穀梁废疾》三书明显是要《春秋》三传中独尊《公羊》一传,不特古文经《左传》摒弃之列,即便是今文经《穀梁传》也要排斥。近人崔适受何休影响,竟至于撰写《春秋复始》,索性把《穀梁传》也当作古文经。

郑玄的回应更具有代表性,他不特要为《左传》、《穀梁》辩护,还要"发《墨守》"。范晔以何、郑之争为今古文之争,但何、郑二人更是反映了专家与通儒之间的矛盾。不应忘记,郑玄不只批判过公羊家何休,还撰《驳〈五经异义〉》批判过古文经学家许慎。

两汉博士专守一经,以经义附会时事天象而为章句之学,像董仲舒那样以《易经》与《春秋》互证者,已经算是通才了。

而马融、郑玄的兴起,实际上代表一种新的经学研究方式的兴起。他们不再偏于一经,而多采用经文之间相互诠释的方式解经证经。至孔颖达《五经正义》便大量采用这种方式。例如《礼记·曲礼上》:"户外有二屦,言闻则入,言不闻则不入。"孔疏说:

> 此一节明谓室有两人,故户外有二屦。此谓两人体敌,故二屦在外,知者以《乡饮酒》无筭爵,宾主皆降,脱屦於堂下,以体敌故也。若尊卑不同,则长者一人脱屦於户内,故《少仪》云"排闒脱屦於户内者,一人而已矣"是也。①

孔氏以《乡饮酒》、《少仪》解释《曲礼》中的字句,使各篇相互印证,可说为后儒提供"以经证经"的范例。"以经证经"包含了什么样的方法论?

学者往往受胡适影响,以为乾嘉考据学类于西方的实证主义,以为"汉学主张归纳法,宋学主张演绎法"。但按照《布莱克维尔西方哲学词典》的定义,"归纳法"指从多个个别现象抽象出一个普遍规律的哲学方法。比方说,甲朵玫瑰花是红的,乙朵也是红的,丙朵仍是红的……我们就可以据此得出规律:举凡世界上的一切玫瑰花都是红的。② 相信没有哪个

---

① 郑玄注,孔颖达疏:《礼记正义》第 1 册,北京:北京大学出版社"十三经注疏整理本"(繁体竖排),2000 年,第 42 页上。

② Nicholas Bunnin and Jiyuan Yu:The Blackwell Dictionary of Western Philosophy,"induction",London:Blackwell publishing,2004,p. 341.

汉学家是这么做学问的，经文注疏也不可能是什么科学实证主义方法。

对此，钱钟书指出：

> 乾嘉"朴学"教人，必知字之诂，而后识句之意，识句之意，而后通全篇之义，进而窥全书之指。虽然，是特一边耳，亦祇初桄耳。复须解全篇之义乃至全书之指（"志"），庶得以定某句之意（"词"），解全句之意，庶得以定某字之诂（"文"）；或并须晓会作者立言之宗尚、当时流行之文风、以及修词异宜之著述体裁，方概知全篇或全书之指归。积小以明大，而又举大以贯小；推末以至本，而又探本以穷末；交互往复，庶几乎义解圆足而免于偏枯，所谓"阐释之循环"（der hermeneutischeZirkel）者是矣。①

他明确指出，乾嘉汉学注经释经，采用的实际上是用诠释学的方法。我们知道，解释学内部有本体论诠释学（哲学诠释学）和方法论诠释学之分。乾嘉学者即主张"以经证经"，又主张"以史证经"，似乎既重视经文内部的相互诠释，又重视经文与它所处时代的相互诠释。换言之，既取哲学诠释学的路数，又取方法论诠释学的路数。钱钟书既提到"字句之义"与"全

---

① 钱钟书：《左传正义·第三则》，《管锥编》第 1 册，北京：中华书局，1979 年，第 171 页。

篇大旨"之间的诠释学循环,又提到"或并须晓会作者立言之宗尚、当时流行之文风、以及修词异宜之著述体裁,方概知全篇或全书之指归",就分别代表了这两种诠释学的路径。

但不应忽略,前人所说的"史"与今人所说的"历史",并不是一个意思。[①]《说文》曰:"史者,记事者也。"古希腊人也把"史"称为"ίστορία",来自于动词"ίστορέω"(询问,查究)和名词"ἴστωρ"(行家,知情人,见证人),意指对事实的记录和报道。阿伦特便说,古希腊罗马人书写历史是为了记录伟大功业的,史学家的事业在于,"保存那由于人而存在的东西,使其不致为时间所湮没"。[②]

中国传统史学不见得都是用于记录"伟大功业",却仍然是为了树立典范以垂之后世。换言之,尽管中国古代史学发达,但却不以历史主义为宗旨。否则梁启超怎么会批判中国旧史,"进化不明,公理不彰显",为"帝王将相之谱牒"?所谓"以史证经"并不是要强调经文特殊的历史语境,恰恰是要通过圣人言行事迹树立经文的垂范作用,否则经学何以成之为经学?

另一个不应忽略的重要问题是,我们取甲经之能与乙经互证,其前提在于二者之间存在着关联性。反过来说,古代通

①　参见〔日〕岛田虔次:《六经皆史说》,刘俊文主编,许洋主等译:《日本学者研究中国史论著选译》第 7 卷"思想宗教",北京:中华书局,1993 年,第 186—190 页;王汎森:《执拗的低音:一些历史思考方式的反思》,北京:三联书店,2014 年,第 33 页。

②　〔美〕汉娜·阿伦特:《过去与未来之间》,王寅丽、张立立译,南京:译林出版社,2011 年,第 37 页。

儒"以经证经"就是在不断强化六经之间，甚至是六经与汉儒注释之间的整体关联。这是由马融、郑玄开创，经孔颖达《五经正义》最终确立的笺注之学的真正内核。这种"通儒之学"在乾嘉时期达到高潮，尤以皖学为甚。① 世人皆知乾嘉学者偏治一经，专为"窄而深"的学问，然不通群经，安能偏治一经？明确了这个背景下，我们再看廖平的《今古学考》，才能知道该书的现代意义在哪里。

（二）《今古学考》与六经的历史主义化

在《今古学考》下篇中，廖平指出：

> 孔子初年问礼，有"从周"之言，是尊王命、畏大人之意也。至于晚年，哀道不行，不得假手自行其意，以挽弊补偏；于是以心所欲为者，书之《王制》，寓之《春秋》，当时名流莫不同此议论，所谓因革继周之事也。后来传经弟子因为孔子手订之文，专学此派，同祖《王制》。其实孔子一人之言，前后不同。予谓从周为孔子少壮之学，因革为孔子晚年之意者，此也。②

---

① 这里不是说乾嘉学者就否认六经经传之间存在着矛盾，但从大旨上而言，他们不会割裂六经。即便承认矛盾，也是多是为了弥缝其裂痕。

② 廖平：《今古学考》，李耀仙主编：《廖平选集》上册，成都：巴蜀书社，1998 年，第68—69 页。

孔子早年游历燕赵,传授周礼,是故燕赵之地皆授周代旧史;晚年退而居鲁,传《易经》作《春秋》,自创改制之学,是故鲁地皆传"因革继周之事"。古文经学本之孔子早年"从周"之言,是燕赵之学;今文经学本之孔子晚年"因革"之言,是鲁学。齐地处于晋、鲁之间,所以齐学杂采今、古。

由是,本该是汉代才出现的今、古文之别就被廖平一推至先秦,二者差异不再是文字、学官,而是礼制、宗旨、地域。廖平说:

> 鲁恭王坏宅所得之书,不止古学,即今学亦有,以其书已先行,故不言耳。壁中诸书,皆鲁学也。伏生口授《尚书》,世已尊行;鲁壁中古文出,孔氏借以写定,鲁《书》遂变为古学矣。……
>
> 壁中《尚书》出,东汉诸儒以古学说之,亦如《仪礼》古文而西汉诸儒以今学说之也。二书本无今、古之分,其以今古分门户,先师附会之说也。①

鲁恭王坏孔宅,所得先秦文字书写的古书,举世以之为"古文经",但廖平却说那里处于鲁地,"不止古学,即今学亦有"。《仪礼》本为今文经,但它是周公手订,体现了孔子早年"从周"之言,反而应是"古学"。长期以来公认的今古文经序列,在这里就被全盘打乱重组了。

---

① 廖平:《今古学考》,《廖平选集》上册,第83页。

> 知今学同祖《王制》,万变不离宗;《戴礼》今古杂有,非一家之说;今古不当以立学不立学为断;古学主《周礼》,隐与今学为敌;今礼少,古礼多;今礼所异皆改古礼等说,则西汉大儒均不识此义矣,何论许、郑乎![1]

这种分派今、古文的方式,廖平以前从来没有出现过,西汉大儒都不知道,常州学派又怎么能知道?

今文学以《王制》为宗,古文学以《周官》为宗。又如廖氏所言:

> 初疑今派多于古,继乃知古派多于今。古学《周礼》与《左传》不同,《左传》又与《国语》不同,至于《书》、《诗》所言,更无论矣。盖《周礼》既与《国语》、《周书》不同,《左传》又多缘经立义之说。且古学皆主史册,周历年久,掌故事实,多不免歧出,故各就所见立说,不能不多门。至于今学,则全祖孔子改制之意,只有一派,虽后来小有流变,然其大旨相同,不如古学之纷繁也。[2]

按前引李学勤先生的说法,廖平以"西汉今文为一大派,东汉古文为另一大派"的观点并不准确,"当时的几种古文经

---

① 廖平:《今古学考》,《廖平选集》上册,第69页。

② 同上,第70页。

学说未必全然共通,立于学官的十四博士,所论更非'道一风同'。"①廖氏学说的特别之处恰恰在于,他并不认为西汉五经十四博士传授的都是今文学,董仲舒治齐学,齐学本来就今古相杂,当然不会"道一风同"。

一般认为,今文学为博士所传授,古文学是考古发现和民间传授,应该是今文经多,古文经少。但廖平却说古文经多,今文经少。"且古学皆主史册,周历年久,掌故事实,多不免歧出,故各就所见立说,不能不多门。"古文经主《周官》,只是因为《周官》是旧史的代表,绝不是说古文经记载的典章制度都跟《周官》一样。相反,今文经却完全以《王制》为绳墨,只有符合《王制》的才配称为"今文经",是故"至于今学,则全祖孔子改制之意,只有一派"。

总之,廖平实际上是以《王制》为滤网,过滤出去的杂质称为"古文经",剩下纯而又纯的则称为"今文经"。但真完全与《王制》相符的经文,当然少之又少。准此而论,不仅今文与古文之间没有整体关联,古文之间也没有整体关联。

众所周知,晚清今文学要返本西汉微言大义之学。但很少有人提及,五经十四博士各守一经,互不相通,回到十四博士实际上是要废止通儒之学,打碎六经的整体性。但究其效果而言,却再也不可能真正退回到西汉去了,晚清经今文学开创的毋宁是六经的历史主义化。廖平说:

---

①　李学勤:《〈五经异义〉与〈今古学考〉》,《国学今论》,第135页。

郑君注《礼记》，凡遇参差，皆为殷、周异制。原今、古之分，实即此义。郑不以为今、古派者，盖两汉经师，已不识《王制》为今学之祖。①

郑玄最大的问题，就是混注今古文，以今文释古文，以古文释今文，似乎二者不存在界线。尊奉服虔、郑玄的乾嘉汉学亦复如是。

廖平批判郑玄，实则批判自东汉直至乾嘉时期的通儒传笺之学。乾嘉通儒不懂今、古文之别，不知今文与古文不能相通。于此，六经经传就被廖平撕为两块，一块是今文，一块是古文。但体现孔子"因革继周"之道的今文经少之又少，反映旧史的大多数经文又"各就所见立说"。上古三代典章制度哪里有什么整体性可言？矛盾歧出的上古三代又怎么能够成为后世的典范呢？从这个角度讲，民国古史辨派将六经还原为"各不相干的五部书（'乐经'本无此书）"②，实启自清末今文家。

倘若六经之间没有一种整体关联，汉唐以来笺注之学强调的"以经证经"就要大受限制。例如今人很难再取《周官》与《春秋》互证，而多主张取六经经文各自与其所处的时代背景循环诠释，这正是今天上古史研究与乾嘉经学考据的极大不同之处。王国维"二重证据法"强调传世文献与考古实物

---

① 廖平：《今古学考》，《廖平选集》上册，第69页。
② 钱玄同：《答顾颉刚先生书》，《古史辨》第1册，上海：上海古籍出版社，1982年影印本，第69页。

互证,类似表述前人已有,但直到民国以来才成为治学准绳,这背后的思想史根源就在于历史主义准则在近代得到确立。

此外还需强调一点。不管清末公羊家一方面宣扬西汉十四博士之学,一方面又尊奉孔子为唯一的圣人。他们往往忽略了孔子在两汉时期的最高称谓也只是"褒成宣尼公",这还是王莽封予的。"公"离圣王还差了一级。究汉一代,太学牌位始终是"周圣孔师"。要之,孔子在两汉时期从没有得到过圣人的待遇。

《公羊·哀十四年》"西狩获麟":"拨乱世,反诸正,莫近诸《春秋》。……制《春秋》之义,以俟后圣。""以俟后圣",何休注曰,"待圣汉之王以为法。"①这明白指出,《春秋》"为汉制法",圣人是汉朝皇帝,孔子只不过是预见汉代圣人兴起的先知。

这个原因不难解释。有学者就十分精辟地指出,在先秦两汉时,"圣人是可学的不意味着即是可至的,因为圣人之为圣人,有着超出学之外的因素,即是天命。"②汉儒德、位有别,孔子纵有圣人之德,却无圣人之命。天命却不在孔子头上,所以他最多只是"以俟圣汉"的先师。所以司马迁只撰写"孔子世家",而不撰写"孔子本纪"。

汉代德性与命位在唐代以后就渐渐消弭了。宋儒没有这

---

① 何休解诂,徐彦疏:《春秋公羊传注疏》,《十三经注疏》(简体横排本),北京:北京大学出版社,1999 年,第 628 页。

② 王锦民:《古学经子——十一朝学术史述林》,北京:华夏出版社,2008 年,第 15 页。

个分别，以为有圣人之德就是圣人。因此王安石十分不满于《史记》之列孔子于"世家"，"夫仲尼之才，帝王可也，何特公侯哉？仲尼之道，世天下可也，何特世其家哉？"①足见德、位关系是汉宋之别的重要内容。

陈立说："按《纬》说'以孔子为文王'，谓'孔子作《春秋》制法文王，俟后世耳'，非谓'孔子谓文王也'。"②是故龚自珍称孔子"述而不作"，魏源要恢复"周圣孔师"牌位。这个嘉道学者还强调的道理，却被清末的今文学家全然抛弃了，仿佛"素王"与"文王"没有区别。如康有为所说，"人只知孔子为素王，不知孔子为文王也。或文或质，孔子兼之。王者，天下归往之谓。圣人天下所归往，非王而何！"③

清末今文家取消德、位之别，奉孔子为圣人，最终将儒学打造为一神教。今人看来，此举荒诞不经，但在当时的条件下，这恰恰推动了近代历史进步观念的形成。

四、孔子的"一神化"与文明进化史观

吕思勉先生曾高度评价廖平、康有为对史学现代化的推动作用：

---

① 王安石：《孔子世家议》，《王临川全集》，台北：世界书局，1988年，第454页。

② 陈立：《公羊义疏》卷一，《皇清经解续编》卷1189，《续修四库全书·经部》第130册，上海：上海古籍出版社，1995年，第6页下。

③ 康有为：《春秋董氏学》"春秋改制第五"，楼宇烈点校，北京：中华书局，1990年，第112页。

> 康氏昌言孔子改制讬古；廖氏发明今古文之别，在于
> 其所说之制度；此则为经学上之两大发明。有康氏之说，
> 而后古胜于今之观念全破，考究古事，乃一无障碍。有廖
> 氏之说，而后今古文之分野，得以判然分明。①

章太炎说："人言六经皆史，未知古史皆经也。"②对于古人而言，史学就是要记录先王典章制度、言行事迹以垂之后世的。即便"经、史、子、集四部分类法"出现以后，传统史学仍不完全脱离于经的功能，具有立法的作用。然而史学现代化的首要之处，就是取消古人对于今人的典范作用。吕思勉说，"古胜于今之观念全破，考究古事，乃一无障碍"，明言此机之发于晚清今文学。

一般认为，中国近代的进步观念移植于西方历史学说。一个渠道为严复翻译《天演论》；另一个渠道取自日本，例如浮田和民、那珂通世等人的著作就对梁启超造成了很大的影响。然而《新学伪经考》刊刻于 1891 年，彼时严复尚未译介《天演论》，更未出现留东学生激增的状况。学者或以为康有为具有超前的进步观念，是由于早年"大购西书"的结果，《实理公法全书》便是明证。但廖平作何解释呢？且不说《辟刘》、《知圣》与康有为二《考》的关联，《今古学考》分三代旧

---

① 吕思勉：《吕思勉读史札记》（上），上海：上海古籍出版社，1982年，第663—664页。

② 章太炎：《訄书·清儒》（重订本），《章太炎全集》第 3 册，第154页。

制与孔子所创制度,就隐然包含了进步史观。

更何况近代中国流行的"物竞天择,适者生存"的达尔文主义法则,并不见得是种进化观念,相反,它却有消解历史进步的功能。例如洛维特等人就指出,西方近代历史哲学实起源于基督教末世论和救赎观念。而达尔文最大的影响之一就是否定了"上帝神圣计划"(holy project)的教义,直接打击了目的论思想。① 1861 年 1 月,《物种起源》甫一出版,马克思就在给费迪南·拉萨尔的信中指出:"达尔文的著作非常有意义……在这里不仅第一次给了自然科学中的'目的论'以致命的打击,而且也根据经验阐明了它的合理的意义。"②这也就是说,中国人近代的达尔文并不是真的达尔文,近代人只是借着达尔文抒发了本已经孕育而生的历史进步论思想。

另有学者认为,近代中国的文明进步思想与其说得自达尔文,毋宁说其"灵感的主要外来资源是斯宾塞的综合哲学和拉马克的线性模式"。③ 令人怀疑的是,廖平在撰写《今古学考》时是否知道斯宾塞和拉马克是何许人。

事实上,与其说是达尔文、斯宾塞或拉马克选择了中国

————————

① 〔美〕浦嘉珉:《中国与达尔文》,钟永强译,南京:江苏人民出版社,2014 年,第 12 页。

② 《马克思致费迪南·拉萨尔》(1861 年 1 月 16 日),第 1 版《马克思恩格斯全集》第 30 卷,北京,人民出版社,1974 年,第 574—575 页。

③ 〔英〕冯客:《近代中国之种族观念》,杨立华译,南京:江苏人民出版社,1999 年,第 94 页。就笔者所了解的文献,最早系统地介绍拉马克"线性模式"的文章为马君武《新派生物学(即天演学)家小史》,《新民丛报》第 8 号,光绪二十八年(1902 年)四月十日。

人,倒毋宁是中国人选择了他们。正是因为他们的学说上看去能迎合近代中国人已经颠倒过来的世界秩序观,所以才受到中国人的吹捧。问题是,既然近代中国人已经萌发出文明进步思想,才会去接受和改造达尔文、斯宾塞,那么这个进步思想又是怎么产出的呢?

众所周知,西方基督教思想要转化为文明阶段论,需要以地理大发现为契机。威尔·杜兰在谈及地理大发现时,曾说道:

> 欧洲的知识界强有力地受到如此多的民族、习俗、教派之出现所推动;各种伟大宗教的独断信条,也受到彼此摩擦之苦;即使新教与天主教将坚定之敌对提升到摧毁性的战争之际,那些坚定信条也正溶化而为启蒙时代之怀疑与因之而生之容忍。
>
> 尤其重要的,正当哥白尼将要减低地球及其居民在宇宙间之重要地位时,一种成就所带来的自豪,却在激发着人类的心灵。人们感到,物质的世界已为人类心灵的勇气所征服。中古世纪人们对于直布罗陀(Gibraltar)的一句箴言——勿逾越——已为简写所否认;这句箴言现已成为逾越两字。一切限制解除,整个世界开放,凡事似都可能。现在,随着无畏、乐观的涌现,现代历史于此开始。①

---

① 〔美〕威尔·杜兰:《世界文明史》第6卷"宗教改革",曹力红译,北京:东方出版社,1998年,第206页。

斯塔夫里阿诺斯则指出:

> 1500 年以前,西欧几乎一直是今日所谓的不发达地区。西欧诸民族地处边缘地带,从那里窥视内地。它们充分意识到自己是孤立的、脆弱的;……。这些胆怯的、中世纪的欧洲人是多么不同于他们那自信的、敢作敢为的后代啊!他们的后代从被围困的半岛出发,赢得对外洋航线的控制,由被围攻者成为围攻者,从而决定了直到现在的世界历史的主要趋向。①

随着欧洲人节节扩张的脚步,他们把已接触到的一切民族用体质人类学的方式排列成文明发展阶段上的一个个标本,而处于历史顶端的便是欧洲人自己。

例如英国传教士傅兰雅主办的《格致汇编》中,就曾刊载《人分五类说》:

> 蒙古人亦名黄人,……心性沉静,才智灵敏,教化古远,习尚文明,喜守成规,拘泥旧见,不甚翻新立奇、别裁花样。惟性敏易学,见人新益之法,每每依样画葫芦,故各种文学极易兴于此类人中。技艺精致,不殚辛劳,文教畅明,古为灵敏之最,纲常伦理亦为诸国之冠。惟好恶之

---

① 〔美〕斯塔夫里阿诺斯:《全球通史:1500 年以后的世界》,吴象婴、梁赤民译,上海:上海社会科学院出版社,1999 年,第 7—8 页。

性,是非之心尚未十分精警,文弱之态,积习之气,犹未速
加开通。……

　　高加索人亦曰白人,……性情活泼,心思缜密,好恶
分明,是非果断。喜新好奇,时欲别出心裁,竞异斗巧,不
肯袭人旧套。善于运思,精于制器,金木之工,巧慧绝伦,
运用水火,备极奇妙。造作舟车,更为精良,才能既高,敏
慧超群。文学、政治、物理,靡弗尽心讲习;格致、技艺,代
有进益;贸易、通商,善权子母。……

　　阿非利加人亦曰黑人,……性情蠢昧,识见浅
隘。……

　　亚美利加土人亦曰红人,……近来大半进诸境外,任
其猖獗而所余者亦蛮憨梗化,无法可以教之。

　　马来人亦曰棕色人,……善恶不明,好恶偏执。喜
动,好游海面,驾驭以为常事。文学不多,才干颇有,变动
无常,喜新好奇。[1]

在这份由欧洲博物学家根据人类体制特征描绘的文明等级图
景中,领导者与跟随者、统治者与被统治者位置分明。红种人
不可教化,近乎兽类,完全被排除出了人类文明的范畴。黑人
"性情蠢昧"是人类文明的底端,棕色人文明程度浅陋,二者
在文明等级中处于被统治者。黄种人虽然有古老的文明传

---

　　[1] 《人分五类说》,《格致汇编》第 7 年秋季卷,1892 年,第 9b—
10a 页。

统,但因循守旧,善于模仿而不善于开创,只是文明进步的跟随者。惟有白种人"不肯袭人旧套",才是人类文明的引领者。

与欧洲人"无畏、乐观的涌现"不同,中国近代地理大发现却是以受挫的方式开始的。我们把林则徐、魏源视为"开眼看世界"的第一批中国人,却不能否定,在他们眼里,西洋人固然勇武有力,却在文明程度上仍是"未开化的"。例如魏源在《海国图志》中就忿忿不平地说道:"中国以茶叶、大黄岁数百万济外夷之命,英夷乃以鸦片岁数千万竭中国之脂。"①天朝地大物博,本不假外夷互通有无。考虑到外夷失去了茶叶、大黄,"就会变成瞎子和易患肠胃病"②,所以才勉强开放对外贸易,加以施舍。如今英夷非但不感激天恩,反而谋害中国,这是最无信义的表现。坚船利炮不仅不表现西方人的文明,反而表现了他们的野蛮,这与之前危及边关的北方游牧民族没有什么不同。又如素有"开明"之称的俞正燮就以为,"洋人巧器,亦呼为鬼工,而罗刹安之,其自言知识在脑不在心。盖为人穷工极巧,而心窍不开。"③所以魏源等人那里也不可能出现类似于后来经今文学的进步观和阶段论。

直至郭嵩焘出使欧洲后,才突然发现欧洲人并不像他想

---

① 魏源:《海国图志》卷59"外大西洋·墨利加州总叙",长沙:岳麓书社,1998年,第1611页。

② 〔美〕费正清、刘广京等编:《剑桥中国晚清史:1800—1911年》下卷,北京:中国社会科学出版社,1985年,第152页。

③ 俞正燮:《天主教论》,《癸巳类稿》卷15,清道光十三年(1833)求日益斋刻本,第30页b(卷页)。

象得那样野蛮。"近年英、法、美、德诸大国角力称雄,创为万国公法,以信义相先,尤重邦交之谊。致情尽礼,质有其文,视春秋列国殆远胜之。"①这一更文明的世界却在中国的经典中找不到原型,当中国人发现新的文明比上古三代更加辉煌时,后者的典范作用遂不复存在了。

> 三代以前,独中国有教化耳,故有"要服"、"荒服"之名,一皆远之于中国而名曰"夷狄"。自汉以来,中国教化日益微灭;而政教风俗,欧洲各国乃独擅其胜。其视中国,亦犹三代盛时之视夷狄也。中国士大夫知此者尚无其人,伤哉!②

出使西欧的郭嵩焘没有读过《天演论》,也没有学过世界文明史,却说出了类似于后来康有为、梁启超"新夷夏说"的话。这说明了近代天下秩序的颠倒,才是中国近代文明分期论的起点和源头。这种思想的产生并不只是引入某种具体西方学说的结果。

1897 年 12 月至 1898 年 2 月,天津《国闻汇编》第 2、4—6 册刊载了严复翻译的《天演论》。③ 也就在 1897 年,廖平完成了他"三变"阶段的重要著作《地球新义》一卷。1898 年 10

---

① 郭嵩焘:《伦敦与巴黎日记》,钟叔河编,长沙:岳麓书社,1984 年,第 91 页。
② 郭嵩焘:《伦敦与巴黎日记》,第 491 页。
③ 当时题为《天演论悬疏》。

月,《天演论》的石刻本出版,此时《地球新义》也于资州排印
发行。该书中夹有薛福成《出使四国日记》一则:

> 盖论地球之形,凡为大洲者五,曰亚细亚洲,曰欧罗
> 巴洲,曰阿非利加洲,曰亚美理驾洲,曰澳大利亚洲,此因
> 其自然之势而名之者也。①

根据薛福成的记述,廖平盘算了起来:亚洲可按地势一分为
三,美洲可分为北美和南美,非洲可分为撒哈拉沙漠以北和撒
哈拉沙漠以南,这样算来,全球共有九大洲,正好符合邹衍
"大九州"之说! 他欣喜地说道:"知(邹)衍说之出于大一统,
则《禹贡》九州之为小一统明矣。且周天三百六十度,今地球
度数由中起点,四面皆九,四九合为三百六十,与衍说亦
同。"②《禹贡》的九州是中国,齐学的九州是世界,世界文明包
含在了孔子的思想中。

廖平在回忆他撰写《地球新义》等著述之初时说:

> 不敢自以为著作,故讬之课艺,以求正于天下。见者
> 大哗,以为穿凿附会,六经中绝无大地制度,孔子万不能

---

① 薛福成:《薛京卿〈出使四国日记〉一则》,收于廖平:《地球新
义》(戊戌本),《廖平全集》第10册,上海:上海古籍出版社,2015年,第
14页。

② 胡翼:《书〈出使四国日记〉论大九州后》,收于廖平:《地球新
义》(戊戌本),《廖平全集》第10册,第67页。此文与上述《薛京卿〈出
使四国日记〉一则》亦收入《地球新义》(丙子本)。

知地球之事，驰书相戒者不一而足。不顾非笑，闭门沈
思，至于八年之久，而后此学大成。以《周礼》为根基，
《尚书》为行事，亦如《王制》之于《春秋》。而后孔子乃
有皇帝之制，经营地球，初非中国一隅之圣。①

引文中"六经中绝无大地制度，孔子万不能知地球之事"是有
所指的。彼时严复上书皇帝，号召学习西方，就说"地球，周、
孔未尝梦见；海外，周、孔未尝经营。"②廖平针锋相对地指出，
不是孔子"未尝梦见"地球、海外，而是严复甚至古往今来的
士大夫都不理解孔子的伟大。

　　也就是在 1898 年，廖平又撰写了《改文从制说》。何休
称："《春秋》变周之文，从殷之质。"③在廖平看来，这里的"从
殷之质"只不过隐喻，孔子所从者"今之泰西诸国是也"。④ 按
《白虎通义》的记载：

夏人之王教以忠，其失野，救野之失莫如敬；殷人之
王教以敬，其失鬼，救鬼之失莫如文；周人之王教以文，其
失薄，救薄之失莫如忠。（《白虎通义·三教》）

---

① 廖平：《三变记》，《廖平选集》上册，第 550 页。
② 同上，第 549 页。
③ 何休解诂、徐彦疏：《春秋公羊传注疏》（简体横排本），北京：北
京大学出版社，1999 年，第 56 页。
④ 廖平：《改文从制说》，《廖平全集》第 11 册，上海：上海古籍出版
社，2015 年，第 522 页。

廖平则指出,孔子之"忠"、"敬"、"文"绝非夏、商、周三代的正朔、服色,而是"西人所谓专制、民权、共和也"。① 是故在六经及其传记中,有"古之三代"与"改制之三代"的分别:

> 三统为先师救弊循环之变例,《春秋》乃斟酌百王通行之大法。何以言之? 继周不能再用夏礼,此一定之说明,而先师乃有三统循环之说者,此指春秋以后法夏、法商、法周而王之三代,非古之夏商周。……传记所谓三代,有指真三代,有指法三代而王者,何以别之? 大抵可以循环,制度无大分别者,为法三代;而王之三代,制度迥异,不能循环者,为真正古之三代。②

无疑,"小九州"与"大九州"的分别,"真三代"与"王之三代"的分别,都是《今古学考》"三代旧制"与"孔子改制"之别的逻辑延伸。

中国人以上古三代为黄金时代,导致两千年历史总走不脱一朝一代的治乱循环。殊不知孔子早就为人们设计好了走向世界,也是走向文明进步论的改革方案。这是一个比黑格尔哲学更庞大的体系。这个体系不仅包含了中国富强之道,更包含了世界大同之道。

---

① 廖平:《忠敬文三代循环为三等政体论》,《廖平全集》第 11 册,第 553 页。
② 廖平:《经话甲编》,《廖平选集》上册,第 414—415 页。

由春秋至今,细为分划,以千年为一周,吾国正当二次共和之时代(按,汤武革命之后"民权积久弊生",周公、召公行共和之政,此为一次共和),故不能谓之为民权,亦不能谓之为君权,盖已变野蛮而文明。欧美见当初次民权时代,或乃自以为新理,自以为曙献,不知吾国革命民权早在三千年前已据全球上游之势。此吾国所以占文明之先步,为五洲之伯兄,仲、叔随行,季则更为幼㝩。自后数百年,共和之局又终,则当与全球合并而为大一统。从周而大夏,从大夏而大殷,从大殷而大周,三次之三统当更文明,则固非吾辈所及见矣。①

廖平称"孔子乃有皇帝之制,经营地球,初非中国一隅之圣。"这样的孔子不只是中国的,他囊括了古往今来一切人类历史的总和,甚至决定了世界未来的结局。

洛维特认为,西方现代历史哲学的根源在于基督教的救赎观念和上帝的神圣计划。② 中国传统士大夫的头脑中本没有"上帝神圣计划",但廖平、康有为却把经学改造成了孔子的神圣计划。类似于上帝预设了最终审判,孔子也预设了人类历史的最终目的,仿佛一切人类文明都朝着这个终极目的前进。

---

① 廖平:《忠敬文三代循环为三等政体论》,《廖平全集》第 11 册,第 554 页。

② 参见〔德〕卡尔·洛维特:《世界历史与救赎历史》,李秋零、田薇译,北京:三联书店,2002 年。

正因如此,廖平甚至对公羊学一贯主张的"王鲁说"表示不满:

> 盖尝以经例推之,则鲁为方伯,讥僭诸公,非作三军,则是《春秋》仍以侯礼责鲁也。讥不朝,非下聘,则是《春秋》仍君天王而臣鲁侯也。且《春秋》改制作,备四代,褒贬当时诸侯,皆孔子自主,鲁犹在褒贬中。其一切改制进退之事,初不主鲁,则何为"王鲁"乎? 若以为"王鲁",则《春秋》有二王,不惟伤义,而且即传推寻,都无其义。此可据经传而断其误也。①

他说,"褒贬当时诸侯,皆孔子自主,鲁犹在褒贬中。"在他看来,公羊学主张孔子"讬王于鲁",似乎孔子只是鲁国臣子,似乎《春秋》仍君天王而臣鲁侯",这对孔子的世界性和神圣性都是一种贬低。基督教要一改犹太教的狭隘而成为世界性宗教,就先要抛弃犹太人独一无二的选民地位。孔教要成为能跟基督教对抗的世界性宗教,也需先抛弃鲁国的选民地位。

叶德辉等人攻击清末今文家"阳儒阴耶"。其实廖平就坦承自己就是要"阳儒阴耶",非如此则不足以对抗强势的西方基督教文明:

---

① 廖平:《何氏公羊解诂三十论》,李燿先主编:《廖平选集》下册,成都:巴蜀书社,1998 年,第140—141 页。

夫至圣,中外教宗统领,彰明国学,正不妨借用其法,
笃信孔子,亦如欧美各国迷信其宗教,凡与孔子为难邪
说,如董子所谓不在六艺之例者,屏绝不复道,然后学堂
乃能收实效,吾国乃能独立于竞争之世界。①

这段话表明了廖平鼓吹孔教基于爱国主义的目的,但他是否
想到,这种一神教一旦成立就不再是民族国家的了? 普世性
的孔子如何能成为城邦的神? 又如何能成为公民宗教呢?

公允地说,尽管廖平等今文家的论述在今天看来荒诞不
经,但它们在清末有力地推动了文明进步观念的产生,这是史
学现代化的前提。今文家的"孔子创制说"在客观上为上古
史研究脱离经学束缚提供了可能,而史学现代化的车轮也必
将进一步颠覆"孔子创制说"本身。

再则,廖平区分"小九州"与"大九州","真三代"与"王
之三代",其根本时代背景是古人对于上古三代的信仰破产
了,对上古三代的研究不再具有致用的价值。如此一来,经学
就面临覆亡的危险。当两千多年来主导中国文化的经学都被
视为没有意义甚至有害时,我们又将凭借什么传统资源去凝
聚民族自信心呢?

蒙文通不信其师主张的孔子一神教,却有着同样的焦虑。
"理想之三代"不是"历史上的三代",却仍然要经历现代历史

① 廖平:《论尊孔》,《廖平全集》第 11 册,上海:上海古籍出版社,
2015 年,第 761 页。

学的检验,更要符合现代政治原则。这构成了蒙文通治学的根本问题意识。例如廖平批判"王鲁说",蒙文通也批判"王鲁说"。他在晚年的《孔子和今文学》中便指出:

> 但自董仲舒出来以后,变素王为王鲁,变革命为改制,变井田为限田,以取媚于汉武帝,又高唱"《春秋》大一统"以尊崇王室,因而搅乱了今文学思想。①

"讬王于鲁"视孔子为鲁臣。在廖平看来,这降格了孔子的神圣性,在蒙文通看来,这相当于抹杀了儒家思想的革命性。蒙氏想到,康有为虽然剿袭了廖平的观点,却从未剿袭到廖平学术的真精神,这个精神就是革命。与康有为等保皇派不同,廖平有过革命经历,这场革命就是保路运动。保路运动就是近代四川学者自我认同的一大信心源泉。

附论:文明史观与问题史学

——近代历史主义的两条路径

倘论及中国史学现代化的开端,则不能不明了西方文明观念的巨大作用。实则文明与野蛮的区分古已有之,华夷之辨就是例证。单看文野之别,似乎二者并无不同。前引郭嵩

---

① 蒙文通:《孔子和今文学》,蒙默编:《经学抉原》,上海:上海人民出版社,2006年,第264页。

焘《伦敦与巴黎日记》中就记录了一件广为今天学界引用的事情。他在光绪四年（1878）二月初二的日记中曾提到，"波斯国主游历伦敦，（英国）君主亦赠以宝星"，却遭到彼国舆论界的嘲讽，"哈甫色维来意斯里［得］，何足以当宝星耶？"对此，郭氏解释道：

> 西洋言政教修明之国曰色维来意斯里得（civilized），欧洲诸国皆名之。其余中国及土耳其及波斯，曰哈甫色维来意斯里得（half-civilized）。哈甫者，译言半也；意谓一半有教化，一半无之。其名阿非利加诸回国曰巴伯比里安（barbarian），犹中国"夷狄"之称也，西洋谓之无教化。①

大抵古今中西各族人民都自居于文明而把他族视为野蛮的习惯。清人视西洋为蛮邦，殊不知西洋人亦视自己为野人。郭嵩焘在甲午战争十几年前就能认识到这点，已然十分难能可贵。但他可能没有意识到，同为文野之辨，二者的内核根本不同。有学者便精辟地指出：

> 古典的文野之辨，文明一方对于野蛮一方，除了要"怀柔远人"、"边境晏安"之外，基本别无所求，更恨不得以长

---

① 郭嵩焘，《伦敦与巴黎日记》，光绪四年二月初二日，岳麓书社，1984年，第491页。

城永久隔限其往来(中国和罗马帝国都修过长城)。而此
时的文明一方对于野蛮一方,却要侵入、统治、剥夺。①

　　古代人,无论是古希腊人、罗马人还是中国人,都试图把各类
人安排进一个固定的空间等级内,文明人就应该在文明人的
等级上,野蛮人应该在野蛮人的等级上,二者互不僭越。但近
代西方人却把文明与野蛮视为人类进化过程中的不同时间阶
段,文明的价值就在于它终将要取代野蛮,使人类社会臻于更
加完善的境地。职是之故,文明人对野蛮人的入侵、剥夺因之
"促进了全人类进步"而天然合理。这大概是古今"文野之
辨"的最大不同之处。

　　因此,古代文野之辨无论如何也无法产生文明史观,而现
代文野之辨却往往以文明进步论的形式表现出来。正是后者
对中国史学现代化转型的巨大影响难以估量。

(一) 清末的"现代文明史观"

　　说起西方文明史观对清末学界的巨大影响,就不能不述
及巴克尔(Henry Thomas Buckle)在 19 世纪中叶撰写的《英国
文明史》。巴氏十分不满当时欧洲史学界的状况:

　　　　史家立标既狭,故其关于知识之进步者,亦若有所限

---

　　① 　唐晓峰:《地理大发现、文明论、国家疆域》,刘禾主编:《世界秩
序与文明等级:全球史研究的新路径》,北京:三联书店,2016 年,第
20 页。

止而歧义。以全体史家泛言之,则似未尝知史学之应有
统系及相关系之理焉。故史家之中,昧于计学者有之,不
知法律者有之,不明宗教事务及意见之变更者有之,不审
统计之学者有之,甚至不明物理者亦有之。凡此诸学皆
研究人事所必不可无者,而史家则得彼失此无窥全豹之
学识眼力也。史家有专修一科者,苟通力合作各陈所长,
以全史学之规矩,是不难也。其奈不然何?①

读罢这段引文,我们不免会感到似曾相识。对比一下梁启超
在名著《新史学》中的话:

二曰:徒知有史学,而不知史学与他学之关系也。夫
地理学也,地质学也,人种学也,人类学也,言语学言,群
学也,政治学也,宗教学也,法律学也,平准学也(即日本
人所谓经济学),皆与史学有直接之关系。其他如哲学
范围所属之伦理学、心理学、论理学、文章学,及天然科学
范围所属之天文学、物质学、化学、生理学,其理论亦常与
史学有间接之关系。何一而非主观所当凭藉者,取诸学
之公理公例,而参伍钩距之,虽未尽适用,而所得又必多
矣。问畴昔之史家,有能焉者否也?②

① 〔英〕白格耳:《文明史》,魏易译,《学部官报》第 3 期,光绪三十
二年(1906)九月初一日,第 2 页 b(文页)。
② 中国之新民:《新史学》"第二章,史学之界说",《新民丛报》第 3
号,1902 年 3 月 10 日,第 62—63 页。

巴克尔痛心于 19 世纪中叶欧洲史学家的固陋狭隘,相比之下,中国旧史家不是更加固陋狭隘吗? 不要说梁启超了,就连一贯对中国文化持有信心的章太炎也在同一时间痛心疾首地说道:

> 自唐而降,诸为史者,大氐陈人邪! 纪传泛滥,书志则不能言物始,苟务编缀,而无所于期赴。何者? 中夏之典,贵其记事,而文明史不详,故其实难理。……非通于物化,知万物之皆出于几,小大无章,则弗能为文明史。①

仅以上两例,我们就不难想见类似巴克尔的"文明史观"给清末中国史学科学化带来了怎样的影响了。②

所谓"文明史"之所以不同于之前的史学著作,在于它具有科学性。对于西方人而言,这种科学性当然不是后来胡适、傅斯年认为那种考据史实。深受英国实证主义思想熏陶的巴克尔相信,人类文明的发展不是什么"上帝预制计划"或"道德自由意志"的产物,它是人与自然关系的结果。因此,历史学本应该是一门严格的科学。他宣称:

> 吾为是书之宗旨,欲跻历史于科学之地位也,欲致

---

① 章太炎:《訄书·尊史》(重订本),朱维铮点校:《章太炎全集》第 3 册,上海:上海人民出版社,1984 年,第 313 页。

② 关于巴克尔《英国文明史》在中国的传播,可参见李孝迁:《巴克尔及其〈英国文明史〉在中国的传播和影响》,《史学月刊》2004 年第 8 期。

斯学于斯地——既弗恃意志自由之说,亦弗据世事前
定之论。①

申言之,历史学不仅仅是对政治现象的记录和考证,它应该能
像自然科学一样,能够从人类社会诸多纷繁复杂的现象中抽
象出文明进化的普遍规律。为此,史学家不仅要懂社会科学,
更要懂自然科学,不仅要知道自然科学的知识,更需要熟练自
然科学的方法。

巴氏该书第二章题目即为"论物理之影响及于社会之组
织及国民之品性"。历史不只是人的历史,更是人与自然关
系的历史。把人与自然的关系带进历史学研究,正是巴书的
特点。他强调,一个民族的国民性深受自然世界的影响。

世界物质之中,其影响于人类至大者有四,曰气候,
曰食物,曰土性,曰天然形势。②

统而言之,就是自然环境与人类文明的关系。巴克尔指出,亚
非早期文明得益于土壤之肥沃,欧洲人却有赖于气候条件。

---

① 白格耳:《文明史》,《学部官报》第 7 期,光绪三十二年(1906)
十月十一日,第 7 页 a(文页)。
② 白格耳:《文明史》,《学部官报》第 9 期,光绪三十二年(1906)
十一月初一日,第 13 页 a(文页)。"天然形势"一词,王光煦翻译为"自
然界的万象",这可能更利于我们理解。氏文:《巴克尔英国文明史提
要》,《光华大学半月刊》第 5 卷 3、4 合期,1936 年 12 月 8 日,第 111 页。
何为"天然形势"或"自然界的万象",后文将会提到。

前者展现的是土壤对农作物的功用,这本质上只是一种自然因素与另一种自然因素的关系;后者展现的却是气候对劳动者的影响,这是自然与人之间的关系。大概丰厚的土壤条件使亚洲人、非洲人寄生于大自然的羽翼之下,不像欧洲人那样在与自然的对抗中生发出蓬勃向上的精神。

亚非土壤肥沃,食物产量高,价格就低。因此劳动者的回报少,地位也低,上层社会与下层社会极不平等。欧洲相反,劳动者与统治者地位平等。故而一者多专制政体,一者更倾向自由民主。

乍看上去,巴克尔的文明史只不过是运用更发达的统计学、生物学技术,重复了 18 世纪法国启蒙主义的思想。但我们不妨对比一下后来的计量史学,当历史研究的重心不再是国家间的政治斗争,而变成了粮食产量的变化、人均土地占有量的变化、出生率、死亡率、健康状况的变化时,人们对于自己所处世界的理解将会发生怎样的改变? 当然,巴克尔刺激世纪之交的东方之处,首要在于地理学。

福泽谕吉就是一个有名的案例。他在 1875 年出版的名著《文明论之概略》中就大量引用巴克尔《英国文明史》和基佐《欧洲文明史》的观点,以图探究西方开化之原。未过几年,田口卯吉就自费出版了《日本开化小史》,把巴克尔"自然地理环境影响国民性"的观点运用到了自己国家头上。自那以后,各种"文明史"著作在日本层出不穷,可称蔚然成风。①

---

① 参见杨鹏:《中国近代史学兴起发展中的日本影响因素研究》,北京:中国文史出版社,2013 年,第 32—35 页。

几乎与日本同时,西方传教士也把地理文明观念传到了中国,前引《格致汇编》中的《人分五类说》便是显例。据康有为自己说,他在 22 岁时就从香港接触到了类似的学说。① 但无可争议的是,文明史观的影响力起初只局限于通商口岸知识分子。它在中国读书人中间形成强大的势力,却要等到清末留日学生数量激增以后。如果说清季中国人接受西学主要有两条路径,一则经由传教士和口岸知识分子,一则取道日本,那么就影响力而言,后者完胜前者。

先举一例。1924 年,梁启超在耙梳"清代学者整理旧学之总成绩"时,不禁遗憾地说道:清儒之地理学,"盖以便于读史为最终目的,而研究地理不过其一种工具,地理学仅以历史学附庸之资格而存在耳"。两三百年间,惟刘献廷一人"不以记述地面上人为的建置沿革为满足,进而探求'人地之故'——即人与地相互之关系,可谓绝识矣!"②所谓"人地之故"大抵就是"人类文明与地理环境的关系"。

对此,日本学者石川祯浩有这样评论:"不难想象,梁启超于 1898 年来到日本时,他印象中的'地理'应该是地方志般的'建置沿革',或就古典进行历史地理方面的求证,甚或至多是外国概况之类。"③这番话道出了古今地理观念的剧烈

---

① 康有为:《康南海先生自编年谱》(外二种),蒋贵麟主编,"康南海先生遗著汇刊之廿二",台北:宏业书局,1987 年,第 11 页。

② 梁启超:《中国近三百年学术史》,北京:东方出版社,2004 年,第 341—342 页。

③ 〔日〕石川祯浩:《梁启超与明治时期日本的地理学研究》,《中国近代历史的表与里》,袁广泉译,北京:北京大学出版社,2015 年,第 131 页。

变化。传统方志不过是记录建置沿革,近代地理学却要彰显文明的起源和发展,二者差别之大,几乎可以算作完全不同的两类学问。即便是《海国图志》、《瀛寰志略》和边疆史地之学这些今人评价甚高的研究,也远远够不上探求人类文明的高度。亦如日本学者所说:"在中体西用论出现以前,对于世界地理知识的学习,被看作是一种属于兵学(军事学)范畴的特殊技艺,尚未被认为是读书人作为学问所应该学习的内容。"①当然,这样的地理学研究也不会凸显人类文明史的价值。

问题是,梁启超究竟受到了何种刺激,以至于他在赴口仅仅三年后就一改先前对于地理学的理解,连续发表了《地理与文明之关系》、《中国地理大势论》等三篇"论地理文明大势"的文章呢?

遗憾的是,倘我们细究这些文章,就不难发现它们与梁氏同一时期撰写的西方思想家学案一样,基本在照抄日本学者。② 其中《地理与文明之关系》就是改写自浮田和民《史学通论》的第五章"历史与地理"。③ 不仅如此,即便是《新史学》这样影响巨大的著作,也在大段大段地抄袭《史学通论》

---

① 〔日〕大泽显浩:《关于〈地球韵言〉——清末的地理认识及其表现》,〔日〕高柳信夫编著:《中国"近代知识"的生成》,唐利国译,北京:商务印书馆,2016 年,第 85 页。

② 例如《卢梭学案》、《霍布士学案》等,主要照搬中江笃介翻译的《理学沿革史》(文部省编译局,1886)的相关部分。参见〔日〕狭间直树:《东亚近代文明史上的梁启超》,高莹莹译,上海:上海人民出版社,2016 年,第 54 页。

③ 石川祯浩:《梁启超与明治时期日本的地理学研究》,《中国近代历史的表与里》,第 132 页。

和浮田氏的另外一本著作《西洋上古史》。①

且看浮田氏著作：

> 亚细亚地势虽似欧罗巴，而雪山之大，不能比于阿尔
> 布士（按：阿尔卑斯），西藏之高，不能比于巴巴利亚（巴
> 伐利亚）。印度半岛虽可称为亚洲之伊太利（意大利），
> 而与隔海澳洲相离，不若欧洲与北米（北非）之接近，而
> 印度洋又非地中海之比，其东西南北，各自成一小天地，
> 无以起文明之竞争。波斯、印度之间，惟有波舍露（白沙
> 瓦）一路可通，亚历山德（亚历山大）以来，军队通行，多
> 由是路。而卡布儿（喀布尔）之高原，又使之与亚洲相隔
> 绝。支那、印度之间，更无一路可适用于行军、通商者。
> 雪山之险路，高自一万尺至万八千尺，而帕米尔高原，夏
> 日结冰，海路以外，无可交通。以故亚洲虽有平原可以兴
> 农业，而开国家文明之基，然各地孤立，故有保守之习，成
> 惟我独尊之风气。地势睽隔，故无交通，无交通故无竞
> 争，无竞争故无进步。亚细亚所以为文明起原之地，而不
> 能为文明进步之地者，此故也。②

---

① 参见邹国义：《梁启超新史学思想探源》，〔日〕浮田和民讲述：《史学通论四种》"代序言"，李浩生等译，上海：华东师范大学出版社，2007年。《史学通论》大抵有5个中译本，其中杨毓麟译本是否出版，无从查考。有趣的是，侯士绾译本更是将此书名译为"新史学"，此译本发行于1903年2月，上年11月，梁启超《新史学》才刚在《新民丛报》刊载完毕。

② 〔日〕浮田和民：《史学原论》，刘崇杰译，《史学通论四种》，第194页。笔者比较四个版本，李浩生译本错误最多，而刘崇杰译本则最接近今天用语习惯，故采纳之，以下注释皆简称"刘崇杰译本"。

与巴克尔的思路类似,浮田和民也把亚洲各国国民性的根源诉诸于自然环境。同理,西方的发达也是由于自然环境使然。

> 亚细亚之西,欧罗巴之南,亚非利加之北,位其中央者地中海,使三大陆互相毗连。平原地所起之文明,即可移之于海滨,凡交通、贸易、殖民、用兵,一切有便于人间社会之竞争者,无不萃集于地中海。……使地中海而位于亚细亚,则文明必东渐,发见新世界之伟业,将成于亚细亚之人矣。以此知地理之关系于文明有更重大于人种者矣。①

中国、印度、波斯等亚洲地区虽然气候环境优越,适宜诞生人类早期文明。但它们之间相互隔绝,既难以通商又无法竞争,这养成了亚洲人民故步自封、唯我独尊的风气。反观欧罗巴之南,三大洲文明的精华荟萃于地中海,相互竞争、交流、融合,是以诞生了人类文明最优秀的成果。这养成了欧洲人勇于竞争,善于进取的开放性格,理所当然地要代替亚洲、非洲这些早期文明诞生地,而成为新时代人类进步的标杆。

更奇的是,地理环境不仅能决定一个民族的国民性,还能决定一个国家的政治体制:

> 压制政体在进化第一期,为社会所必要,为文明所必

---

① 刘崇杰译本,《史学通论四种》,第194页。

要,且不独亚洲为然,即欧洲亦莫不然。……亚洲之所
短,在于固守文明之初基而不能进步,以达于第二期,究
其原因,则由于天然之境遇过厚,而人力支配之事反见其
难也。欧洲之所长,在于既达第一期,即入第二期,然论
其事实,亦不过在近百年间,如米国之独立、法国之革命
是耳。①

大概亚洲国家普遍实行"压制政体"就是跟其故步自封的国
民性有关。显然,浮田氏不只是要讨论人类各个文明的地理
空间分布情况。地理环境只是他论述人类历史分期的阶梯:
亚、非洲为人类历史的第一期(奠基期),欧洲为人类历史的
第二期(发达期)。由是,世界上各大洲的各大文明就在由低
到高的时间链条上排列出了先后次序。地理环境的影响之
大,不仅决定了一个民族的未来走向,甚至决定了人类历史的
文明兴替。念及于此,梁启超能不痛惜叹恨中国空有丰富的
地理记录,却没有发达的地理观念?

　有趣的是,地理文明史观本来是要告诉东方人,西方文明
天然就是人类未来发展方向,但它在东方传播时,却滑出了自
己原来的轨道。随着日本国力增强和"鹿鸣馆外交"的失败,
日本人的东方意识逐渐增强。在福泽谕吉等人看来,地理学
无疑坐实西方文明的优越性,但到了世纪之交,却又陡然变成
了日本学人鼓吹东方门罗主义的有力依据。例如杰出的日本

---

① 刘崇杰译本,《史学通论四种》,第198页。

艺术学家冈仓天心就用他诗一般的文字写道:

> 亚洲是一体的。尽管喜马拉雅山把两种强大的文明——以孔子的集体主义为代表的中国文明和以佛陀的个人主义为代表的印度文明——分隔开来,也仅仅只是为了强调两者各自的特色。然而,即便是这一覆盖着白雪的屏障,一刻也不能阻止亚洲人民对具有终极普遍意义的博大的爱的追求。这种爱是全体亚洲民族共同的思想遗产,这让他们创造出了世界上的所有大宗教。而且特别要注意的是,也正是这种爱,将亚洲民族与喜好探询人生手段而非目的地中海或波罗的海沿岸的诸民族区别开来。①

无论印度、中国、日本有什么不同,东方民族的地理环境都塑造了他们的共同品质:温婉优雅、善良友爱。这与擅长杀戮、掠夺的地中海和波罗的海文明何其不同。当来自地中海和波罗的海的强盗们把杀戮凌驾到东方头上时,东方民族惟有以强悍回应之。

在甲午战争期间,日本史学家那珂通世提出,要把外国史分成东洋史和西洋史。他的理由是,并非只有欧洲人才是开化者,东洋诸国特别是皇国、中国、印度等,也对人类文明产生

---

① 〔日〕冈仓天心:《中国的美术及其他》,蔡春华译,北京:中华书局,2009年,第3页。

过十分重大的影响。那珂氏的观点在日本形成了一股力量，并最终促使文部省在 1902 年通过其建议，把全国高中的历史课程分为"东洋史"和"西洋史"。①

也就是那珂通世，还曾经亲自编写《支那通史》作为日本学生用书。这本书采用了西方式的章节体，并用现代历史分期论把中国历史分为"上世史"、"中世史"和"近世史"。该体例一经采用，便显示出了其书写各个历史阶段的巨大优势，并最终压倒了传统的"子书体"和"经传体"，成为史学著作的主流体例。

本书首篇"总论"的第一章就是"地理概略"："支那帝国又名大清国，亚细亚洲之大国也。土地之广，亚于露英；人民之众，冠于列国。……"第二章又是"人种之别"："清国人民概属西人所谓黄色种者，骨格容貌，与我邦人不甚相异，而种类甚多。……"②这种先写地理环境，次写人种的国别史写法在世纪之交的中国迅速风行，成为了近代教科书的通行写法。

那珂通世的著作清楚地表明了地理学与人种学（体质人类学）在当时互为表里的关系。亚洲人与欧洲人不仅地理环境不同，人种也不同，由此造成的民族性更大不相同。倘在福泽谕吉看来，这也许说明了日本人应该与欧洲人通婚，以改良人种。但在那珂氏看来，人种的不同恰恰为东西方文明的对

---

①　杨鹏：《中国近代史学兴起发展中的日本影响因素研究》，第42 页。

②　〔日〕那珂通世：《支那通史》第 1 册，东京：中央堂，1888 年，第1a、4a 页。

抗提供了科学依据。

　　事实上,早在 1899 年《清议报》创刊不久,梁启超便撰文指出:"今世界大异之种,泰西人区其别为五焉,彼三种者,不足论矣,自此以往,百年之中,实黄种与白种人玄黄血战之时也。"①次年,菲律宾爆发反美民族独立运动。他又撰文说:"菲立宾之逐西而抗美也,实我亚洲倡独立之先锋,我黄种兴民权之初祖也。菲立宾而胜,可以为黄种人吐气,而使白种人落胆。"②与任公类似,孙中山也十分赞同宫琦寅藏"亚细亚者,为亚细亚之亚细亚也"的主张。③ 1904 年日俄战争爆发后,这种东方门罗主义的思想在日本宪政党领袖大隈重信的鼓吹下,终于成为了一套系统的政治纲领,并得到了梁启超等人的积极回应。④ 无疑,这类思想既可能成为日本军国主义操控东亚的口实,也可能成为亚洲殖民地半殖民地民族解放的理论依据,历史的复杂性也许就在于此。

（二）地理文明论下的今古文之争

　　姑且不论政治问题,单就以学术思想而言。可以想见,在它的影响下,人们对于上古三代的想象将会发生怎样的倒置。

---

　　① 梁启超:《变法通议·论变法必自平满汉始》,《饮冰室文集之一》,《饮冰室合集》第 1 册,北京:中华书局,1989 年,第 83 页(文集页)。

　　② 梁启超:《论美英菲杜战事关系于中国》,《饮冰室文集之十一》,《饮冰室合集》第 2 册,北京:中华书局,1989 年,第 2 页(文集页)。

　　③ 孙中山:《与宫琦寅藏等笔谈》,《孙中山全集》卷一,北京:中华书局,1986 年,第 181 页。

　　④ 参见饮冰:《所谓大隈主义》,《新民丛报》第 3 卷第 9 号,1904 年。

近代地理学对于文明起源的讨论使得圣人制礼作乐的传说变得不再可信。巴克尔强调历史科学就是要把"自由意志"和"上帝审判"清扫出史研究的领域。传统中国读书人固然不会像基督徒那样认定人类最终会接受上帝的最后审判,但他们会认为圣人创制立法之际,就是人类社会最淳美至善之时,后来的种种混乱堕落都是因为悖离了上古圣人之道。

然而,地理环境论却告诉人们,文明的进步本质上是人类不断征服自然的结果。例如巴克尔就指出:

> 凡是引起恐怖或大惊奇的自然现象最易于激动想象。在此情形之下;人将自己的渺小一身比起自然界的庄严宏大,见得轻微不足道,而十分苦恼。他不知不觉起了自卑之感。反之,若果自然界示弱,则人类恢复自信:他能试验这般现象,细察这般现象,终竟求出这般现象所受支配的法则。由此立点,显然可见一切伟大的古代文明都居近热带,自然界对于人是最危险的地方。在亚洲,非洲和美洲,外部的世界是比在欧洲来得可怕。①

亚洲人、非洲人、美洲人之所以耽于宗教迷信,而独独欧洲人能够发展出现代科学,是由于前者的"天然形势"太强,后者

---

① 王光煦:《巴克尔英国文明史提要》,《光华大学半月刊》第 5 卷 3、4 合期,1936 年 12 月 8 日,第 114 页。相关译文参见白格耳:《文明史》,《学部官报》第 20 期,光绪三十三年(1907)四月初一日,第 34a—38b 页。

的"天然形势"较弱。说得直白一些,尧、舜、禹等上古圣人的言行事迹不过就是古人自然崇拜而已。中国苟能追赶欧洲,就必先要破除这些迷信。

清末今古文之争不同于以往任何一次经学争论,正是得之于这样特殊的时代背景。从廖平、康有为开始,对于三代之治的信仰破灭了。上古三代充其量不过一朝一代的盛世,只对那个时代有效而不足以垂范后世。这是廖平、康有为等人要把六经视为孔子制作之物,而与三代史事截然分开的历史前提。

这个分裂事实上是经与史的分裂。为了保证六经的神圣性与效用性,康有为等人不惜宣布其中的内容是托古改制的产物,而不是历史事实。这就取消了六经的史料价值。民国古史辨运动正是接续了这条思路。

与今文家偏重六经的神圣性而取消它的事实性截然不同,章太炎、刘师培等古文经学家则强调六经的史料价值,而消除它的神圣性。简言之,他们竭力为六经祛魅和合理化。

就前者而论,有名的例子是夏曾佑《最新中学历史教科书》。他说道:

> 古言人类之始者,为宗教家;今言人类之始者,为生物学家。宗教家者,随其教而异,各以其本群最古之书为凭。……昔之学人,笃于宗教,每多入主出奴之意,今幸稍衰,但用以考古而已。至于生物学家,创于此百年以内,最著者英人达尔文(Darwin)之种源论(Origin of Spe-

cies）。其说本于考察当世之生物，与地层之化石，条分缕析，观其会通，而得物与物相嬗之故。由古之说，则人之生为神造；由今之说，则人之生为天演，其学如水火之不相容。①

今人已经接受了人种学的科学论断，自然不会再像古代宗教家那样去相信"本群最古之书"了。是以六经尽可质疑，三代皆为"传疑时代"。关于夏曾佑的这一观点，学界早有大量讨论，无需赘言。

就后者而言，以下事例足见一斑。

《周易·系辞上》说："河出图，洛出书，圣人则之。"这段记载有如神话，今人不会太当真。但章太炎却指出：

> 亡人至于五鹿而得块，以为天赐，其实野人也。伏羲之王也，其形龙蛇，不知所自始。或者以为出自巴比伦，谬矣！枳棘之未伐，九有之未列，虽产中夏，无以知中夏之形也。

> 《河图》者，括地者也，获于行迷，而以写青黑黄赤，虽腐败则珍之。吾安知夫矍铄《河图》以为天赐者，非亡人之块邪？②

---

① 夏曾佑：《中国古代史》，石家庄：河北教育出版社，2000年，第8—9页。

② 章太炎：《訄书·河图》（初刻本），朱维铮点校：《章太炎全集》第3册，上海：上海人民出版社，1984年，第32页。

大抵伏羲就是古代苏美尔王"福八夫"。① 传说伏羲人首蛇身,章太炎则认为,这是由于上古中土人士第一次见到西亚人,以为他是神明化身的结果,类似于明代中叶中国人首次见到南美红种人,"以其前为蛇螭紫贝之族也。"②伏羲从巴比伦远道而来,人困马乏,不知方向,突然捡到前人遗留下来的"括地志",惊骇不已,以为是上天恩赐,遂有"河出图"的传说。《河图》传说如此,《洛书》传说亦复如是:

> 禹之《洛书》,其犹是《图》。夫有周行于神海以立髀者,迻书其度剂,票忽遇而拾之,宠灵其书以为天赐也亦宜。③

在这些解释下,上古经典中的种种近于神话的记载有了合理性,它们虽然是史实,却不再神圣。为了达到合理化六经的目的,章太炎等人借助了许多西方宗教学、人类学的知识。如孙宝瑄所说,"太炎以新理言旧学,精矣。"④章太炎如此,刘师培亦复如是,他在编写《中国历史教科书》时就强调,"于征引中国典籍外,复参考西籍,兼及宗教社会之书,庶人群进化

---

① 章太炎:《訄书·序种姓上》(重订本),《章太炎全集》第3册,第173页。能力所限,笔者始终无法确证章氏所言之"福巴夫"为何许人,他说"先萨尔官有福巴夫者,伏戏也",但在萨尔贡一世之前"苏美尔之王"的君主只有卢伽尔·扎吉西(Lugal Zagesi),但读音与伏羲相差太远。

② 章太炎:《訄书·河图》(初刻本),《章太炎全集》第3册,第32页。

③ 同上。

④ 孙宝瑄:《忘山庐日记》,上海:上海古籍出版社,1983年,第566页。

之理可以稍明。"①

这开创了近代上古史研究的另一条思路,即通过西方社会科学理论重新解释上古经典,即我们熟知的"释古"。

"疑古"、"释古"两条理路的交织构成了民初古史研究的重要内容。然而这并不是近代历史主义思潮的全部,胡适就提出了自己不同的方案。他的挑战直到 1920—1930 年代之交才公开化,并迅速获得了成功。

(三) 胡适与近代史学科学化的转向

美国哲学家杜威曾严厉批评西方哲学中的形而上学传统,在他看来形而上学的本质就是二元对立,这是前科学、前技术、前民主时代的遗产。种种二元对立之中,又以实践与知识的对立最危险。它起源于古希腊奴隶社会,例如柏拉图、亚里士多德就明确指出,哲学和政治只是有闲阶层的事业。杜威认为,这既造成了脱离于社会现实的纯粹思辨者,又造成了愚昧的劳动者。一部分人只专注于超越于具体处境的永恒真理,另一部分人却操劳于生计而没有起码的思辨能力。②

对此,杜威说道:

就它们的持续的和未来的作用而言,我们或许不应

---

① 刘师培:《中国历史教科书》"凡例",《刘申叔遗书》下册,第 2177 页下。

② 赵敦华:《现代西方哲学新编》,北京:北京大学出版社,2001 年,第 51—52 页。

该夸大这种真理的永恒性和持久性。它们的不变只是相
对的。当被运用于新的情况,被作为资源用来与新的困
难打交道时,最古老的真理会在某种程度上被重造。的
确,恰恰是通过这种运用和重造,真理保持了它们的新鲜
和活力。不这样的话,它们就会被降格为对过时传统的
苍白无力的怀旧。①

简言之,事实上并不存在脱离于社会实在的真理,任何真理都
是相对于具体处境、具体问题而言的。并且,人们对具体问题
的实践活动总是在不断重塑和改变真理的形态。

可能如李泽厚所言,"胡适对杜威哲学并不很了解,他所
提出并且影响最大的,是他从内容到形式都予以中国化的
'实验主义'。"②但对杜威的肤浅理解并不妨碍胡适把这种问
题导向的真理观引入中国。例如他后来在陷入"问题与主
义"之争时便说,"实验主义自然也是一种主义,但实验主义
只是一种方法,只是研究问题的方法。"③这种真理观十分适
合不善于形而上学思维的中国人的口味,是以一经引入便大
获成功。

---

　　① 〔美〕约翰·杜威:《真理的理智主义标准》,〔美〕乔·安·博伊
兹顿主编:《杜威全集·中期著作》第4卷,陈亚军、姬志闯译,上海:华东
师范大学出版社,2012年,第57页。
　　② 李泽厚:《中国现代思想史论》,天津:天津社会科学院出版社,
2003年,第91页。
　　③ 胡适:《我的歧路》,《胡适文存二集》卷3,欧阳哲生编:《胡适文
集》第3册,北京:北京大学出版社,1998年,第365页。

最吊诡的事莫过于,乾嘉汉学与实用主义方法论这两个本风马牛不相及的事物,却在胡适的叙述下碰撞到了一起。这是一件双赢的事情,它不仅使得原本遭到清末公羊学和文明史观挑战的乾嘉考据学,突然有了所谓的"科学依据"而更具有合法性;也使得胡适的"问题史学"有了充分本土化的条件,得以经久不衰。

然而时至《中国哲学史大纲》出版,胡适以实验主义"问题式"的真理观改造传统史学的努力,仍然是较为粗浅的。举例来说,该书开篇刚对"哲学"和"哲学史"下完定义,就大谈哲学史研究的目的在于"明变"、"求因"和"评判"。所谓"明变",就是"知道古今思想沿革变迁的线索";所谓"评判",就是"要把每一家学说所发生的效果表示出来"。这二者是已是学界共识,关键在于"求因"一节。

胡适指出,哲学沿革变迁的原因约有三种:"(甲)个人才性不同,(乙)所处的时势不同,(丙)所受的思想学术不同。"既然标举"科学方法",就需要准确的定义和周密的推演。但胡适所列的三个学术变化原因中,只有第三个尚且可称具体,所谓"个人才性"和"所处的时势"都显得极为空泛。[1]

因此,《中国哲学史大纲》出版不久就遭到了唯物史观派的挑战。胡汉民便指出,对于哲学思想变迁而言,"个人才性"和"所受的思想学术"总比不上"时势"重要。"至于时势

---

[1] 胡适:《中国哲学史大纲》,上海:上海古籍出版社,1997 年,第 2—3 页。

是什么力量造成的呢? 求其最初原因,总在物质的关系。任是什么时势,不外是人类竞争的表现。"与胡适的凌空蹈虚之论不同,胡汉民便是要使"时势"一节落在实处,即"拿唯物历史观应用到中国哲学史上"。①

李泽厚便说,"胡适当时给白话文运动的思想理论依据便是一种相当浮浅的'历史的'观念"。胡适常说的"一时代有一时代之文学"、"一时代有一时代之哲学",确实没有什么实质内容。亦如他所言,"尽管胡适在旧学根柢、新(旧)学知识、思想深度、理论突破等各方面都属于中等水平,并不高明,甚至还远逊其同辈、先辈、后辈中的好些人,但他却又是出来打头炮的。"《中国哲学史大纲》带来的"范式性变革","与其说是学术性的,毋宁说是思想性的。"②

可以说,胡适此时虽然能摸到了史学科学化的新门径,但仅凭他一人之力尚不足以使得这条道路真正偏出清末文明总体史观的道路。真正的转机大体有两次。一次是顾颉刚提出"层累地造成古史说",拉开了古史辨运动的大幕;另一次是傅斯年回国,建立以比辑材料为基本研究方法的新史学。正是得益于这两个阶段的展开,以具体问题为导向的史学科学化道路才宽阔起来,并逐渐确立了它对于文明综合史观的优势。

---

① 胡汉民:《中国哲学史之唯物的研究》,钟离蒙、杨凤麟主编:《中国现代哲学史资料汇编》第 1 集第 8 册,沈阳:辽宁大学哲学系 1981 年编印,第 165、145 页。

② 李泽厚:《中国现代思想史论》,第 84、88 页。

中篇：中等社会的革命

——本省意识、保路运动与蜀学认同

一、保路运动与"中等社会的革命"

（一）关于保路运动的两种评价

相较于武昌起义和南北议和，学界对保路运动的研究虽不算冷门，更不乏优秀的成果，但仍然不足以到达它应有的地位。与其他一系列近代革命的研究一样，二十多年来学界对保路运动的总体评价也出现了两极分化的趋势。最核心的问题和种种分歧的焦点都集中在清政府的铁路国有政策上：清政府推行铁路国有和四国银行借款是不是出卖国家主权？川汉铁路公司股东反对土地国有化的动机是出于爱国主义还是另有利益纠葛？

老一辈学者如隗瀛涛先生就指出："帝国主义对中国的侵略在所谓'保全'的方式下全面加紧，清王朝完全投降了帝国主义而大肆卖国，中华民族与帝国主义的矛盾，人民大众与封建主义的矛盾空前激化,全国范围内民主革命潮流奔腾浩荡",这是四川保路运动的历史背景。所谓的"铁路国有化",不过就是"清王朝实行'借款筑路'进一步投靠帝国主义的一纸卖身契,即帝国主义杀人政策与清王朝自杀政策的混合物"。①

这个曾经的主流观点近二十年来受到了一些学者的挑战。例如萧功秦教授曾撰写《清末"保路运动"的再反思》一文,就历数铁路商办的诸多弊端。他指出,"通过自主的合理的谈判,以不附加政治条件作为前提,向当时发达国家的商业银行贷款筑路,不失为一种可以考虑的办法。"

按照他的说法,邮传部尚书盛宣怀签订的四国银行贷款有五点优势:首先,借款年利息为 5%,远低于当时国内钱庄的平均利息(12.5%—14.8%),应属低利率;其次,这项借款不以铁路管理权或所有权为抵押,而以百货杂类与盐厘捐为抵押,无损于利权;再次,中国缺乏必要铁路技术,只能雇佣西方国家工程技术人员;第四,借款合同规定全部钢轨使用汉阳钢铁厂产品,既不损害国家权益又能扩大内需;最后也是最重要的一点,此项合同不附带政治条件,与过去在云南、山东与东北严重损害中国主权的铁路建筑合同有所不同(比如这次借款,中方完全坚持了"只借洋款,不招洋股"的原则,享有对铁路的全部控制权)。为了这份平等互惠的借款合同,盛宣

---

① 隗瀛涛:《四川保路运动史》,成都:四川人民出版社,1981 年,第 1、191—192 页。

怀"付出了相当的心血",更"发挥了自己的讨价还价的经商谈判才能"。

反观保路派不过是"经济排外主义、地方主义与立宪派的结合",他们中也有保守派和激进派之分。保守派想利用保路运动"向政府提出更高的要价,以争取更多的补偿金",其品格已属十分卑劣。而激进派更是"热衷于不切实际的大言高论",并在这份慷慨激昂的高论中"感受到一种宣泄长期压抑感的快感"。可说"爱国",实则祸国。①

毋庸置疑,以上两种截然不同的观点,不过是近代史学界由"革命史观"转向"现代化史观"的小小缩影。值得玩味的是,萧功秦先生的观点也不乏反对的声音,但许多反对的声音在基本立场上却比他有过之而无不及。例如有论者就指出,保路运动体现出的"经济分权主义"恰恰是社会发展的动力。言下之意,清政府的铁路国有化政策是在压制私营企业,扼杀市场活力。②

清季铁路建设不过是"新政"的一个环节,对保路运动评价的转向,自然也不过是"清末新政"再评价的一个片段。③美国学者任达就批评以往学者对于革命的定义太过于狭隘,

① 萧功秦:《清末"保路运动"的再反思》,《战略与管理》,1996 年第 6 期,第 1—13 页。

② 周衡:《保路运动的历史启示——兼与萧功秦先生商榷》,《战略与管理》,1997 年第 4 期,第 37 页。

③ 关于保路运动的研究现状,可参见苏全有、邹宝刚:《近三十年来四川保路运动研究综述——纪念四川保路运动 100 周年》,《重庆交通大学学报》(社会科学版),2010 年第 5 期。

乃至于忘掉了"'静悄悄的'革命——农业革命、商业革命、科学及思想革命、工业革命、以至性革命和通讯革命,不那么具有戏剧性,但重要性却毫不逊色"。为此,他径直把清廷最后十年的改革称为"新政革命"。它"毋宁说是中国经受世纪之交的转变、'从传统走向现代'的第一大步",那些保守的改革"为结束帝制后的中国,以至于今日奠定了基础"。① 任达颇忿忿不平于学术界贬低该"革命":

> 在因循袭旧的历史上,那些站在"孙(中山)的1911年革命"之外的人们,总被视为革命的对立面或敌人。头号敌人是袁世凯,他是新政改革的骨干人物,1912—1916年的民国总统。他没有大吹大擂,却在结束帝制后的中国继续进行改革。在1915至1916年,他企图建立君主制而没有成功,这就注定了他要贴上民国叛徒的标签;由于他和新政改革关系密切,那些改革和改革支持者们也成了协同犯而埋进坟墓。②

今天已经几乎没有人再去质疑清政府改革的诚意和它对现代化的渴望,然而善良的初衷和足够"现代"的改革方案,并不代表就能结出预想的果实。如果我们想要对中国近代化的历程有一个更为全面的评价,就不能回避亨廷顿的重要命

---

① 〔美〕任达:《新政革命与日本——中国,1898—1912》,李仲贤译,南京:江苏人民出版社,1998年,第13、1—2页。

② 任达:《新政革命与日本》,第3页。

题"现代性能保障政治稳定,而现代化却会造成不稳定"。如他所言:

> 现代化已造就出或者在政治上唤醒了某些社会和经济集团,这些集团过去或者根本就不存在,或者被排除在传统社会的政治范围之外,现在它们也开始参与政治活动了,它们要么被现存政治体制所同化,要么成为对抗或推翻现存政治体制祸根。[①]

这个观点并非亨廷顿首创,它早在托克维尔《旧制度与大革命》一书中就得到了充分的表达。

> 被革命摧毁的政权几乎总是比它前面的那个政权更好,而且经验告诉我们,对于一个坏政府来说,最危险的时刻通常就是它开始改革的时刻。[②]

纵观两百多年来的世界史,例如 1848 年的欧洲、世纪之交的俄罗斯、巴列维时代的伊朗等,这些丰富的比较现代化研究成果一再证明了托克维尔的命题。现代化改革往往撕裂了既有的社会共识,却不能及时创造新的共识以取而代之,相对

---

① 〔美〕塞缪尔·亨廷顿:《变化社会中的政治秩序》,王冠华等译,北京:三联书店,1989 年,第 366 页。
② 〔法〕托克维尔:《旧制度与大革命》,冯棠译,桂裕芳、张芝联校,北京:商务印书馆,1997 年,第 210 页。

剥夺感弥漫于社会各个阶层。而中国近代史研究中的"现代化范式"常常把现代化改革与暴力革命对立起来,仿佛洋务运动和清末新政是中国现代历程上的正路,可惜这条正路一再被频繁出现的革命暴动所干扰,甚至打断。革命背后的社会结构因素反而被忽略了。倘若我们想要在孙中山等人之外找到袁世凯这样的真正革命者,想要启动被暴力革命话语遮蔽的"静悄悄的革命",那么就应当正视:恰恰是所谓"静悄悄的革命"造成了孙中山和暴力革命话语的成功。

回到保路运动中来。事实上,萧功秦教授就曾提及:

> 到了 1909 年之后,地方谘议局与中央的资政院已经相继建立,并具有相对于清政府的独立地位。各省谘议局恰值开设的时机,而地方谘议局正是地方士绅、商人与激进青年留学生的政治大本营。这意味着,如果政府缺乏足够的办法与权威来说服各省的士绅商办派,那么后者就可以利用省谘议局这个现成的合法政治舞台,与清政府的铁路建设的中央集权政策分庭抗礼,并利用这个政治舞台进行反对铁路国有的广泛社会动员。①

他十分准确地指出,谘议局正是清末新政中最重要的一环。也正是谘议局的出现,体现了亨廷顿的判断:现代化意味着政

---

① 萧功秦:《清末"保路运动"的再反思》,《战略与管理》,1996 年第 6 期,第 4 页。

治意识和政治参与的扩大,"除非其政治体制的发展与政治参与的扩大能保持同样的步伐",否则推动现代化改革的政体就要"面临着日后不稳定的前景"。① 毫不夸张地说,诚意推动改革的清政府反而成为了它自己的掘墓人,保路运动正是清末新政以来种种矛盾积累的总爆发。

是故本篇在评价保路运动时,应当充分考虑到上述两方各自的优势。以萧功秦先生为代表的一方对于保路运动背后的清末政治改革因素提出了发人深省的见解,但对于保路运动的批评则略有失之公允之嫌。相比之下,以隗瀛涛先生为代表的老一辈学者对于保路运动的历史意义看得透彻,但他们对于清政府铁路国有政策的评价亦有失之公允之嫌。对于一场革命行动的评价不能仅就革命行动本身而言,对于清政府改革的评价也不能仅仅考虑改革者的初衷。是以本篇于此提出三个分开的原则。

其一,把部分历史当事人的政治道德问题与该革命的历史效果分开。对待历史需要辨证思考。这就如马克思在他著名的《不列颠在印度统治的未来结果》一文中所做的一样:英国殖民主义者出于罪恶的动机在印度铺设铁路开设矿山,最终为未来印度民族的独立奠定了物质基础,他们充当了"历史不自觉的工具"。

其二,把少数当权者与大多数参与者分开。掌握川汉铁路公司大权的少数立宪派精英鼓动保路运动固然有其狭隘自

① 亨廷顿:《变化社会中的政治秩序》,第 367 页。

私的因素,但广大新式知识分子在内真正参与运动的四川各界群众却主要是出于真诚的爱国主义目的。

其三,把革命派与清政府、立宪派分开。这点似乎完全没有申明的必要,但我们在评价清末新政与辛亥革命时,稍有不慎就容易用同样的尺度去衡量立宪派与革命派。立宪派的目的是要保存现有政权,而革命派的目的是要推翻现有政权。因而我们对于立宪派的批评应在于,他们维护清政权的努力反而颠覆了清政权;对于革命派的批评则在于,他们不能动员群众,其革命行动触动不了清政权的根基。尺度相反,才能力求公正。保路运动便是例子,川路公司立宪派精英为了私利而煽动运动,应当批判,而革命派利用此一良机促成革命,反而值得赞扬。

（二）清末新政与中等社会

综上所述,研究保路运动不可能撇开清末立宪。本篇从不怀疑清廷立宪的初衷。倘若改革者只是虚张声势,则它的覆亡不足为怪,但当一个改革者为求自保而诚心改革,却起到了相反的结果,这才值得认真对待。因此本篇的目的并非史实上的考证与铺陈,而是对保路运动爆发的结构性因素和它动员群众的效果作政治学上的讨论。

在此,本篇同意陈旭麓先生的观点,把辛亥革命概括为"中等社会革命",并吸取任达"新政革命"的长处,把革命者的范围扩大到立宪派。事实上,正是立宪派的立宪行动对清政府的覆亡起到了决定性的作用。

什么是"中等社会"？这是一个 20 世纪初期频繁出现在新兴报刊媒体上的名词。陈旭麓先生就指出，"'中等社会'是一个反映特定历史内容的复杂的社会实体"，"它崛起于庚子之变后"。确切地说，我们在甲午战后就可见其端倪。例如 1897 年 2 月，日本海军省间谍宗方小太郎就在上海与李盛铎、罗诚伯、梁启超、汪康年等人商议兴亚之策，认为清国上层腐败无能，下层愚蠢无知，只有中间士子可以成事，他日动摇天下者必此一族。① 而其蔚然大彰则要等到 1901 至 1905 年的拒俄运动和抵制美货运动。②

就成分而言，按陈旭麓的观点，中等社会大概由四部分人构成。一、没有或很少分享到政治权力的地方绅士，"他们没有上流绅士那么多财富和权力，又比一般的'耕氓市井'之类多了一点功名。于是这些人天然构成了乡村社会里的中等阶层"。二、新式知识分子群体。三、新兴工商业资本家群体。四、获得一定财富和社会地位的自由职业者。其他如王学庄则指出，《俄事警闻》涉及四类人：一、新型知识阶层，二、农工

---

①　东亚同文会编：《对支回顾录》下卷，东京：原书房，1968 年，第 375 页，转引自桑兵：《交流与对抗：近代中日关系史论》，桂林：广西师范大学出版社，2015 年，第 60 页。

②　参见桑兵：《日本在中国接受西方近代思想中的作用——梁启超个案国际研讨会述评》，《历史研究》，1999 年第 1 期，第 166 页。另，张玉法虽然没有直接使用"中等社会"一词，但他代之以"士绅的觉醒"，此类于"中等社会"。张氏明确指出，"民族思想的扩张"是士绅觉醒的重要原因，其标志便是拒俄运动和抵制美货运动。参见氏著：《清季的立宪团体》，台北：中央研究院近代史研究所专刊（28），1985 年，第 87—88 页。

商,三、流氓无产者,四、官吏,"前述第一类人即所谓的中等社会,第二、三类人均属下等社会,第四类人即上等社会"。①相较于陈旭麓,王学庄直接把中等社会等同于新型知识阶层。虽然二人对中等社会成分的分析略有差别,但都十分强调中等社会对下等社会的启蒙者身份。

值得特别注意,尽管中等社会自认具有"提挈下等社会"的历史重任,但相较于传统士绅,他们离下等社会往往不是更近了,而是更远了。相关史料比比皆是,最耳熟能详的就是后来毛泽东的《湖南农民运动考察报告》。他指出:

> 我从前做学生时,回乡看见农民反对"洋学堂",也和一般"洋学生"、"洋教习"一鼻孔出气,站在洋学堂的利益上面,总觉得农民未免有些不对。民国十四年在乡下住了半年,这时我是一个共产党员,有了马克思主义的观点,方才明白我是错了,农民的道理是对的。乡村小学校的教材,完全说些城里的东西,不合农村的需要。小学教师对待农民的态度又非常之不好,不但不是农民的帮助者,反而变成了农民所讨厌的人。故农民宁欢迎私塾(他们叫"汉学"),不欢迎学校(他们叫"洋学"),宁欢迎私塾老师,不欢迎小学教员。②

①　王学庄:《俄事警闻》,丁守和主编:《辛亥革命时期期刊介绍》第3集,北京:人民出版社,1983年,第162页。

②　毛泽东:《湖南农民运动考察报告》,《毛泽东选集》第1卷,北京:人民出版社,1991年,第39—40页。

1920 年代尚且如此,清季引入新学之初则更甚之。中等社会所持有的新知识,在传统农村难免水土不服。如有学者便指出,"这与传统社会中'官与民疏,士与民近。民之信官,不若信士……境有良士,所以辅官宣化也'的士绅的地位与功能已相去甚远。"①事情往往是,自诩为"文明"的中等社会越发现下等社会"无知",则越坚定了他们启蒙下等社会的决心和信念。毛泽东早年做学生时"总觉得农民未免有些不对",正是清季中等社会心态的真实写照。他们一再强调"提挈下等社会"、"卵翼下等社会",非但不说明他们贴近下等社会,反而说明他们与下等社会之间形成了巨大的隔膜。

就政治倾向而言,中等社会"就可分为革命与改良两大派别,而在革命与改良两大阵营内又存在着许多宗旨各异的小派别。"②陈旭麓、王学庄等人多以革命派作为中等社会的代表,但历史的实相往往不只是两大阵营的简单对立,改良派与革命派往往是相互交涉,互相转化的。事实上,中等社会中的大部分人最初都没有设想过抛弃清政府。令我们感兴趣的地方则在于,清末新政的种种措施,正是把大量的改良派、立宪派踢到了革命的阵营中去,改良成为了革命的土壤。中等社会的产生与变化,就是解答此一问题的关键所在。因此,本

---

① 王先明:《士绅阶层与晚清"民变"——绅民冲突的历史趋向与时代成因》,《近代史研究》,2008 年第 1 期,第 24 页。

② 以上陈旭麓对"中等社会"的定义和构成分析,均引自氏著:《近代中国社会的新陈代谢》,上海:上海人民出版社,1992 年,第 257—267 页。

篇虽名曰"中等社会的革命"，却侧重于讨论清末立宪派，即立宪运动如何在事实上颠覆了清王朝。①

　　需要强调的是，杨毓麟在长文《新湖南》中打出"湖南中等社会"的旗号，它暗示了彼时自居中等社会的人群往往具有强烈的地方意识。这点似未引起陈、王等先生的充分重视。上等社会寄于国家政权之中，其地方意识是受到限制的，而下等社会又远未形成地方意识。值得注意，中等社会的地方意识是以本省为基本单位的，这在今人看来不足为奇，但在清末上等社会的眼中，省是否算是地方，却是未定之数。其中产生的种种矛盾与纠葛对清王朝的终结有着重要的作用。须知辛亥革命不同于后来的新民主主义革命，与其说是一个政权推翻另一个政权的战争，毋宁是旧政权的自我崩碎解体。因而在本篇看来，本省意识与中等社会一体两面。清末读书人的本省意识是怎么被动员出来的？是怎么

---

　　①　关于清末立宪与国会请愿运动，学界成果丰硕。需要指出，今天的研究或许不再会像以前那样简单地称清政府"假立宪"，但主流仍然强调，清廷立宪的目的在于维护君主大权"万世一系"，而立宪派则在于通过宪政确立民权，以实现国家富强。这个观点无疑是正确的，但它仍有过于浓厚的对清政府道德谴责的烙印，尚不足以完整解释立宪与清王朝崩溃的关联。对此，杨小川、喻大华等人便指出，不论清廷新政的初衷是什么，单从改革举措本身而言，实不啻于自掘坟墓（参见杨小川：《掉入陷阱的清末宪政》，《探索与争鸣》1996 年第 8 期；喻大华：《政治改革的失败与清朝的覆亡》，《河北师范大学学报》（哲学社会科学版）2012 年第 4 期）。而萧功秦、丁业鹏则依据亨廷顿的"预期革命"理论指出，清季国会请愿运动导致人们政治参与热情的急剧膨胀，并转而对现政权愈加不满（参见萧功秦：《危机中的变革：清末政治中的激进与保守》，广州：广东人民出版社，2011 年；丁业鹏：《清末国会请愿运动研究》，华东师范大学思勉人文高等研究院博士学位论文，2014 年 5 月）。

参与到中等社会的身份建构中的？这些问题是此处需要重点考虑的。

其他一些学者也曾从不同的角度讨论过中等社会，但总体而言，学界对它的关注仍嫌欠缺。① 桑兵教授批评道：前辈学人虽有对"中等社会"的深入讨论，"可惜后来无人循此更进一步，反而舍近求远，诉诸市民社会和公共空间等后来的理论框架，削足适履地裁剪史料，乱拼史实，不得其利，反受其害"。② 学界引入"公民社会"、"公共空间"等西方术语的积极作用，诚不可非。然则桑教授的提醒亦足以令人重视，"中等社会"的优势在于，它作为当时人自己的术语，既是历史研

---

① 除了上述陈旭麓、王学庄的研究外，例如桑兵侧重于讨论"中等社会"观念形成的历史过程（参见氏著：《拒俄运动与中等社会的自觉》，《近代史研究》2004 年第 4 期，第 157—178 页）。罗志田、杨小辉主要讨论科举停废之后，新知识群体与"中等社会"的关联（参见罗志田：《近代中国社会权势的转移：知识分子的边缘化与边缘知识分子的兴起》，《开放时代》1999 年第 4 期，第 5—26 页；杨小辉：《觉醒与呐喊——20 世纪初新知识阶层的"中等社会"论说》，《生命、知识与文明——上海市社会科学界第七届学术年会文集：哲学·历史·文学学科卷》，上海：上海人民出版社，2009 年）。李硕主要论述了"中等社会"与近代民族国家建构的关联（参见氏著：《清末"中等社会"与民族国家的建构》，中央民族大学硕士学位论文，2011 年 4 月）。此外，李新主编的《中华民国史》（北京：中华书局，1981 年）第 1 卷第 3 章，丁守和主编的《辛亥革命时期期刊介绍》第 1 辑（北京：人民出版社，1982 年）所收录关于《游学译编》、《湖北学生界》、《浙江潮》和《苏报》的介绍中，也都讨论了"中等社会"，这些讨论主要侧重于"中等社会"的定义和历史背景。尽管这些研究的侧重点略有不同，但主要是从史实上补充了陈旭麓的研究，基本没有在解释框架上超出陈著，即他们都主要从革命派的角度讨论中等社会，强调中等社会有"破坏上等社会"与"提挈下等社会"的功能。

② 桑兵：《拒俄运动与中等社会的自觉》，《近代史研究》2004 年第 4 期，第 159 页。

究的对象,又是分析历史的框架。

二、清末教育改革与本省意识的兴起

1901 年 1 月 29 日,尚在"西狩"途中的慈禧太后和光绪皇帝终于下诏变法,"以为取外国之长,乃可去中国之短;惩前事之失,乃可作后事之师"。时隔两年半,变法的呼声再次回响在中国大地上。为此,诏书还不忘强调一番:

> 自丁、戌以还,伪辩纵横,妄分新旧。康逆之祸,殆更甚于红巾,迄今海外逋逃,尚以富有贵为等票诱人谋逆,更藉保皇保种之奸谋,为离间宫廷之计。殊不知康逆之讲新法,乃乱法也,非变法也。该逆等乘朕躬不豫,潜谋不轨。朕吁恳皇太后训政,乃得救朕于濒危,而锄奸于一旦,实则剪除叛逆。皇太后何尝不许更新,损益科条,朕何尝概行除旧,酌中以御,择善而从,母子一心,臣民共睹。今者恭承慈命,一意振兴,严祛新旧之名,浑融中外之迹。①

这套说辞可谓此地无银三百两,清廷越是想要竭力撇开此次新政与康党的关系,则越是让人产生不尽的联想。从嗣后发生的诸多史实来看,清末新政不仅在许多地方重效戊戌

---

① 《光绪二十六年十二月初十日下诏变法》,璩鑫圭、唐良炎编:《中国近代教育史资料汇编·学制演变》,上海:上海教育出版社,1991年,第 2 页。

之陈法,更在结果上一举奠定了康、梁等人舆论骄子的社会
地位。

(一) 科举制改革与话语权力的转移

1901 年 8 月 29 日清廷谕旨:

> 着自明年为始,嗣后乡、会试,头场试中国政治、史事
> 论五篇,二场试各国政治、艺学策五道,三场试"四书"义
> 二篇,"五经"义一篇,考官评卷,合校三场,以定去取,不
> 得全重一场。生、童岁科两考,仍先试经古一场,专试中
> 国政治、史事及各国政治、艺学策论,正场试"四书"义、
> "五经"义各一篇。考试试差、庶吉士散馆,均用论一篇、
> 策一道,进士朝考论疏,殿试策问,均以中国政治、史事及
> 各国政治、艺学命题。以上一切考试,凡"四书"、"五经"
> 义均不准用八股文程式,策论均应切实敷陈,不得仍前空
> 衍剽窃。①

对照 1898 年 7 月,陈宝箴、张之洞的奏折,二者几乎如出一
辙。② 总而言之,这次改革共有两个要点,一则废黜八股,一

---

① 《光绪二十七年七月十六日谕以策论试士禁用八股文程式》,璩
鑫圭、唐良炎编:《中国近代教育史资料汇编·学制演变》,上海:上海教
育出版社,1991 年,第 4 页。
② 《上谕:乡会试改为三场,今后考试,均以讲求实政实学为主》,
汤志钧、陈祖恩编:《中国近代教育史资料汇编·戊戌时期教育》,上海:
上海教育出版社,1993 年,第 48—49 页。

则把中西政艺、史事等实学抬高到与"四书五经"一样的地位。

虽然上谕特别补充,"自此次降旨之后,皆当争自濯磨,务以'四书''五经'为根本"①,但就实际结果来看,在这次改革之后,四书五经之学迅速边缘化,终至束于高阁。比如乡试、会试,前两场"中国政治、史事论"和"各国政治、艺学策"各五篇,第三场"四书义"、"五经义"加起来也不过才三篇。更兼之,"考试试差、庶吉士散馆,均用论一篇、策一道,进士朝考论疏,殿试策问,均以中国政治、史事及各国政治、艺学命题"。其孰重孰轻,毋庸置疑。

问题是,对终日以四书五经相伴的士子而言,考经义或许仍可驾轻就熟,但中西政艺、史事等科却何从措手? 第一场"中国政治、史事论五篇",礼部尚且划定了考试范围:"谨按《通典》、《通志》、《通考》及《通鉴》诸书,庶大经大法海内咸知遵守。"但关于第二场考试的办法,政务处、礼部却在会奏中说:

> 今二场五策,遵旨以各国政治、艺学命题。其平日讲求时务博通中外者,自可各抒底蕴。惟恐边远省份风气尚未大开,现译各书亦未流传悉遍,拟请近科考试,先以各国政治、艺学之切于实用明白易解者命题。迨数年后

---

① 《光绪二十七年七月十六日谕以策论试士禁用八股文程式》,《中国近代教育史资料汇编·学制演变》,第4页。

振兴鼓舞,造就有成,再由典试学臣酌度文风高下,由浅入深,俾士子有渐进之功,朝廷收得人之效。①

"其平日讲求时务博通中外者,自可各抒底蕴。……先以各国政治、艺学之切于实用明白易解者命题"云云,说明了第二场"各国政治、艺学"该怎么考,该考哪些内容,即令礼部官员也是一头雾水,更遑论各省考官、考生了。

曾任王闿运幕僚的吴剑华就提到了这样一段经历。有朋友登门拜访,要求开列三场考试的书单。吴剑华分别就中国政史、列国政艺、经义开列"不可不读"的书目数十种。除去各类"经解"外,当中从廿四史到《天下郡国利病书》、《九朝东华录》、《圣武记》,从《万国史记》到《格致汇编》、《重订几何原本》,从《陆军操法》、《海军兵法》到《万国公报》,洋洋洒洒,着实吓坏了来访友人。正当吴剑华为自己的"博学"洋洋自得时,友人表示根据他听来的消息,"但须备《经策通纂》一部,《时务通考全编》即足应三场之试。"此话一下惹得吴剑华勃然大怒,认为友人既以他人之言为金科玉律,又何必来问自己,随即端茶送客。②

平心而论,吴剑华开列的书单足以说明,"头场试中国政

① 《政务处、礼部:会奏变通科举事宜折》(节录),《中国近代教育史资料汇编·学制演变》,第33页。
② 吴剑华:《答客问改试策论说》,收于《中外文献策论汇海》,上海:鸿宝斋刊本,光绪三十年(1904),转述自刘龙心:《从科举到学堂——策论与晚清的知识转型(1901—1905)》,台北:《中央研究院近代史研究所集刊》,第58期,2007年12月,第120—122页。

治、史事论五篇,二场试各国政治、艺学策五道"范围实在太宽,乃至平日饱读四书五经而不知泰西政制为何物的中国读书人一下子无所适从。

据梁启超《西学书目表序例》的说法,时至 1896 年,江南制造局、同文馆与教会三者相加,翻译西学"可读之书略三百种"。其中,官局翻译多为兵书,教会多为医书,制造局多为工艺格致之书,"惟西政各籍,译者寥寥;管制、学制、农政诸门,竟无完帙"。① 但科举第二场竟要考各国政治,乃至士子手中几无可读之书。这无疑刺激了翻译事业的蓬勃发展。据顾光燮统计,1902—1904 年间,翻译出版的西学著作猛然间达到 533 种。② 这可说是市场需求使然。

然而前引礼部官员所说"边远省份风气尚未大开,现译各书亦未流传悉遍",并非虚言。西方著作翻译周期长、阅读难度大,远不如报刊杂志便捷有效。康有为自称 26 岁时就"购《万国公报》,大攻西学书"。③ 梁启超也称《万国公报》"中译西报颇多,欲觇事者必读焉"。④ 彼时康、梁靠读报了解西方政治,1901 年以后学人更以其为射策之用。近代著名报

---

① 梁启超:《西学书目表序例——一八九六年(光绪二十二年)》,张静庐辑注:《中国近代出版史料初编》,上海:上海书店出版社,2003年,第57、60 页。

② 王韬、顾光燮:《近代译书目录》,北京:北京图书馆出版社,2003年,第2 页。

③ 康有为:《康南海自编年谱》(外二种),楼宇烈编,北京:中华书局,1992 年,第11 页。

④ 梁启超:《读西学书法》(节录),中国史学会主编:《中国近代史资料丛刊·戊戌变法》(一),上海:上海人民出版社,1957 年,第456 页。

人汪康年便指出，"所谓实务策论，主试者以报纸为蓝本，而命题不外乎是。应试者以报纸为兔园册子，而服习不外乎是"。命题人自己不懂各国政治、艺学，只好从报纸上抄；考生也不懂这些，只好从报纸上学。在利益驱动下，"书贾坊刻，亦间就各报分类摘抄刊售以侔利"。① 这反倒促进了中国近代报刊业的繁荣。如学者所说，"1902—1905 年间，是国人办报的另一个高潮期，也是政论报刊市场又一繁荣时期。"②

即便是偏处西南的四川省，也不例外。1901 年四川名士傅樵村创办《启蒙通俗报》，并代派京沪各报。其后，二酉山房、算学书局、安定书屋等售报所相继设立，"中外各报始畅行"。时至 1908 年，成都市内就有售报所 10 处。傅氏又依托图书局开办阅报公社，共订有全国报刊 84 种。③

除去傅樵村于 1901 年创办的《启蒙通俗报》（1906 年更名《通俗日报》）外，《广益丛报》便是这一时期较有代表性的报刊。它创刊于 1903 年 4 月 16 日，是四川最早的集纳刊物，即包含"时事政治、学术、文艺的综合刊物"，"适合各类人群阅读，发行量高达两千多份"。值得注意的是，尽管《广益丛报》栏目众多，"政事门"、"学问门"、"文学门"和"丛录门"等等版块包罗万象，但它"主要集各地报刊精华，自己发表文章

---

① 上海图书馆编：《汪康年师友书札》第 4 册，上海：上海古籍出版社，1989 年，第 3479 页。

② 唐海江：《清末政论报刊与民众动员：一种政治文化的视角》，北京：清华大学出版社，2007 年，第 199 页。

③ 傅崇矩（樵村）：《成都通览》上册，成都：巴蜀书社，1987 年，第 357—358 页。

不多"。① 与之类似，同年创办的《蜀报》(旬刊)也基本转载《政艺通报》、《中外日报》、《大陆报》、《大公报》的内容。② 无疑，不只各级考官、考生不知道时论该怎么写，大多数报人也不知道该怎么写。于是出现了考官抄报纸杂志，内地报纸杂志抄沿海地区报纸杂志的现象。梁启超等人更是成为全国各地士子、报人效法的对象。

1901 年 9 月 16 日，《申报》就刊有题为《振兴新学宜严杜邪说议》的文章。它指出，自科场废八股改试时务策论以后，各省新书"每以速成为贵"，"有将康逆所著《日本书目志》、梁逆所著《读西学书法》以及《时务报》、《湘学报》更易其名，翻印射利者；有将各报中或排斥康梁或阿附康梁诸论说，不顾以矛刺盾，贪多务得，并付石印以冀风行者。"③这正好说明了，康、梁等人得能成为启蒙思想家，还是要还拜清廷所赐。对此，李剑农先生一语中的：

> 到辛丑年科举程式改变，废弃八股，改用策论后，一班应考的秀才童生骤然失了向来的揣摩工具，《清议报》和《新民丛报》就变了他们的小题文府三山合稿了。政府尽管禁止，国内却是畅销无滞；千千万万的"士君子"，

---

① 王绿萍：《四川近代新闻史》，成都：四川大学出版社，2007 年，第 207—208 页。

② 匡珊吉：《蜀报》，《辛亥革命时期期刊介绍》第 1 辑，第 348 页。

③ 《振兴新学宜严杜邪说议》，《申报》，光绪二十七年八月初四(1901 年 9 月 16 日)，第 1 张第 1 版。

　　从前骂康梁为离经叛道的,至此却不知不觉都受梁的笔
锋驱策作他的学舌鹦鹉。①

　　从这个角度看,康党于戊戌之后被迫出走海外,反而让他们在
20 世纪现代传媒兴起的浪潮中占尽先机。也正是他们利用其
话语权力,把自己的许多政治主张变成了清政府的现实政策。

　　至 1905 年清廷又突然废除科举制。郭沫若便在自己的
《自传》中回忆:"一直到癸卯年实行废科举而建学校的时候,
这个变革才一直到达了它应该到达的地方。在那年的秋闱过
后,不久就有了高等学堂、东文学堂、武备学堂在省城里产生
了出来。我的大哥进了东文,五哥进了武备。……甚么《启
蒙画报》、《经国美谈》、《新小说》、《浙江潮》等书报差不多是
源源不断地寄来,这是我们课外的书籍。"②科举停废的启蒙
效应在偏远的四川尚且如此,遑论东部省份乎? 然而就政治
稳定而言,它造成的影响正如西方学者所说,"舵手在获得一
个新的罗盘以前就抛弃了旧的,遂使社会之船驶入一个盲目
漂流的时代。"③

(二) 留学生群体与本省意识的形成

　　在科举停废的历史背景下,海外留学生,尤以留日学生数

---

　　① 李剑农:《中国近百年政治史》,长沙:湖南教育出版社,2008
年,第 198 页。

　　② 郭沫若:《少年时代》,北京:人民文学出版社,1979 年,第 36 页。

　　③ 〔美〕吉尔伯特·罗兹曼主编:《中国的现代化》,南京:江苏人
民出版社,2003 年,第 230 页。

量激增。实藤惠秀指出,1905 年初,大约有三至四千名中国学生在日本留学,仅当年底就一下达到了八千至一万名。而在 1906 年,数量更是上升到了一万三四千或两万名之谱。[①]而李喜所则指出,1904 年留日学生约为 2400 人,至 1905 年则到了 8000 人,1906 年更是猛增到 12000 人。"总的看来,辛亥革命前的留日人数发展犹如一条抛物线,而 1906 年是最高点。"[②]

留日学生又以选择政法类、军事类专业为主。其中,"百分之九十以上进入中等学校学习","学问较深的专业人才百无一二"。[③] 1905 年,杨度、周大烈等 20 余名东京法政大学速成科湖南籍留学生联名上书端方,其中便称:"伏查日本之自强,由于近三十年之维新变法。其所以能维新变法者,则由于全国人民皆有法律政治之思想。"[④]又如,同年法政速成科湘潭籍留学生张人镜在给端方的信函中也说:"学生来东,始志欲究心政法,研求东邦君主政体,尊王立宪,所以强国之内容

---

① 〔日〕实藤惠秀:《中国人留学日本史》(修订译本),谭汝谦、林启彦译,北京:北京大学出版社,2012 年,第 28 页。

② 李喜所:《辛亥革命前的留日学生运动》,中国社会科学院近代史研究所:《纪念辛亥革命七十周年学术讨论会论文集》上册,湖北武汉,1981 年 10 月,第 607—608 页。另,按照该文的解释,1907 年以后留学生人数突然下降,大概有三个原因:一、留学生为了反对日本政府颁布的《取缔中国留学生规则》,纷纷归国;二、1905 年 8 月同盟会成立,许多留学生响应号召,回国参加革命;三、清政府鉴于许多留日学生倾向革命和留学生质量差的情况,开始限制赴日留学生。

③ 李喜所:《近代中国的留学生》,北京:人民出版社,1987 年,第 148 页。

④ 《杨度等函》,中国第一历史档案馆编:《清代档案史料丛编》第 14 辑"端方档",北京:中华书局,1990 年,第 279 页。

及外交治外法权之方略,以为他日效力国家政府法律改良之一助。"①

类似的言论在"端方档案"中俯拾皆是。姑且不论留学生的报国表述有几分真心,至少其真实地反映了彼时西式政法人才稀缺的状况。但政治制度和法律规章是一个民族历史文化积淀的反映,仅凭速成教育能学到根本吗?

1906 年 10 月 12 日,御史赵炳麟就上奏朝廷,反对将宪政编查馆重责委以十几名留日学生。他不无怀疑地指出:"我国有大变革,有大制作,岂借一二部日本搢绅成案与十数名留学生所能订定?"

> 此等留学生原无学问根底,亦未受普通教育,且率为其父兄不能拘管之人,乃纵之东渡。及至东京,粗习东文东语,遽受选科学业,不三数年,遂哀乞各该校校长,优予毕业文凭,或伪受修业文凭,以为内渡投入权势门户,猎取官资之地,敢为大言,以肆欺罔。此次编制率出其手,于本国国体、人情及数千年官制因革之故,并我朝开国以来成法精意之存,茫然莫解。即于东西各国官制,亦墨守一孔之言,罔知体要所在。②

① 《张人镜函》,《清代档案史料丛编》第 14 辑"端方档",第292 页。
② 《御史赵炳麟奏新编官制权归内阁流弊太多折》,故宫博物院明清档案部汇编:《清末筹备立宪档案史料》上册,北京:中华书局,1979年,第443—444 页。

这番话可说是将法政大学速成科学生的形象刻画得淋漓尽致。他们对西方政制仅知皮毛,又昧于中国国情,却俨然成为宪政设计师,此情此景能不令人感到担忧?

更重要的是,这些留日学生代表了一股新生力量的崛起。一方面海外留学生数量激增,国内新式学堂又纷纷建立,另一方面社会尚没有充分吸纳这些学生的能力。在这种状况下,学生成为了一个游离于政治控制之外的特殊阶层。还在1902年,梁启超撰文《敬告留学生诸君》,开篇就说:

> 今之中国岌岌矣,朝廷有欲维新者,则相与咨嗟焦虑,曰:"噫,无人才。"民间有欲救国者,则相与咨嗟焦虑,曰:"噫,无人才。"今靡论所谓维新救国者其果出于真心否,乃若无人才,则良信也。既无现在之人才,固不得不望诸将来之人才,则相与矫首企踵且祝且祷曰:"庶几学生乎,庶几学生乎!"此今日举国有志之士所万口一喙,亮亦诸君所熟闻也。夫以前后一二年之间,向诸君之被推崇受期望也,忽达于此高度之点,是一国最高最重之天职,忽落于诸君头上之明证也。①

"学生"本来意为"学习养生之道"或明清官场自谦之词,在20世纪却陡然变成了"朝廷有欲维新者"与"民间有欲救国者"

---

① 中国之新民:《敬告我同业诸君》,《新民丛报》第17号,1902年10月2日,第1页。

都要仰仗的先驱阶层,此可谓近代史上的一大景观。

1903 年,《湖北学生界》第 2 期发表了《学生之竞争》一文,将学生等同于中等社会。其中痛斥上等社会:"挟持政柄者,大率皆顽钝腐败之魁杰也。彼辈除考据词章以外无学问,除奔竞钻营以外无阅历,除美缺优差以外无识见。"[1]与中等社会兴起互为表里,传统考据词章之学迅速边缘化,而西方引入的新式术语则成为时髦。竟至于连高等小学堂招生考试都出题"论钱荒之可贵"、"自由必先自治说":

> 试问十二三岁之儿童,知钱荒金贵者有几人? 而不读《新民丛报》又何从解自由自治之说哉?[2]

而日本人发明的"和制汉语"在这个转变中起到了关键的作用,直至今天仍左右着中国人的说话方式和思维习惯。这令张之洞十分担忧:

> 近日少年习气,每喜于文字间袭用外国名词谚语,如团体、国魂、膨胀、舞台、代表等字,固欠雅驯;即牺牲、社会、影响、机关、组织、冲突、运动等字,虽皆中国所习见,而取义与中国旧解,迥然不同,迂曲难晓。又如报告、困

---

① 李书城:《学生之竞争》,张枬、王忍之编:《辛亥革命前十年间时论选集》第 1 卷上册,北京:三联书店,1960 年,第 453 页。

② 《入学考验问题》,《教育杂志》,"评论"栏,1909 年第 1 期,第 2页(栏页)。

难、配当、观念等字，意虽可解，然并非必需此字。而舍熟求生，徒令阅者解说参差，于办事亦多窒碍。此等字样，不胜枚举，可以类推。……大凡文字务求怪异之人，必系邪僻之士。文体既坏，士风因之。夫叙事述理，中国自有通用名词，何必拾人牙慧。又若外国文法，或虚实字义倒装，或叙说繁复曲折，令人费解，亦所当戒。倘中外文法，参用杂糅，久之，必渐将中国文法、字义尽行改变，恐中国之学术风教，亦将随之俱亡矣。①

以上张氏列举的"怪异文字"，早已是今人的常用词汇。"有违雅驯"不过只是皮相，其内里实为使用新术语的学生群体与旧士人之间的分裂。

关于科举停废与学生阶层的兴起，在学界已属老生常谈，此处不再申论。惟需指出，留学生群体的扩大，与省籍认同的高涨有着密不可分的关系。1908年11月到1909年10月，《安徽白话报》曾连载《安徽乡土地理》。其中，作者讲到自己小时住在乡下，不曾出过远门，"那时候心里糊糊涂涂，并不晓得世界上有甚么国、甚么省、甚么府县"。"一天到晚，总是念些'子曰：学而时习之'、'大学之道在明明德'，书上也没有说起甚么国、甚么省、甚么府县，所以我除了左右隔壁几个村庄外，别的地方毫不晓得"。稍大一些时，其父送他到上海的

---

① 《奏定学务纲要》，《中国近代教育史资料汇编·学制演变》，第494页。

小学堂里去读书:

> 初进学堂的那天,学堂中的同学问我:"贵处那里?"我一时不能回答。他又问道:"请问贵省?"我听了"贵省"两个字,不懂得怎么讲,便答道"不知道"。他看见我愚钝不过,便不再问。[1]

作者的这段经历,可能很多海外留学生也感同身受。身份认同需要他者作为参照。中国留学生们身处异国,必然能激发出他们的民族认同感。并且不同地区的中国学生突然聚到一起,省籍认同感也会随之而来。对于海外中国学生而言,他者既可以是外国人,也可以是其他省份的中国学生。正因如此,学者在介绍《游学译编》时,才会感到:"与当时留日学生中出版的其他刊物都带有浓厚的地方色彩一样,《译编》是湖南留日学生办的,因此就湖南问题发的议论比较多些。"[2]

随着留学生刊物迅速增多,类似"广东自立"、"湖南自立"之类的呼声也高涨起来。例如欧榘甲就声称,大一统格局造成了诸省之间"各安其居,无争竞则无远征,无远征则无交涉,无交涉则彼此不相闻问,不相亲爱,故此省之视彼省也,与秦人视越人之肥瘠,无以异也"。在欧氏看来,民族意识与

---

[1] 季仁:《安徽乡土地理·第一章"总论"》,《安徽白话报》,1908年第6期,第1页(文页)。

[2] 胡绳武:《游学译编》,《辛亥革命时期期刊介绍》第1集,第226页。

省籍意识互为表里，为今之计只有以各省自立而求民族独立。广东"通商最早，风气最开"，又兼财力雄厚、地理位置优越，当为自立之表率。① 而杨笃生更是直接把湖南自立与中等社会联系了起来："诸君在于湖南之位置，实下等社会之所托命而上等社会之替人也。"②倘以湖南中等社会为先导，各省中等社会纷纷起而自立，则中国有望。不知杨笃生是否想到，短短几年以后，他各省中等社会自立的设想，居然成为了现实。

　　四川虽然偏处西南，但作为人口大省，出洋留学者也不在少数。例如 1901 年底，中国留日学生共 269 人，其中四川有 11 人，各省之中位列第九。③ 根据《清国留学生会馆第五次报告》，1904 年在日中国留学生共有 2414 人，四川就占到了 305 人。④ 他们也毫不例外地创办了针对本省的留学生刊物。

　　1906 年雷铁崖、董修武、李肇甫等人在东京创办《鹃声》杂志。创刊号刊载了《说鹃声》一文，说明了该杂志的主旨：

　　　　我们这个报取这鹃声的意思，原来是望我们四川人，听了鹃声二字，就想起了亡国的惨历史，触目惊心，自然

---

　　① 太平洋客：《新广东》，《辛亥革命前十年间时论选集》第 1 卷上册，第 270—272 页。

　　② 湖南之湖南人：《新湖南》，张枬、王忍之编：《辛亥革命前十年间时论选集》第 1 卷下册，北京：三联书店，1960 年，第 615 页。

　　③ 《日本留学生调查录》，陈学恂、田正平编：《中国近代教育史资料汇编·留学教育》，上海：上海教育出版社，1991 年，第 373—374 页。

　　④ 根据李喜所制作的"留日学生分布日本各类学校表"统计而来，参见氏著：《辛亥革命前的留日学生运动》，《纪念辛亥革命七十周年学术讨论会论文集》上册，第 609—611 页。

动了些感情,把这个报买一份来看看。①

不知为何,这份杂志出版了两期就停刊了,后又转手其他四川留日学生而得以复刊。办理《鹃声》杂志的经历为雷铁崖等人积累了不少经验,1907 年 12 月,他就与吴玉章等人便以《鹃声》为基础,创办了更具有影响力的《四川》杂志。《四川》创刊号卷首刊载的《本社重要广告》,就彰显了本省意识与爱国主义的关联:

> 顷者本社同人,以中夏阽危,乡邦锢蔽,爰推"爱四
> 川以爱中国"之义。创办本杂志专为西南半壁警钟。②

论者指出,1906 年以后,由于清廷封锁,《民报》运进国内更加困难了。"为了继续并扩大革命宣传,各省留日学生中的革命党人,纷纷以本省的名义继续创办和出版刊物,分散运进国内,主要面向本省进行革命宣传。《四川》杂志就是在这种情况下创刊的"。③

这个观点暗示了,彼时本省自立意识尚且主要集中在留学生群体中,他们正期望于把这种意识扩大到国内,以真正培养起各省的中等社会。然而没有清政府的改革,这个愿望恐

---

① 转引自刘立凯:《鹃声》,《辛亥革命时期期刊介绍》第 1 集,第 555 页。

② 《本社重要广告》,《四川》第 1 号,1908 年 1 月 25 日再版,第 1 页(栏页)。

③ 匡珊吉:《四川》,丁守和主编:《辛亥革命时期期刊介绍》第 2 集,北京:人民出版社,1983 年,第 612 页。

怕并不容易实现。而清末新式学堂引入乡土教育，恰为国内学生群体省籍意识的产生提供了条件。

（三）"山川形便"与"犬牙相入"：清末乡土教育对地方意识的强化

罗振玉在1901年1月5日的日记中，记录了他参观日本某高等师范学校附属小学的经历。该学校包括高等小学与寻常小学（初等小学），分为两部：

> 第一部之教科目，在寻常科为修身、国语、算术、历史、地理、理科、图画、唱歌、体操九项，高等科则增入英语为十项。第二部之教科目，在寻常科为修身、国语、算术、体操、图画、唱歌、手工七项，高等科则增入日本历史、地理、理科、英语、裁缝（男儿则无此科）五项。第一部之授业费，寻常、高等皆每月一元五角，第二部则寻常科不收授业费，高等科每月五角云。①

在这些教学科目中，历史、地理二科中国人似不陌生，但其教学内容又远不是中国人旧时理解的那样。学者指出，时至二战后，世界主要国家的中小学地理课程大致可以分为三类。第一类如英国、法国、日本、美国、加拿大等，"课程体系是从乡土到

---

① 罗振玉：《扶桑两月记》（节录），《中国近代教育史资料汇编·学制演变》，第121页。

本国与世界的区域地理,再学习系统地理"。第二类如苏联等国,"先学自然地理,再学习经济地理,乡土地理知识渗透在各部分内容之中"。第三类如澳大利亚等国,"采用专题式课程结构,以问题为中心,但是也结合了乡土地理的学习"。① 其中第一类如英国、法国、日本等国,其乡土教育课程设置基本上沿袭自19世纪。这也正是中国近代学制改革效法的对象。

下表为1904年1月颁布的《奏定初等小学堂章程》、《奏定高等小学堂章程》和《奏定中学堂章程》中,历史、地理二科的教学目标②:

	历　史	地　理
初等小学堂	其要义在略举古来圣主贤君重大美善之事,俾知中国文化所由来及本朝列圣德政,以养国民忠爱之本源。尤当先讲乡土历史,采本境内乡贤名宦流寓诸名人之事迹,令人敬仰叹慕,增长志气者为之解说,以动其希贤慕善之心。	其要义在使知今日中国疆域之大略,五洲之简图,以养成其爱国之心,兼破其乡曲僻陋之见。尤当先讲乡土有关系之地理,以养成其爱乡土之心。
高等小学堂	其要义在陈述黄帝尧舜以来历朝治乱兴衰大略,俾知古今世界之变迁、邻国日多、新器日广;尤宜多讲本朝仁政,俾知列圣德泽之深厚,以养成国民自强之志气,忠爱之性情。	其要义在使知地球表面及人类生计之情状,并知晓中国疆域之大概,养成其爱国奋发之心;更宜发明地文地质之名类功用,大洋五洲五带之区别,人种竞争与国家形势利害之要端。

①　陈胜庆:《乡土地理教育新论》,北京:测绘出版社,1992年,第16页。

②　参见《中国近代教育史资料汇编·学制演变》,第295—296、310、321页。

	历　史	地　理
中学堂	凡教历史者，注意在发明事实之关系，辨文化之由来，使得省悟强弱兴亡之故，以振发国民之志气。	凡教地理者，在使知大地与人类之关系，其讲外国地理尤须详于与中国有重要关系之地理，且务须发明中国与列国相较之分际，养成与爱国心性志气。其讲地文，须就中国之史事教之。

中小学开设历史、地理二科的目的就是要求学生由乡土意识激发爱国意识。例如 1905 年《四川官报》第 21 期转录的《学务大臣奏请饬各省各属调查乡土志目片》，就指出：

> 再据编书局监督、翰林院候补、侍读学士黄绍箕咨称，查《初等小学堂章程》，历史、舆地、格致三科均就乡土编课，用意至为精善，谨遵照定章编成《例目》。拟恳奏请：饬下各省督抚发文各府厅州县，择士绅中博学能文者按目考查，依例采录，地近则易详，事分则易举。自奉文日始，限一年成书。

"查《初等小学堂章程》，历史、舆地、格致三科均就乡土编课"一语，就指明了历史、地理等科目的设置，就是以乡土教育为目的的。该片由光绪皇帝名义下旨颁发，通行全国，其中内附黄绍箕编订的《乡土志例目》：

> 《奏定学堂章程》所列"初等小学堂学科"，于"历

史"则讲乡土之大端故事,及本地古先名人之事实;于
"地理"则讲乡土之道里建置,及本地先贤之祠庙遗迹等
类;于"格致"则讲乡土之动物、植物、矿物,凡关于日用
所必需者,使知其作用及名称。盖以幼稚之知识,遽求高
深之理想,势必凿枘难入。惟乡土之事,为耳所习闻,目
所常见,虽街谈巷论,一山一水一木一石,平时供儿童之
嬉戏者,一一指点皆成学问。其引人入胜之法,无逾
此者。①

圣意既然要求"择士绅中博学能文者按目考查,依例采录,地
近则易详,事分则易举。自奉文日始,限一年成书",各地乡
土教材自然层出不穷。时至清廷覆亡的短短六年半时间内,
仅四川一省就出现乡土志 50 余种。②

　　值得一提,次年国学保存会就于《国粹学报》上刊发广告
《编辑十八行省乡土历史、地理、格致小学教科书兼办神州乡
土教育杂志》。其中指出:

　　　　敝会窃以为小学一级为培养国民之基础,泰西各国
　　教育,咸注重乡土史志一门,就其见闻中最亲切有味者以

---

　　① 《学务大臣奏请饬各省各属调查乡土志目片》,《四川官报》,
1905 年第 21 期,第 3a—b 页(文页);另见《政艺通报·政书通辑卷四》,
1905 年第 12 期,第 10a—b 页。
　　② 邹涛:《清末至民国时期西南地区乡土志研究(1905—1949)》,
重庆:西南大学博士学位论文,2014 年,第 32 页。

为教授，则其记忆力与感觉力皆易私触，所以感发其爱乡土心，由是而知爱国也。①

颇令人玩味的是，标题中所说的"十八行省"无疑带有排满意识，但其种种说辞又完全符合清廷的政策要求。换言之，清政府的乡土教育改革正给了革命派培植各省中等社会的自立意识，提供了便利。

本期《国粹学报》开始连载刘师培的《编辑乡土志序例》。刘氏一贯主张，"今之方志，拟于古代之国史"。按照他的说法：

> 盖古人治天下，至纤至悉，以国统乡，以王都统侯国。一国之史，合众乡之史而成；一代之史，又合各国之史而成。故观于《训方氏》道四方之政，则列国之政，未尝不各自为书。观于外史掌四方之志，则列国之事，未尝不各自为书。观于太师之陈风诗，则列国之文，未尝不各自为书。观于辀轩之采方言，则列国之言，又未尝不各自为书。观于小行人之献五书，则列国之礼俗，亦未尝不各自为书。岂仅《禹贡》兼详物产，周书兼列《职方》，为后世书志之始哉？秦代以还，易封建为郡县。郡县之制，虽与封建之制不同，然土地人民，均有一定之分。下至吏胥之

---

① 《编辑十八行省乡土历史、地理、格致小学教科书兼办神州乡土教育杂志》，《国粹学报》，1906 年第 9 号（总第 21 期），第 1 页 b（栏页）。

分职,守令之设官,亦均有定制,则今之方志,拟于古代之国史,岂有殊哉?①

我们知道,旧史"地理志"首创于《汉书》。《汉书·地理志》卷首"昔在黄帝,作舟车以济不通,旁行天下,方制万里,画野分州,得百里之国万区"以下,基本上全文摘录了《禹贡》和《周官·职方氏》。所以刘师培会反问"岂仅《禹贡》兼详物产,周书兼列《职方》,为后世书志之始哉?"按照刘氏说法,不只是《禹贡》和《职方氏》为后世"地理志"之垂范,先秦各国国史都融入了后世方志之中。是故,刘氏说"郡县之制,虽与封建之制不同,然土地人民,均有一定之分"。②

学界对于古代行政地理区划原则,有"山川形便"和"犬牙相入"二说。③ 先秦各国国界划分无疑按照"山川形便"的原则,而这一原则确实如刘师培所言,融入到了秦代郡县划分当中。当代学者便指出,"秦代和隋唐都有意使统县政区的分划与自然区划相一致","可以说自隋唐时候起,直至清末为止,统县政区是与自然区划大体一致的"。④ 按照《隋书·

① 刘光汉:《编辑乡土志序例》,《国粹学报》,1906 年第 21 期,第1a—2a 页(文页)。

② 刘师培有此一说,或是受到章学诚影响。梁启超便说,"实斋则谓方志乃《周官》小史、外史之遗,其目的专以供国史取材,非深通史法不能从事"。氏著:《中国近三百年学术史》,北京:东方出版社,2004 年,第 330 页。

③ 关于这两个原则的讨论,参见周振鹤:《中国地方行政制度史》第 7 章,上海:上海人民出版社,2014 年,第 226—249 页。

④ 周振鹤:《行政区划与自然区划的关系》,收于氏著:《中国历史政治地理十六讲》,北京:中华书局,2013 年,第 90 页。

经籍志》的讲法："昔者先王之化民也,以五方土地、风气所生,刚柔、轻重、饮食、衣服各有其性,不可迁变;是故疆理天下,物其土宜,知其利害,达其志而通其欲,齐其政而修其教。"行政区划与自然地理环境相一致,有利于组织农业生产,敦化民风。但问题是,如果完全按照自然地理环境划分行政区域,岂不是挑战了中央王朝的控制权吗?

是故学者又指出:

> 但是高层政区情况则完全不同。唐后期的方镇已不能完全如前期的十道和十五道那样,与地理区域相对应。宋代以后因为中央集权的需要,路一级政区已开始和地理区域发生偏离。[①]

唐宋以后,高层政区体现了一条与"山川形便"完全不同的划分原则,此即"犬牙相入"。宋代的"路"本来就是监察区域,其设置毋宁是在体现中央王朝大一统的精神。元代以后设省亦复如是,否则何以叫"行中书省"?

例如刘师培于《安徽乡土地理教科书叙》中就说:"平原之民与山国之民不同,若皖省之地,则皖北多属平原,皖南多属山国","今日皖北之民宜于服兵,皖南之民宜于经商,而实业教育于皖南为宜,军国民教育又以皖北为宜。"[②]只安徽一

---

① 周振鹤:《中国历史政治地理十六讲》,第 90 页。
② 刘师培:《安徽乡土地理教科书叙》,《政艺通报》,1907 年第 11期,第 14b—15a 页。

省之内,皖南与皖北就形同异乡,足证省级设置恰恰是要违背自然地理原则的。这些道理本众所周知,本毋需赘言。但我们把它置于清末的语境下,则不免发现"省"这一级的行政区划就显得非常尴尬。

学者便十分精辟地指出,中国传统政治中并没有今人熟悉的中央与地方二分的观念,存在于古人脑海中的倒毋宁是内官(京官)与外官的区分。中央与地方的二分是清末从国外引入的政治观念,这个观念一经引入便与地方自治的思想密不可分。然而问题是,中央与内官之间、地方与外官之间并不完全吻合,此一外来观念与中国传统思维相互抵牾,造成了政治转型中的诸多问题。[1]譬如京兆府尹或北京市长,在今人眼里或许属于地方官,而古人不会将其视为外官。更重要的是,省的地位如何定论? 它算不算是地方? 享不享有地方自治的权利?

在整个清末新政中,这一问题始终没有定论。直至民国初期,各方仍然就省的地位问题争论不已,康有为的"废省论"便是例子。关于此问题对清末立宪成败的重要影响,后文仍将提及。这里首先要指出,清廷一方面融自然地理于乡土教育之中,无疑侧重"山川形便"原则;另一方面却又"饬下各省督抚发文各府厅州县",以省为单位推动乡土教育,以"犬牙相入"为原则的省又被划入了"地方"的范畴。在这种状况下,各省的乡土教科书纷纷强调本省自然地理位置如何

---

[1] 参见关晓红:《清季外官改制的"地方"困扰》,《近代史研究》,2010 年第 5 期,第4—8 页。

重要，反而有意无意地忽略了"犬牙相入"这个体现大一统精神的根本原则。本来跟省级行政区划全然无关的"山川形便"，却被用于省籍认同的建构之中。

例如在前引《安徽乡土历史教科书叙》中，刘师培固然承认皖南皖北民风差别形同异省，但他在文章开篇的这段表述则更显眼：

> 皖省居江淮之间，居民殷富，沃野千里，而江山阨塞，形势险固，铃辖阻深，古代视为要区。及康熙六年，与江苏分疆而治，于是皖省益屹然为长江重镇。其地处吴头楚尾，盖东南大势恒视皖省之形胜以为转移。昔贾谊有言，益淮阳足制吴楚。李纲亦有言，江南根本当先料理淮甸。①

按照这种说法，似乎安徽省只局限于皖南。真等到要具体介绍安徽情况时，刘氏又把这番说辞忘得一干二净，开始大谈"皖北多属平原，皖南多属山"了。这个矛盾充分体现了清末乡土教育中，新式知识分子"山川形便"的本省想象多么不同于"犬牙相入"的省级行政区划现实。

其他如陈庆林在《江西乡土地理教科书》中也指出：

---

① 刘师培：《安徽乡土历史教科书叙》，《政艺通报》，1907 年第 11 期，第 14 页 a。

左洞庭而右彭蠡,东走南昌,则全赣在握,西出长沙,则湘鄂皆震。故枭奇桀黠,争相走集,而往岁之变,即发于此。……要之,形势固则兵事戢,风俗厚则人事通,而百业以振。论江西之地理,在今莫急于是,学者可不三致意哉?①

江西如是,湖北则更是如此:

湖北介天下之中,山岭重沓,川泽奥衍,地极通遍。一旦有事,东下长江,则江淮皖赣,可传檄而定。西扼巫峡,则巴蜀秦陇,亦多为之阻。南趋长沙,则滇黔闽粤,岌岌不可恃。北出郧襄,则商雒唐邓,益驰骋戎马而无所忌。此古人所谓四战之国也。以故历代用兵,战守攻取,在所必争。而据得其地者,即足以称雄一时。则夫形势之险要,人事之繁赜,略可睹矣。②

诸如此类说法,已经成为动员读书人省籍意识的门面用语。公允地说,此类逻辑并不是乡土教育的产物,例如早在1898年,《蜀学报》就刊载《四川利害论》一文,称:

---

① 陈庆林:《江西乡土地理教科书叙》,《政艺通报》,1907年第9期,第10b—11a页。

② 陈庆林:《湖北乡土地理教科书叙》,《政艺通报》,1907年第8期,第9页a。

四川统州县一百六十,人民七千九百万,物产数千百种,煤炭七十七万三千,方里五金之矿弥满山谷;地处纬度三十内外,有金沙、岷、涪、嘉陵等江贯注乎其间,夔峡、剑栈、陇藏匝环乎其外,无事通商,有事用兵,均甚便也。此蜀之人士所挟以顾盼自雄,傲中原而藐欧西者也。然而冶容者诲淫,慢藏者诲盗,甘井先涸,良木早伐。北美洲地处温带,土产沃饶,土番猱猱,徒供英啖,驾驭失道,美国聿兴。五印以腴壤而亡,南越以富区而失,澳门、香港以冲要而夺,琉球、台湾以海岛而移。当今之势,欲免吞噬之患者,其瘠土硗壤乎?然而乌苏里江东之地,五千里沿边,卡伦以外地,万余里入于俄矣。独脊岭外地,千余里入于英矣。右盼非洲炎沙漠漠,前瞻澳洲洋海茫茫尚不苟存,况四川为中原要地,据各省上游,而欲使贪狡阴鸷如西人无生觊觎,其可得耶?! 其可得耶?!①

上述引文中诸如"左洞庭而右彭蠡,东走南昌,则全赣在握,西出长沙,则湘鄂皆震";"一旦有事,东下长江,则江淮皖赣,可传檄而定";"有金沙、岷、涪、嘉陵等江贯注乎其间,夔峡、剑栈、陇藏匝环乎其外,无事通商,有事用兵"等,这些体现"山川形便"原则的表述,明显是出于军事的考量。这无疑源于民族危机的刺激,是各省有识之士在西方侵略者面前求保

① 黄英:《四川利害论》,《蜀学报》,1898 年第 8 期,第 1 页 a(文页)。

全的产物。然而,经由清末乡土教育的催化,它越出了原有的界限转而强化了各省自立意识。

四川当然也不例外,《广益丛报》就曾转载《广东乡土地理教科书叙》。当中明白指陈:

> 吾愿举吾粤十五州之土地,而纳之吾邦人子弟之手中。曰:"毋坐以付人也。"迩者政体大更,凡百始基,莫先地方自治,后此吾邦人子弟,对于地方之得失利病,皆有责焉。①

须知在清政府决策层中,省是否属于地方尚属未定之论,然而它饬令各省推动乡土,把乡土认同扩大到了省级单位。倘说此时这个矛盾仍是伏而未发,那么在1909年各省谘议局成立以后,它就突然成为了撕裂清王朝肌体的致命创伤。

三、谘议局与本省意识的制度化

如前所述,科举制改革造成了中国社会话语权势的迅速转移,尤其报刊杂志大量出现,给了新权力的运作提供了媒介。有学者便指出:"大众传媒所进行的传播活动,单向性很强,传媒组织单方面地提供信息,受众只能在提供的有限信息

---

① 《广东乡土地理教科书叙》,《广益丛报》,1907年第14期(总第142期),第1页b(文页)。

中选择性地接受，处于被动地位。由于缺乏有效而及时的反馈渠道，受众对媒介组织缺少直接的反作用能力，这种不平等赋予了大众传媒强大的影响力和话语权力。"①

尽管彼时中国报刊传媒业尚处于起步阶段，甚至《新民丛报》等报刊还在处处模仿日本《太阳》杂志，但康有为、梁启超等人却十分明白现代媒体人对于受众具有强大的话语权力。例如康氏在 1902 年 12 月给梁启超的去信中就明确指出：

> 若于一二年内厚蓄财力，将来各省遍设报馆，数年之后，公理日明，游学日众，学堂日开，于时火药已有伏基，乃为报馆作线燃之，吾保一年之后全国必皆变动。②

对比前引日本间谍宗方小太郎在 1897 年 2 月指出的，"清国上层腐败无能，下层愚蠢无知，只有中间士子可以成事，他日动摇天下者必此一族"。可说康有为对此心领神会。他十分清楚，当今话语权与其说掌握在清政府手里，倒毋宁说掌握在新兴的中等社会手里。为今之计，只在于赶快抢占舆论阵地，以报刊为武器，煽动天下倒逼清廷。

然而，"为报馆作线燃之"的第一人却不是康党分子。1907 年 1 月，杨度等人在东京创办《中国新报》。在《〈中国新

---

① 蒋晓丽：《中国近代大众传媒与中国近代文学》，成都：巴蜀书社，2005 年，第 44 页。

② 丁文江、赵丰田：《梁启超年谱长编》，上海：上海人民出版社，1983 年，第 299 页。

报〉叙》中,他就宣称自己创办该报的目的是要促使中国建立"负责任之政府",其前提就是要速开议会。① 为此实现这一主张,他还于当年2月专门在东京成立政俗调查会(7月改名"宪政讲习所")。在成立国会问题上,杨度显得急不可耐。当年4月,他在给梁启超的信中把话说得明明白白:"以此为宗教,与敌党竞争势力,彼虽欲攻我,亦但能曰办不到,而不能曰不应办也"。言下之意,舆论阵地就摆在那里,你不去抢占,革命派就要去抢占,此情此景已容不得吾辈半点迟疑了。杨度希望梁启超能与自己强强联合,掌控整个舆论界:"弟意《新民报》及《时报》等(以日报为最好)合力专言开国会事,事事挟此意以论之,如此者二三月,则国会问题必成社会上一简单重要之问题"。② 梁氏在舆论界的地位勿庸置疑,还在1902年11月黄遵宪给他的信中就说:"此半年中中国四五十家之报,无一非助公之舌战,拾公之牙慧者,乃至新译之名词,杜撰之语言,大吏之奏折,试官之题目,亦剿袭而用之。"③ 有此强劲后援,何愁举国中间士子不望风景从,蜂拥一起而动摇天下?

1907年10月5日,宪政讲习会成员熊范舆、沈钧儒等一百多人联名上书都察院,要求"于一二年内即行开设民选议院,俾全国人民得以勉参国政"。④ 也就在半个月后,即10月

---

① 杨度:《〈中国新报〉叙》,《中国新报》,1907年第1期,第6—7页。

② 丁文江、赵丰田:《梁启超年谱长编》,第398页。

③ 同上,第306页。

④ 《湖南即用知县熊范舆等请速设民选议院呈》,故宫博物院明清档案部汇编:《清末筹备立宪档案史料》下册,北京:中华书局,1979年,第616页。

19 日,清政府以光绪皇帝名义下谕旨,"著各省督抚均在省会速设谘议局"。① 加之前此资政院成立,清王朝正式开启了走向议会政治的过渡阶段。

而此时的杨度,则于日本回到了国内。12 月,他便在湖南老家成立了湖南宪政公会,并自任会长(此时东京宪政讲习会也改名为"宪政公会",实际上已经成为政党)。随后杨氏又起草了《湖南全体人民民选议院请愿书》,其中提到:

> 议者又谓:明谕既谓现在京师资政院,外省谘议局业经饬设,原为设立议院基础,岂有资政院、谘议局未经成立之时,而即可议及开设民选议院乎? 不知中国之资政院本与外国之上议院相当,中国之谘议局本与外国之地方议会相当,惟无民选议院以为之枢纽,性质不明,权限不分,致不能与各国之上议院及地方议会收同一之效果。虽议院未经设立之前势不能不借此为阶梯,然欲责其成效,则非设立民选议院不能相与有成。②

按照杨度的说法,即便国家设立资政院和各省谘议局作为议会政治的过渡,但仍需要速开国会,惟其如此,资政院与谘议局才能发挥作用,而不至徒有其名。言下之意,似乎资政院和

---

① 《著各省速设谘议局谕》,《清末筹备立宪档案史料》下册,第667 页。

② 杨度:《湖南全体人民民选议院请愿书》,刘晴波主编:《杨度集》,长沙:湖南人民出版社,1986 年,第495—496 页。

谘议局成立之后,民众对于国会的要求就更加迫切了。杨度的说辞代表了彼时立宪派的广泛意见。至次年 7 月清廷谕令各省在一年内全部设立谘议局,时人非但没有感到欢欣鼓舞,反而痛恨朝廷"延宕议院之开设,搪塞国民之要求"。①

这份"杨氏请愿书"由湖南教育总会会长刘人熙和湖南商务总会会长陈文玮领衔,共有 4000 余人签名,于 1908 年 3 月 10 日,由代表雷光宇呈送都察院代奏。加上去年 10 月那次,两次请愿开创了清末国会请愿运动的先河,此后的国会请愿运动便愈演愈烈,一发而不可收拾。4 月 16 日的《申报》便赞道:"去秋湘人熊范舆等第一次上书请愿,今春湘人雷光宇等第二次上书请愿,虽留中不发,壅于上闻。要之,熊、雷两人登高一呼,全国震动,论其功用,几与日本政党之副岛种臣、板垣退助实相伯仲。"②杨笃生所汲汲以求的"湖南中等社会",未必走在革命的前列,却在宪政的道路上快人一步。

应当说,杨度等人的举动实不啻开创了以非正常手段干预政治的先河。前有杨度的宪政公会,后有梁启超的政闻社,在他们的鼓动下,人们对于"速开国会"的预期越来越高,也与现实条件渐行渐远。当这种预期实在无法得到满足时,就会迅速演变为普遍不满的情绪。建功心切的康有为、杨度等人,又岂能顾及到这点呢?

<hr />

① 《读六月二十四日上谕谨注》,《申报》1908 年 7 月 25 日,第 1 张第 4 版。

② 《论国会请愿之不可缓》,《申报》1908 年 4 月 16 日,第 1 张第 3 版。

当然,普遍不满并不代表革命一定就会发生。正如查尔斯·蒂利所指出的,这种不满情绪转化为现实的反叛行动,还必须要有可资利用的"政治暴力",即出现一个具备集体行动能力的政治挑战者。[①] 而随后成立的谘议局,就为这个挑战者的形成提供了平台。

(一) 谘议局与督抚的纠葛

1908 年 7 月 22 日,朝廷公布施行《各省谘议局章程》和《谘议局议员选举章程》,并于同日谕令各省限一年之内一律成立。按照《章程》第三条规定凡年满二十五岁以上者,只要符合以下条件,都具有选举权:

> 一、曾在本省地方办理学务及其他公益事务满三年以上著有成绩者,二、曾在本国或外国中学堂及与中学堂同等或中学以上之学堂毕业得有文凭者,三、有举贡生员以上之出身者,四、曾任实缺职官文七品、武五品以上未被参革者,五、在本省地方有五千元以上之营业资本或不动产者。

对于该条款,《章程》补充道,选举分为普通选举和限制选举,前者即今天所谓的普选权,后者则需要财产和教养上的限制:

---

① 参见〔美〕西达·斯考切波:《国家与社会革命——对法国、俄国和中国的比较分析》,何俊志、王学东译,上海:上海人民出版社,2007年,第10—11 页。

> 现当初行选举之际,势不能骤用普通选举之制。然使专以财产为标准,又易启民间嗜利尚富之风,故本条参用限制选举法而推广之,于财产限制之外,另设资望学识名位等格,以与财产并重,有一于此,即为合格,即为合格,既免冒滥之嫌,亦无偏重之弊,似为今日适宜之制。①

按照这些规定,选民必须符合两个条件:既要具有一定的财产,又要具备相当受教育程度。彼时中国人的识字率有多高?按照清廷预备立宪计划,1914 年即预备立宪第七年,"人民识字义者,须得百分之一"。② 而《各省谘议局章程》却要求有中学堂文凭或"有举贡生员以上出身者"才具有选举权。

又如,该《章程》第 4 条规定:

> 凡非本省籍贯之男子,年满二十五岁,寄居本省满十年以上,在寄居地方有一万元以上之营业资本或不动产者,亦得有选举谘议局议员之权。

其"附加案语"又补充道:

> 寄居人于寄居地方所受之利害关系,较本籍人为轻,

---

① 《各省谘议局章程》(附加案语),《清末筹备立宪档案史料》下册,第 671—672 页。

② 《逐年筹备事宜清单》,《清末筹备立宪档案史料》上册,第 66 页。

则其权利自亦不能无所区别，故本条寄居人之选举资格，较本籍人为特严。①

既需要本省籍贯或"寄居本省满十年以上"，又需要"举贡生员以上出身"和"一万元以上之营业资本或不动产"，这些规定简直就像是为各省士绅阶层量身定做的。

如果说在拒俄运动期间，中等社会的观念还局限于海外留学生群体，而此时则已通过清末立宪的深入扩大到了各个省份。例如之前在针对"民智未开，不可速行立宪"的论调时，杨度就强调：

> 世界上之所谓国民，无论其在专制国与立宪国，亦无论其在君主立宪国与民主立宪国，其社会上一切事业之原动力，常在中流社会。此无论其为人为阶级所致，如教育不同之类，抑或为天然阶级所致，如教育虽同而贤愚各异之类。然一国之优秀者，常集于中流社会，而以其国中人数论之，常为其少数。此则不问何国而皆然者也。故欲论人民程度者，但宜据中流社会之少数者以立论，而不必及于全国多数之人民。②

按照杨度的说法，国民受教育程度高低与立宪与否没有什么

---

①　《各省谘议局章程》（附加案语），《清末筹备立宪档案史料》下册，第672页。

②　杨度：《金铁主义说》，《杨度集》，第335页。

关系,立宪本来就是"中流社会"的事,为了保证立宪成功,恰恰需要把选举权与被选举权限定在"中流社会"。推而言之,倘若国会的意义在于集合全国的"中流社会",则谘议局的价值恐怕也在于集合全省的"中流社会"了。

如果说谘议局的身份限制为凝聚本省中等社会提供了制度保障,那么它又为中等社会提供了哪些权限,使其可以正当合理地挑战既有的政治权威呢?按照《各省谘议局章程》的规定,谘议局具有以下权限:

> 一、议决本省应兴应革事件,二、议决本省岁出入预算事件,三、议决本省岁出入决算事件,四、议决本省税法及公债事件,五、议决本省担任义务之增加事件,六、议决本省单行章程规则之增删修改事件,七、议决本省权利之存废事件,八、选举资政院议员事件,九、申覆资政院咨询事件,十、申覆督抚咨询事件,十一、公断和解本省自治会之争议事件,十二、收受本省自治会或人民陈请建议事件。①

把上述条款做一简单的归类,谘议局大体上有两类权力:一、可以制定地方法规,即立法权,二、可以表决本省当年的财政决算和下一年的财政预算。此即立法权与财政权。准

---

① 《各省谘议局章程》(附加案语),《清末筹备立宪档案史料》下册,第676页。

此而论,谘议局倒是很有英美政制"议会掌握钱袋子"的色彩。

《章程》第 7 条又规定"本省官吏或幕友"不得被选举为议员,这更保证了立法权与行政权的分开,可称为三权分立原则在地方政治中的运用。有学者便强调,谘议局与督抚的地位是对等平列的,谘议局不能强迫督抚颁布施行法令,督抚也无权迫令谘议局更改议案,彼此平等,谁也压不倒对方。中国的谘议局较于日本之府县会,更有权力。[①] 然而我们却很难用进步与否的标准去衡量类似的三权分立架构,清末谘议局和督抚的关系倒像是马克思讥讽法兰西第二共和国宪法具有"两个头脑":"宪法不仅像 1830 年的宪章那样尊崇分权制,而且把这种分权制扩大到矛盾重重的地步。"[②]清廷各省设置了一个不受督抚节制的地方立法机构,等于给地方精英提供了一个可以对抗中央权威的平台。如果督抚与谘议局之间没有一个明确的全责划分和协调机制,那么它们的矛盾将会无休无止。

正因如此,1909 年秋各省谘议局纷纷成立,1910 年就与督抚扯皮不断。例如广西巡抚张鸣岐禁烟案。为配合 1909 年 2 月在上海签署的万国禁烟协议,当年 10 月广西谘议局甫一成立就宣布 20 个月内广西全面禁除鸦片。问题是彼时广

---

① 侯宜杰:《二十世纪初中国政治改革风潮:清末立宪运动史》,北京:中国人民大学出版社,2009 年,第 178 页。
② 《马克思恩格斯全集》第 2 版,第 11 卷,北京:人民出版社,1995 年,第 145 页。

西的财政收入严重依赖于鸦片,突然全面禁烟,靠什么支撑刚刚起步的广西现代化建设?由此造成的大面积失业又如何解决?张鸣岐以期限太短,势必导致地方经济大乱为由拒不执行谘议局的决议。二者势同水火,吵闹不休。

又如云南总督李经羲通告全省,自1910年11月起,每百斤盐加价一两。谘议局认为此事关系税法,系谘议局权限范围内的事,当交由局议,遂强烈要求李经羲取消告示。双方争论不休,李氏妥协,改为每百斤加价5钱,谘议局仍不让步。其他如湖南巡抚杨文鼎发行公债案、江西巡抚冯汝骙改征银元案、两广总督袁树勋禁赌案等等,大率如此。

更滑稽的是,前述清政府颁行乡土教育,分明是以省为地方自治的基本单位。并且前引1907年10月19日朝廷《著各省速设谘议局谕》就说得清清楚楚:"前经降旨于京师设立资政院以树议院基础,但各省亦应有采取舆论之所,俾其指陈通省利弊,筹计地方治安,并为资政院储材之阶。"①这似乎更说明了各省谘议局是为保证地方自治而设置。但当时作为各省最高行政长官的督抚,却不是一个地方官。

按清制,"各省督抚与中央各部尚、侍,立于同等之地位,非有长属之关系,彼此同对于君上而负责任,督抚无服从部臣之义务。"由此观之,按照中国传统内外官的划分,督抚无疑属于外官,但按照西方中央与地方的划分,督抚却属于中央直

---

① 《著各省速设谘议局谕》,《清末筹备立宪档案史料》下册,第667页。

属机关。正所谓"今制督抚所以独尊者，以其为国家政务官之资格，非以其为地方行政官之资格也。"①

对此，梁启超不无担忧地指出：

> 督抚之地位，既非各部大臣属官，无绝对服从之义务。而职权所及，如彼其广，一举一措，关系全省千数百万人之休戚，延及一国之利害，而无适当之监督机关。将以国会监督之耶？则势有所不周。将以谘议局监督之耶？督抚职权常汎及于国家政务，谘议局职权则仅限于地方政务。然则纠问督抚责任之机关，遂终不可得，其事至为危险。②

乍看上去，各督抚可以以地方事务为由推诿中央政令，也可以以中央事务为由延宕谘议局的要求，好似于中央地方之间左右逢源，游刃有余。事实上，当1910年各省谘议局就财政问题与督抚相争时，后者也确实在以中央官的身份质疑谘议局的管辖权。③ 另方面：

> 夫各部用其权以裁制督抚，若不量地方之情势，则善政

---

① 沧江：《外官制私议》，《国风报》第1年第31号，1910年12月12日，第9—10、11—12页。

② 沧江：《外官制私议》，《国风报》第1年第31号，第11页。

③ 参见关晓红：《清季外官改制的"地方"困扰》，《近代史研究》2010年第5期，第16页。

几不得举行,督抚张其权而轻视各部,又破坏一部之机关,而政令几同于虚设,彼此之龃龉尚小,事机之贻误实多。①

但总体而言,督抚地位的模糊性更使其处于中央与地方的夹缝中,两头不讨好,这在随后爆发的川路风潮中,表现得尤为明显。

进而言之,"谘议局为议决机关,督抚为执行机关,与督抚立于对等地位"。② 督抚地位的模糊,也势必造成谘议局地位的模糊。例如麦孟华曾指出,"我各省督抚之权限,本在各国地方长官之上",所以谘议局的权限当不只限于地方议会,"其性质视各国之国会为近,而视各国之地方议会为远"。③ 对此,梁启超则开出了相反的药方:

> 今欲为治本之计,则惟有速求国会之成立,举一切政治问题悉于国会,一面缩小督抚权限,令其所辖者专属于地方行政事项,而谘议局之权限亦随而缩小,令其所议者亦专属于地方行政事项,此正当之办法也。④

---

① 《出使各国考察政治大臣戴鸿慈等奏请改定全国官制以为立宪预备折》,《清末筹备立宪档案史料》上册,第369—370页。

② 邵羲:《谘议局章程释义》,《预备立宪公会报》第17期,1908年10月22日,第1页b。

③ 麦孟华:《论中央地方之权限及省议会之必要与其性质》,《政论》1908年第1卷第4号,第1、6页。1910年12月,该文重刊于《国风报》,参见长舆:《论中央地方之权限及省议会之必要与其性质》,《国风报》第1年第32号,1910年12月22日,第19、24页。

④ 沧江:《谘议局权限职务十论》,《国风报》第1年第6号,1910年4月10日,第31页。

在梁氏看来，正是由于督抚的身份地位其实超出一省地方官，所以谘议局对他们的限制也难免超出一省的范围而波及他处。是以根本解决之道在于：一面削督抚为一省地方官，并以谘议局监督之；一面于中央速设国会，以调节各省谘议局与督抚的冲突。

梁启超的方案不能说没有道理，但督抚不会安于地方官的角色。事实上，当督抚被迫将自己的地位限于一省之长时，恰是清王朝最后崩碎之际。须知咸同以后督抚膨胀，不断侵夺本分属于布政、按察二司的财政权与监察权，但朝廷仍然对督抚享有统御能力，其重要的原因就在于督抚直接对皇帝负责。然而在清末划分中央与地方的改革中，督抚要求确认其"中央政务官"的奏议却被不断否决。其结局正如学者所论："武昌枪声响起，各省纷纷响应，清廷曾乞灵于固有体制，强调'内外相维，上下一心，共救危亡'。但在官制改革中与部院争夺权力已心灰意冷的各地督抚，因不断被否决的'中央政务官'身份，以及不断被迫强化的'地方官'意识，则托言保境安民，实际只求自保，不愿相维。"①

（二）国会请愿运动与清王朝合法性的崩塌

当督抚以中央事务为由质疑谘议局的监督权时，便把二者的矛盾转嫁到了中央的头上，乃至于谘议局的设立非但没

---

① 关晓红：《清季外官改制的"地方"困扰》，《近代史研究》2010 年第 5 期，第 30 页。关于清末外官改制中督抚与部臣的冲突，以及由此造成的后果，亦请参见该文。

有平息国会请愿风潮,反而使各省中等社会对国会的需求更加迫切。自谘议局成立往后的一年时间里,即 1910 年 1 月到 1910 年底,各省新士绅或曰"中等社会"就利用这个平台接连掀起了四次国会请愿运动。其中值得一提的是第三次请愿运动。

随着前两次请愿的失败,各省谘议局转而寻求集体行动。1910 年 8 月 12 日,谘议局议员联合会应运而生。其中不乏四川士绅的身影,例如在第一次会议上,四川立宪派代表蒲殿俊就当选了副主席。9 月 7 日,联合会闭会。会议期间各省议员通过了《陈请提议请速开国会案》、《陈请申明资政院立法范围提议案》等议案,或是要求速开国会,或是要求明确资政院权限,使其"具有完全立法性质"。[①] 如学者所言,联合会的决议"对各省谘议局均有约束力,在许多重大问题上各局的行动都是步调一致的,这对于开展斗争无疑具有重大意义"。[②] 这标志着分散于各省的中等社会在对抗现有体制时,又联合了起来而获得了更强的力量。

如果说各省中等社会凭借谘议局议员联合会的联合只是临时性的,那么 10 月 3 日资政院的成立,就为这种联合提供了常设机构。没有令各省谘议局议员失望,当月资政院全体

---

① 参见《陈请申明资政院立法范围提议案》、《陈请提议请速开国会案》,邱涛校点:《直省谘议局议员联合会报告书汇录》,北京:北京师范大学出版社,2013 年,第 110—117 页。

② 侯宜杰:《二十世纪初中国政治改革风潮》,第 228 页。

议员就一致通过议案，要求速开国会。由此掀起了第三次国会请愿运动。

　　倘若只有资政院的压力，清政府尚可以勉强应付。但在10月25日这天，东三省总督锡良、鄂督瑞澂、粤督袁树勋、滇督李经羲、伊犁将军广福、察哈尔都统溥良、吉抚陈昭常、黑抚周树模、苏抚程德全、皖抚朱家宝、鲁抚孙宝琦、晋抚丁宝铨、豫抚宝棻、疆抚联魁、浙抚增韫、赣抚冯汝骙、湘抚杨文鼎、桂抚张鸣岐、黔抚庞鸿书，联名致电军机处代奏，请求"明年开设国会"。① 此事的直接起因虽为锡良、瑞澂二人复电滇督李经羲，就宪政问题发表看法。② 但究其制度根源，实如鲁抚孙宝琦所言，"士大夫有政治思想者日多，国会既可为羁縻之地，且可杜局外之妄论淆乱是非。各省谘议局权限不清，有国会则权限自定。"③ 概言之，谘议局与督抚之间无休止的争吵，不仅使各省议员希望能通过设立国会和内阁来约束督抚，也使得各督抚希望通过国会来规范谘议局。于是，在资政院与督抚的共同压力下，第三次国会请愿运动终于迫使清政府于1910年底谕令宪政编查馆缩短九年预备期限，定于1913年

---

　　① 《各省督抚合词请设内阁国会奏稿》，《国风报》第1年第26号，1910年10月23日，第92—96页。

　　② 具体情况是，9月8日滇督李经羲为答复御史赵炳麟的"确定行政经费折"和湖北布政使王乃徵的"预备宪政酌分缓急折"，而通电各督抚，提议就宪政问题条陈建议。恰逢此时东三省总督锡良和鄂督瑞澂在京向清廷密陈借债筑路之策，二人随即将自己对李经羲的回电精神告知各省督抚，遂有联衔电请军机处"速开国会"一事。

　　③ 《庞鸿书讨论立宪电文》"山东抚台孙来电"，《近代史资料》第59号，北京：中国社会科学出版社，1985年，第47页。

召开国会。①

需要指出,1908 年 11 月,光绪、慈禧相继去世。年轻的监国摄政王载沣无力有效控制形势,一时清廷最高决策层出现了派系林立、政出多门的局面。就开设国会问题而言,大体又可以分为载沣派和奕劻派。前者以少壮亲贵为主,而后者则以庆亲王奕劻领衔,那桐、世续、徐世昌等人位列其中。载沣派中不乏热忱希望速开国会者,然而奕劻派却把持了军机大臣 3/4 的席位,担心一旦实行立宪,自己的权力会被架空。1910 年底的谕令正是载沣派向奕劻派妥协的结果。它一方面修正了立宪派与督抚速开国会的主张,只是将设立国会的期限提前到了宣统五年(1913),另一方面却又明令次年成立责任内阁。② 于是,中国政治史上十分吊诡的一幕出现了。

按照常理而言,内阁应由国会多数党出面组织。而清末责任内阁却与国会是两个互不相属的权力机构,一者掌握行政权,一者掌握立法权。不消说,这种奇怪的机构设置有赖于当时人对三权分立的迷信。须知中国传统本无"君主立宪"这一概念,20 世纪以前国人多称"君民共主"而非"君主立

①   事实上,只要翻阅 1910 年各督抚与贵州巡抚庞鸿书讨论立宪的来往电文,就可知大多数督抚都主张同时开设内阁和国会,二者"如车两轮,缺一不可"。

②   关于奕劻派对清廷"先设内阁,后开国会"政策的影响,请参见李细珠:《立宪派、地方督抚与清廷之间的互动关系——围绕国会请愿与责任内阁制问题的探讨》,《首届"晚清国家与社会"国际学术讨论会论文集》,江苏苏州,2006 年 8 月。该文略作修改又收于氏著:《地方督抚与清末新政——晚清权力格局再研究》第 10 章,北京:社会科学文献出版社,2012 年。

宪"。1901 年"立宪"一词由梁启超从日本引入之后①，迅速
风靡全国。在当时人眼里，立宪又基本上可以与三权分立划
上等号，正所谓："夫立宪之义，在三权分立，立法权、行政权
与司法权，各不相统，乃能保国民之治安。"②

　　一个重要的表现是，作为国会过渡机关的资政院是有实
权的。它执掌：一、国家收支预算；二、国家收支决算；三、议决
税法和公债；四、制定和修改除宪法外的一切法律法规；五、其
他奉特旨交付决议的事务。③ 这就是所谓"完全立法性质"，
它不受先前的军机处节制，也不受后来的责任内阁节制。④
于是国家政治体制和权力结构呈现出了这样一副怪性状：一
边是如日本般只对皇帝负责的责任内阁，一边是如英法议会
般具有实权的资政院。也就是说，清王朝在还没有开设国会
之前，立法权与行政权之间的矛盾就已经没有办法协调了。

　　早在 1906 年，严复就对世人迷信三权分立深感不安。他
指出：

---

　　① 参见爱国者草议：《立宪法议》，《清议报》第 81 册，1901 年 6 月
7 日。

　　② 更生：《外官制评议》，《国风报》第 2 年第 7 号，1911 年 4 月 9
日，第 32 页。

　　③ 《资政院会奏续拟院章并将前奏各章改订折·附清单》，《清末
筹备立宪档案史料》下册，第 632 页。

　　④ 早在资政院成立前，谘议局议员联合会就针对这些条款通过议
案，称"立宪国家虽分三权，实只议决、执行二事。……是资政院虽非国
会，而实具有完全立法性质。"是故"为此联合会陈请贵院申明范围，以确
立议员基础。"尽管资政院能权限范围不能满足广大议员的要求，但这
并不代表它不具备独立的立法权。参见《陈请申明资政院立法范围提议
案》，《直省谘议局议员联合会报告书汇录》，第 110—112 页。

乃吾党从其后而观之，则法国第一次宪法，即用此败。盖枢府行法，而议院立法，二者睽立，莫通其邮，立成发对之势。未及一年，旁午交扇，喋血国中，适成大乱。若夫美之为制，虽未至此，顾所成治制，其便不便不具论，谓之英制，则断乎不可。盖已自为风气，后之所成就，非向之所求立者矣。夫使英之治制，果如《法意》之所云云，距阁部诸行政大臣于议院之外，将其全体隳散久矣，乌得有今日利行之效乎？①

一味追求行政权、立法权分立，势必导致政府与国会相互扯皮，甚至撕裂国家，严复这番见解可说发时人之未发。他怎么也不愿意看到的"距阁部诸行政大臣于议院之外，将其全体隳散久矣"的惨状，不久以后就发生在了他的祖国头上。须知，责任内阁在成立次日就副署实行了全国铁路干线国有化政策，而立宪派掀起保路运动的理由正是此事未经资政院议决。②

---

① 严复：《论英国宪政两权未尝分立》，王栻编：《严复集》第 1 册，北京：中华书局，1986 年，第 221 页。

② 例如《保路同志会报告》第 21 号就发表邓孝可《答病氓》，声称"借款一事，在吾人认定为宪政前途根本上之破坏，属第一义"，"新内阁初成立第一政策即蔑视资政院章而举债；蔑视谘议局章及公司律而收路"（邓孝可：《答病氓》（下），戴执礼编：《四川保路运动史料汇纂》中册，台北：中央研究院近代史研究所，1994 年，第 663—664 页）。其他如张澜、罗纶也曾向川督赵尔丰面争："借款合同不经院议阁议，其关于各省权利者，又不经各省谘议局议，竟行违法律，夺商办，实属违法违规，如此立宪，实为欺愚。"（彭芬：《辛亥逊清政变发源记》，《四川保路运动史料汇纂》中册，第 668—669 页。）

1911 年 5 月 8 日,清政府在纷纷攘攘中颁布了《新订内阁官制》,开始实行所谓的"责任内阁制"。对此,它明言自己取法德、日,而非英、法:

> 日本宪法,各大臣辅弼天皇任其责,以国务大臣责任关于辅弼之任务而生,故对于君主负责任,而国务大臣任免黜陟,君主皆得自由,与英、法之注重议院者不同,与德意志宰相对于其君负责任,非对于议会负责任者则相类。①

令人疑惑,责任内阁"对于君主负责任,而国务大臣任免黜陟,君主皆得自由",试问这样的责任内阁与军机处有什么本质不同呢?

或许这正是前此庆亲王奕劻竭力主张"先设内阁"的初衷。退一步说,即便奕劻派从未想过继续把持责任内阁,这个不经国会产生的新机构除了去军机处里选人,还有别的渠道吗?

是故清廷责任内阁名单一经公布,舆论哗然。伦敦《泰晤士报》就嘲讽,"此新内阁不过为旧日军机处之化名耳。"② 又如汤觉顿便痛斥"吾国人当知今日之政府,绝对的不能冒

---

① 《宪政编查馆、会议政务处会奏拟定内阁官制并办事暂行章程折》,《清末筹备立宪档案史料》上册,第 559 页。

② 《庆亲王历史》(译伦敦《泰晤士报》北京通信),《申报》1911 年 6 月 8 日,第 2 张第 2 版。

内阁政治之名也"：

> 政府方欲假宪政之名，以行其专制之实，上下睽离，
> 人心涣散。……且新内阁虽已成立，然不过军机处之别
> 名，于实际上毫无裨益。以此而冀其能任国家大事，殆所
> 谓"磨砖成镜，蒸沙为饭"之类，必无可成之日矣。①

更何况这一"责任内阁"中，皇族就占七人。这岂不有违"皇
族不负责任，不参与政务"的西方立宪传统？对比 1906 年 9
月清廷下谕"预备立宪"，舆论欢欣鼓舞，以至"何幸一道光明
从海而生，立宪上谕从天而降"②，真可谓"希望越大，失望就
越大"。

　　立宪派一次次请愿的结果竟是"皇族内阁"、"军机处内
阁"，可以想见，其结局一定会如学者所说，"立宪派与清政府
的关系已经无可挽回了"。③ 这就有如吹气泡，用力越大，气
泡越膨胀，直到它爆裂的那一刻，事情就倏然走向了另一个极
端。托克维尔在总结法国大革命的原因时，曾说：

> 　　一场浩劫怎能避免呢？ 一方面是一个民族，其中发

---

　　① 明水：《最近欧美各国立宪政治之趋势》，《国风报》第 2 年第 10
号，1911 年 5 月 9 日，第 55 页。按该文末尾署"宣统三年四月十三日稿"
(5 月 11 日)，可知该期《国风报》实际发行日期与封面日期不符。

　　② 《马相伯观察演说稿》，《申报》1906 年 9 月 18 日，第 1 张第
2 版。

　　③ 丁业鹏：《清末国会请愿运动研究》，第 72 页。

财欲望每日每时都在膨胀；另一方面是一个政府，它不断刺激这种热情，又不断从中作梗，点燃了它又把它扑灭，就这样从两方面推促自己的毁灭。①

清王朝的最后十年，不也与路易十六时代的波旁王朝一样吗？

四、中等社会的反叛：四川谘议局与保路运动

保路运动起源于清政府的国有化政策，大抵在当时人看来，国有化便意味着"借款卖路"。然而在清季名流之中，支持国有化者，亦不乏人。其中鼓吹最力者，当属时任湖南布政使的郑孝胥。郑氏指出：

> 时事急矣，欲以兵力自强，非五十年不能收敛；欲以政治自振，非三十年不能见功；欲以穷困闭塞之国而为治兵修政之举，则又非三五十年所能成就。故为今日之中国计，十年之内，惟以吸收外资为救亡之要著；十年以后，惟以铁道尽通为图存之要著。约而言之，则借债造路而已。宜指张怡、伊黑、川藏、粤汉为四大干路，借债以十万万为度，包工限年以成之。②

---

① 托克维尔：《旧制度与大革命》，第213页。
② 郑孝胥：《四大干路借款建造说帖》，戴执礼编：《四川保路运动史料汇纂》上册，台北：中央研究院近代史研究所，1994年，第528—529页。

郑孝胥的担忧不无道理。还不到一年前,日俄协约和日韩合并等事件相继发生,满蒙形势岌岌可危。在郑氏看来,当务之急是要修通张恰、伊黑、川藏、粤汉为四大干路,把蒙古、东北、川藏和岭南与中国本部紧紧连为一体。一旦有事,全国兵力调动可以畅通无阻。

彼时清廷财政空虚,要修建这样浩大的工程,资金无非两个来源:征税和借款。事实上,清末急进的现代化改革已经使得民众不堪重负。以四川为例,时论谓:"未办新政以前,仅有正供杂粮而已。近年藉口新政,租捐也,洋油火柴捐也,煤铁捐也,船捐也,纸捐也,人力捐也,接踵并起。本年赵督更饬抽收妓捐,加增肉捐,以为一网打尽之计。……不问物力,而惟层层剥削,重困吾民。嗟彼川人,其何以堪!"①倘再加铁路捐,岂不使各省民不聊生?即便当时中国之物力足以承受耗费巨大的铁路工程,征税集资迁延日久,"非三五十年所能成就",等到那时,恐怕满蒙、川藏皆已不保了。

对此,身处日俄交锋地带的东三省总督锡良,恐怕最感同身受。他指出:

近查美国变法之始,其中央之集权,各省之反对更甚于我国。后执政者察其不行之故,在于各省交通隔绝,情势迥殊,遂改从急修铁路入手。数年之后,国内贯通一

---

① 《川省杂捐病民记》,《民吁日报》第41号,1909年11月12日,第2张。

气，不易法而令自行。……拟请朝廷决计借外债数万万，将粤汉、川藏、张怡、伊黑诸干路及紧急支路，限十年赶造。……十年以后，铁路陆续告成，行政之易亦如破竹，民间风气自开，速于教育何止十倍？①

除了日俄协约和日韩合并的刺激外，锡良的电文恐怕还有这样的潜台词：各省行政尾大不掉，不在于督抚不受中央节制，而在于"交通隔绝，情势迥殊"，他日铁路一通，中央号令自然四通八达，毋需裁削督抚职权。不管锡良的初衷如何，铁路建设有利于从根子上削弱地方分离主义倾向，他的话在理论上并没有错。

然而历史的发展恰与锡良设想的相反，铁路建设非但没有削弱地方分离主义倾向，反而成为地方抗拒中央的资源。

（一）四川谘议局与川路公司的控制权

还有一个竭力主张铁路国有化的人是杨度。他曾于1904年11月到12月间连续上书瞿鸿禨、张之洞和伍廷芳，主张废止1898年签订的中美《粤汉铁路借款合同》，更于次年3月撰文《粤汉铁路议》。但此时他却突然转而支持铁路国有化。如他所言："然以度论之，前日未必缺款而偏欲使之缺款，与今日实已却款而偏欲反对借款，皆两失也。"②言下之

---

① 《庞鸿书讨论立宪电文》"盛京督帅锡来电"，《近代史资料》第59号，第45页。

② 杨度：《与邮传部书》，《杨度集》，第517页。

意,1898 年时国家尚不缺钱,却与美方签订借款合同;到了1910 年,国家已经缺钱了,偏偏鼓吹"自办"而不肯定借款了。

明眼人一看便知,所谓的"前日未必缺款而偏欲使之缺款",不过就是杨度给自己找的一个台阶,"今日实已却款而偏欲反对借款"才是实指。这样的掉头转向致使时论批判杨氏为"铁道政策之罪首","胆敢为国民公敌,其肉岂足食乎!"①值得强调,杨度反省粤汉铁路之得失时,说出了一番颇值得玩味的话:

> 粤汉办法最奇,三省分修,各举其路,于是得一利息最大、招股最易之粤汉铁路,变而为粤路、湘路、鄂路,成为一省之私。此议既定,乃有二弊一害。

何为"二弊一害"? 所谓"二弊",就是指:一、他日铁路建成,粤、湘、鄂三省各管一段,"易车、煤斤、票价彼此互异,必致大生纷扰";二、全国铁轨宽窄不同,"彼此不能互用"。简言之,粤汉铁路三省各取一段,则既不便于协调修路,也不便于协调管理。值得重视的是杨度所说的"一害"。

> 至其一害,则在筹款。主分办者,必谓三省绅民分私其利益,即分负其责任。究之,利益不能分私也。粤人入股于湘,湘人售买,不能以省籍为限,抑又何从禁之? 所

---

① 《铁道政策之罪首》,《四川保路运动史料汇纂》上册,第 528 页。

谓分私利益之说，势所以必不能行，实为分担责任而已。
责任既有所属，于是全路之人忘其路为全国之干路，且忘
其为最利之路，但以为三省各私其事，与他人无与也，虽
不禁其投股，而股自不来。即在三省之中，粤富而湘、鄂
贫，粤亦不能以其余财代修湘路、鄂路。①

以上这番话一针见血地指出，所谓"商办"、"自办"不过就是
把铁路变为某一省的私产。如此一来，每个省都想多享受利
益而不愿多承担责任。于是粤人不愿意为鄂路出资，鄂人不
愿意为湘路出资，甚至于以邻为壑以便于本省铁路。

　　不只杨度一人看到了这个问题，汪康年也说："干路国有
及借款造路之说，余未以为非也。盖统观各省于路事，无不争
竞延缓，各为其私，非改为国有，则此交通最要之事，何日能
成?"②粤汉铁路如此，川汉铁路能不外乎是？由此观之，在锡
良看来，为中央控制地方提供便利的铁路建设，在实际操作中
完全可能成为各省对抗中央的工具。

　　川汉铁路公司正是由锡良于 1904 年 1 月奏请设立的。
1906 年，四川留日学生蒲殿俊、肖湘等 300 余人组织川汉铁
路公司改进会，上书锡良要求实行商办。经过多方力争，次年
3 月公司终于更名"商办川汉铁路有限公司"，实现了"商
办"。而 1909 年 10 月 14 日四川谘议局成立于成都，蒲殿俊

---

①　杨度：《与邮传部书》，《杨度集》，第 517—518 页。
②　汪康年：《借款造路平议》，《四川保路运动史料汇纂》上册，第
529 页。

以高票当选议长,萧湘、罗纶当选为副议长。有趣的是,当天谘议局选举甫一结束,挂牌已经两年半的"商办川路公司"就召开了第一次股东大会。谘议局副议长罗纶遂摇身一变成为董事会会长,议员郭策勋则成为了副会长,萧湘等谘议局重要人物都成为了大股东。

如学者所述,公司虽然名曰"商办",但仍像是个衙门。"这座新式衙门里官绅混杂,大肆挥霍、贪污钱财。如开局请客一次,酒席费竟在 3000 两以上。"①浪费固属其次,重要的是,铁路建设资金不会因为商办而突然增加,甚至于其募集资金方式与官办殊无二致。

川汉铁路公司的股本可以分为四个部分:"官本之股"(政府拨款)、"认购之股"(私人投资)、"抽税之股"和"公利之股"(用公司开办事业的盈余)。据 1911 年该公司公布的《总纂实收数目简明表》数据,从 1904 年 1 月公司开办到 1910 年底,集股款实收白银 11 983 305 两。其中"抽税之股"达 9 288 428 两,占到了总款项的 76%以上。也就是说,川汉铁路公司总资产中有 76%以上是靠苛捐杂税敛取的。② 所谓"商办"实际上是"在经营上,采取了有限公司的制度,但是股本的收集却是带有政治势力的强制性质"。③

---

① 郑光路:《四川保路运动历史真相——炸响辛亥革命的惊雷》,成都:四川民族出版社,2011 年,第 122 页。

② 宓汝成:《中国近代铁路史资料(1863—1911)》第 3 册,北京:中华书局,1963 年,第 1096 页。

③ 郭沫若:《少年时代》,第 189 页。

有论者批评，"清政府铁路国有政策体现了政府在新兴工业上排斥商人资本，力求国家控制的政策倾向。这种政府垄断政策严重地打击了私人资本，将之排斥于当时中国最大的新兴产业之外，迫使其数年内无法有效进行其他方面的投资。"①试问哪种私人资本有资格向人民群众征税？我们不能拿今天对于"商办"的理解去套用当时，从而忽略了这样一个基本事实：清末所谓的"铁路商办"不过就是把铁路公司的控制权从督抚手中转移到了谘议局手里。

1907年8月，度支部主事四川籍京官杜德舆上奏朝廷，指出"铁路捐"横行，导致"谷捐见诸实行，而办法离奇，苛扰万状，川民遂不堪命矣"：

> 其尤害者，各州县嫌抽谷之烦琐，每加入正粮同征，谓之"铁路捐"，而其实与加赋无异。凡纳粮者，均勒令先上铁路捐，而后准其纳粮。若小民无力上捐，只能纳粮，各州县敢以所纳之正粮，硬派为铁路捐，而严科以抗粮之罪，鞭笞箠楚，监禁锁押。藉抗粮之题目，办愚柔之百姓，复何爱惜，惨无天日，无县无之，以此卖妻鬻子，倾家破产者不知凡几。②

---

① 周衡：《保路运动的历史启示》，《战略与管理》，1997年第4期，第37页。

② 杜德舆：《呈都察院代奏川汉铁路公司租股扰民设法变通折》，《四川保路运动史料汇纂》上册，第402页。

次年 3 月 19 日,四川留日学生《川汉铁路改进会报告》第六期也指出:

> 租股之害,莫大于扰民;租股之弊,莫甚于中饱。其害在扰民也,小农下户,糊口维艰,无股东之能力,必欲强迫为之,而十室空其九(十石起收,试问川中收租十石者有几何?)。其弊在中饱也,豪衿滥绅,倚恃官威,攘股东之资本,且以巧诈弥之,而十人亦肥其九。①

这些例子都是在川路公司改为"商办"后出现的,可见"商办"并没有在运营方式上对公司做出任何改变。

一方面是民众因铁路捐而苦不堪言,另一方面,川路公司却出现了巨大的亏空。在募集到的 1200 万两白银股本中,有 350 多万两被川路公司总收支施典章用于投机上海股票,仅在 1910 年 9 月的"橡皮股票风潮"中,就亏损 255 万两。川路代表控诉,"职等以八年血汗积蓄,如此其难,而亏倒如此其易,大利未必遽得,大害现已难逃。"②此一事件对于川汉铁路建设的打击,可见一斑。

公司成立五年多才正式破土动工。川汉铁路分为成渝段

---

① 四川留日学生:《涪州征收租股舞弊情况》,《四川保路运动史料汇纂》上册,第 395—396 页。

② 《川路代表叩阍公呈》,《民立报》1910 年 12 月 6 日,马鸿谟编:《民呼、民吁、民立报选辑》第 1 册"1909.5—1910.12",郑州:河南人民出版社,1982 年,第 563 页。

与宜万段,成渝段地势较平,便于建造,且可预期的运量较大。按照常理来讲,应该先修成渝段,成渝段一旦运营,剩下的宜万段自然可以征集到充足的资金。① 然而铁路公司却决议先修工程难度较大且经济效益较差的宜万段。究其原因,把持川路公司的蒲殿俊、罗纶之流是川东、川北人,先修宜万段更符合他们的利益。② 可见此时的川路公司已经沦为了四川中等社会的私产。其结果是直至清廷覆亡,宜万段也不过只修了30余里的运料路。按照这个进度,100年也不可能修成铁路。

正因如此,川路公司高层了解到事情真相的人,其实并不反对铁路国有化,他们只希望邮传部尚书盛宣怀能够按照原来的股本折现收购川路公司。但是川路公司与邮传部却在责任认定上发生了分歧。按照川路公司股东代表的说法:

> 今年六月,施典章在沪存放之款,被钱庄闭倒亏挪者约二百万两。经查账人查出后,树枬一意左袒,不自行呈请查追。邮部又不督饬树枬,将汉口存放之六七百万提入大清银行。窃恐经手存放者,窥邮部放任之意,竟监守自盗,或全数亏倒,是否邮部应担责任? 查商律载,公司

---

① 早在1908年,有识之士就指出"川汉铁路应修成渝段"。参见思群:《为川汉铁路当先修成渝谨告全蜀父老》,《四川》,1908年第2期。该文亦载于《广益丛报》,第162、163、164期;《重庆商会公报》,第86期。

② 郭沫若:《少年时代》,第191页。另据郭沫若的说法,撰写《为川汉铁路当先修成渝谨告全蜀父老》者为铁路工程师胡朝栋,他本非川籍人士,在铁路公司决定修建宜万段后,即辞去工程师职务。

设立后布告股东,或登报或通信均须声明。乃川路自开办至今,树枬未尝布告一次,逞其手段,直视邮部川督为傀儡,以自遂其私。树枬办〔辨〕证书谓,京官不能代表全川,全川股东不能召至京。又曰,诸事商承邮部,则明明被一人私意,与邮部秘商也可知。而树枬于川督则历来惯用私函秘电,假同乡全体京官之名,请川督奏派,而不使众股东与闻者也。①

乔树枬本为学部左丞,又兼任川汉铁路公司驻京总理。在公司高层看来,按照商律,大额款项挪动应周知股东大会,"树枬未尝布告一次",并没有履行其应负责任,才会发生施典章倒款一案。邮传部监督不善,"不督饬树枬,将汉口存放之六七百万提入大清银行"。加之,"树枬于川督则历来惯用私函秘电",诸多事宜皆由乔树枬假全体川籍京官名义与川督私下定夺。所以政府应该负连带责任,补偿川路公司亏空款项,按照原有股本以现款全额收购,理所当然。

但从邮传部的角度考虑,公司既然"商办",就是全川产业,其亏损怎么能让中央政府负责呢?更何况邮传部与川督本为平行并列关系,互不统属,乔树枬就算真的与时任川督赵尔巽私相密谋,也与邮传部无关。从这一分歧不难看出,所谓"商办川汉铁路有限公司"的性质是多么模糊。"树枬办〔辨〕

① 《川人呈资政院书》,《民立报》1910 年 12 月 7 日,《民呼、民吁、民立报选辑》第 1 册,第 565 页。

证书谓，京官不能代表全川，全川股东不能召至京"一语，更足见谘议局成立后，中央与地方日益尖锐的矛盾。更何况彼时国库空虚，若要偿付铁路公司现款，岂不是还要再向四国银行追加借款？

基于此，1911 年 6 月 1 日，邮传部尚书盛宣怀会衔督办大臣端方发出"歌电"，告知代理川督王人文度支部已决定川汉铁路股款的处理办法：对公司已用之款和公司现存之款，由政府一律换发给国家铁路股票，概不退还现款，若川人执意要收取现款，朝廷"必复借外债，必以川省财产作抵"。邮传部的蛮横在于，它不仅要收路，更要夺款。此电一经公布，舆论哗然。"这就严重损害了已将川汉铁路公司领导权攫取到手的立宪派人的利益。"①路权之争的实相，是中央政府与各省谘议局的矛盾。

徐佛苏后来在《梁任公先生逸事》中提及，保路运动时期，"各省风潮集中之地，即为谘议局。盖因该议局之权力，可以代表民意，收受省民请愿，以监督本省之行政长官故耳"。其中四川谘议局长蒲殿俊、湖北谘议局长汤化龙"趁此机会力谋川、鄂合作，借铁路风潮以推翻清室，蒲氏因得有鄂谘议局之后援，乃胆魄愈壮，决欲借保路权以张民权"。②说蒲殿俊、汤化龙等人意图谋反，可能言过其实，但称彼辈谘议局高层欲借铁路分享政治权力，大体无错。诚如论者所言："清政府铁路干线国有政策，已和各省地方利益集团发生尖锐的利害冲突。而

---

① 匡珊吉：《蜀报》，《辛亥革命时期期刊介绍》第 1 辑，第 357 页。
② 丁文江、赵丰田编：《梁启超年谱长编》，第 605 页。

立宪派的主要目的是为了挤进国家权力中枢并维护自已利益。他们在'爱国'旗号下发起保路运动和反对借外款,很大程度上只不过是找了一个反对政府的政治理由而已。"①

值得注意,1911 年 5 月 22 日,上谕有云:"当川路创办之初,该省官绅,遂定有按租抽股之议,名为商办,仍系巧取诸民。……际兹新政繁兴,小民之担负已重。倘不谅加体恤,将此项无益于民之举,早日革除,农田岁获,能有几何?"②令人深思的是,按照常理来说,铁路国有化意味着废除扰民不已的铁路捐,四川广大下等社会应该欢欣鼓舞站到清廷一边才对,但他们却吊诡地追随本与他们有根本利益冲突的中等社会而踊跃参加保路运动。这是什么原因造成的?

(二) 新兴媒体业与保路同志会的群众动员

1906 年《大清印刷物专律》出台,规定京师特设一印刷注册总局,隶属商部、巡警部和学部,出版一切印刷品都需要由总局批准并注册备案。1907 年又出台了《报馆暂行条规》规定凡开设报馆均需由该地区巡警官署批准。然而到了 1908 年的《大清报律》和 1911 年的《钦定报律》,批准制就改为较宽松的注册登记制。③ 随着办报门槛大大降低,据学者统计,

① 郑光路:《四川保路运动历史真相》,第 139 页。
② 《清帝停收川、湘两省租股谕》,《四川保路运动史料汇纂》上册,第 573 页。
③ 李斯颐:《清末报律再探——兼评几种观点》,《新闻传播研究》1995 年第 1 期,第 41 页。

1906 年中国有报刊 113 种，1910 年为 136 种，1911 年就突然上升到了 209 种。① 报刊数量在一年内急剧上升，实与国会请愿运动和保路运动的刺激密不可分。清政府宽松的新闻管制法规，为中等社会建立舆论优势大开方便之门。

现代政府控制舆论、应对政治谣言不外乎两个途径：一、关闭谣言的传播源。《大清报律》和《钦定报律》都对"诋毁宫廷、淆乱政体"有处罚规定。也就是说清政府完全可以通过这项理由关闭报馆。二、组织官方媒体出面宣传和辟谣。早在 1904 年 3 月 7 日，锡良就在成都创办了《四川官报》，其成立时间仅次于《北洋官报》和《南洋官报》。除此之外，四川还有《四川教育官报》、《四川学报》、《四川警务官报》、《成都日报》等多家官方媒体，从账面上说，四川地区官方宣传力量并不弱。

然而这两个渠道在保路运动时期都没有充分发挥作用。无论是掐断谣言消息源还是官媒出面辟谣，都必须越早越好。时间一久，再采取行动反而会给人欲盖弥彰、做贼心虚的感觉。以保路同志会机关刊物《保路同志会报告》为例。1911 年 5 月清廷宣布"铁路国有"，《保路同志会报告》6 月 26 日就创刊宣传保路了。它开始日出万张，从第 13 号起日出一万五千张，后来每天的发行量甚至达到惊人的五六万张。② 直到 9

---

① 黄瑚：《中国新闻事业发展史》，上海：复旦大学出版社，2001 年，第 61 页。

② 匡珊吉：《保路同志会报告》，丁守和主编：《辛亥革命时期期刊介绍》第 3 集，北京：人民出版社，1983 年，第 703 页。

月7日川督赵尔丰才查禁该报,时间已经过去了两个半月,舆论大势已经一边倒。仅仅《保路同志会报告》就造成了这样大的影响力,更何况彼时还有《西顾报》、《蜀报》、《启智画报》等一系列报纸在宣传保路呢?

就官方辟谣宣传而言,这些官报充斥着大量文牍,社会影响力本来就有限。1911年2月11日,谘议局提出"改正官报体例"案,《四川官报》、《四川教育官报》等官媒甚至取消了原有的论说、新闻、演说等栏目,完全成为政府机关公布文件的工具。① 这些报刊政府官员自己都不爱看,更遑论社会大众了。最滑稽的是,保路运动最轰轰烈烈的时候,"作为清政府的官报之一的《四川教育官报》,完全采取'超然'的态度。对革命既不支持,也不反对,甚至消息都不报道一条,清政府镇压革命的文件,也不刊登。"②

相反,中等社会看上去实力远弱于掌握政治权力的上等社会,但他们在舆论上却极有策略。如保路同志会组织严密,下设总务、文牍、讲演、交涉四部。文牍部和讲演部负责宣传工作,前者主攻文字宣传,后者主攻口头宣传。讲演部部长为程莹度未暴露身份的同盟会会员,文牍部部长更是立宪派领袖邓孝可。在实际操作中,二部分工未必那么明确,文牍部也会兼领口头宣传任务,讲演部亦然。

针对彼时国人识字率很低的实际情况,同志会一经成立,

---

① 王绿萍:《四川近代新闻史》,第157页。

② 匡珊吉:《四川学报和四川教育官报》,《辛亥革命时期期刊介绍》第2集,第313页。

就派专人四处分头讲演。茶馆、城门、市场等公共场合都有专人负责，演讲时段也都精心选择。① 为此，同志会严格规定，讲演员开讲之前必须验明身份，"如无同志会图记委托证书，即不得令其讲演"。② 《讲演部公约》第 11 条更规定："讲演员所到地方，应先与该地公正明白可与同志之人接洽，从速组织保路同志分会，以与本部联为一致。"③

正是在这些策略的指引下，各地保路同志会迅速扩大，其成员上至政坛故老、社会名流，下至伶人娼优、贩夫走卒，遍布社会各个阶层。据读者反映：

> 其家妇孺每日望本报告几如望岁，及得报展读，涕泗横流，且阅且哭。又昨至某所，偶问人曰：君日读《同志会报告》否？曰：读，惟每读苦令人欲哭耳。……④

又，据称资州某小茶馆掌柜听闻医士宣读《同志会报告》，不禁"捶胸顿足，号哭而去"，回家后推掉婚约，"谓时事如此，死所难知，何以妻为？""又欲倾其家产，即抵某业之押钱数十串

---

① 关于保路同志会在成都分段逐日演说情况，可参见《四川保路同志会领导人在成都市分段逐日演说表》，戴执礼编：《四川保路运动史料汇纂》中册，台北：中央研究院近代史研究所，1994 年，第 689 页。

② 《关于演讲之要闻》，《四川保路运动史料汇纂》中册，第 688 页。

③ 《四川保路同志会的内部组织》，《四川保路运动史料汇纂》中册，第 679 页。

④ 《〈四川保路同志会报告〉的宣传作用》，《四川保路运动史料汇纂》中册，第 692 页。

也,尽数报效国家"。①

以上两个案例,足见其宣传效果。一边组织严密,策略得当;另一边反应迟缓,毫无作为。可以说在这场舆论战中,本该垄断公权力的清政府却完全处于被动挨打的位置,已再无翻盘的可能性。

正是在这一边倒的舆论宣传之下,扰民的铁路捐就有了完全不同的意义。吴玉章曾指出:

> 川汉铁路的股本是从每个农民的土地上所谓租股年年征收得来的,当宣传农民使其热心缴纳租股时,不惜过于夸大铁路营业的利息,往往有利市百倍的夸大辞。所以农民虽年年苦于租税的繁重而总以为一旦铁路成功,有十倍利息之希望,不敢不勉力缴纳,使铁路得早修成。现在忽然被清廷将其希望打断,而且拿来借款媚外,这就无异火上加油,怎能不引起全省七千万人愤怒呢!②

广大下等社会为了川汉铁路不惜含辛茹苦缴纳租股,眼看就要苦尽甘来、获得回报了,却一口气全被政府拿去赠予洋人,怎么能不令人愤而反抗?按照保路同志会的宣传,盛宣怀借

---

① 《资州小茶馆主人读〈四川保路同志会报告〉后退婚以款报效国家》,《四川保路运动史料汇纂》中册,第693页。
② 吴玉章:《纪念中国革命二十五周年的一个回忆》,《四川保路运动史料汇纂》上册,第147—148页。

款修路"就是要把我们川省年年出的股本,不论租股、购股、官股及那已经用在铁路上的股本,一齐拿去,丝毫不留,他才快心"。① 仿佛群众缴纳了铁路捐,铁路就像他们的私产一样,国有化不啻是在抢夺他们的私产。在这样的逻辑下,保路运动更像是一场全川人民保卫私人财产的运动。

还不止如此,下面一段宣传更有代表性:

> 东清铁路纵贯满洲全地面,俄北满、日南满,各驻扎雄兵几十师团。……胶济铁路是德国人估倒山东办,路线硬穿过我孔子坟墓背后边;滇越铁路早已修拢云南省,法国人更要延长由昭通而叙府而直抵成都间。是这样,我四川的大祸就不远,那料得盛奴火上加油,将川路给美送得个更完全。②

日本、俄国控制了东清铁路,也就控制了满蒙;德国人办理了胶济铁路,控制了孔孟之乡;法国人控制了滇越铁路,魔爪伸进西南。剩下的如沪杭甬铁路、粤汉铁路也难有进一步抗争的余地。可以说,四川是中国唯一的希望。倘川汉铁路不保,则四川不保;四川不保,则"我堂堂中国于是乎就掀翻了"。③

---

① 刘四:《盛宣怀卖路卖国罪状》,戴执礼编:《四川保路运动史料汇纂》下册,台北:中央研究院近代史研究所,1994 年,第 2150 页。

② 西充黄绶:《创一钱捐修铁路歌》,《四川保路运动史料汇纂》下册,第 2184 页。

③ 同上。

东清铁路、胶济铁路、滇越铁路固然是帝国主义国家控制东方的工具，但川汉铁路借款毕竟既没有附带政治条件，又没有出卖铁路股权，即便经济账吃亏，也远不能与东清、胶济、滇越诸路相提并论。但经作者黄缎如椽大笔一转换，四川的命运就决定了中国的命运，而保路运动就是体现川人先进性的机会，其逻辑与欧榘甲、杨毓麟倡言广东自立以救中国、湖南自立以救中国，殊无二致。

毫不夸张地说，保路运动是中国历史上第一次运用现代传媒手段进行的全民动员。诚然此时保路运动尚处于"文明争路"的阶段，但从组织到宣传一切暴力革命的准备实际都已经完成了，所缺者唯一根导火索而已。9 月 7 日，川督赵尔丰制造成都血案，正引燃了这根导火索。

最后需要提及的是，赵尔丰本是反对盛宣怀"卖路"的，其人在给王人文的信中更表现出对盛宣怀和阁部颇为不满：

> 此事盛（宣怀）之乖谬，固不待言。所异者，盈廷不乏明哲之士，竟无一言。何也？公所陈皆为国至计，岂仅为争路、争款哉！乃不蒙见谅，阁部过矣。[①]

王人文在赵尔丰到任之前曾代理川督一职，却因上奏清廷收回铁路国有政策而被免职。他的处境反映了彼时督抚与阁部

---

① 《赵尔丰复王人文论盛宣怀借债卖路乖谬清廷无人为国谋至计书》，《四川保路运动史料汇纂》中册，第 787 页。

之间纠缠不清、相互扯皮的体制问题,这不仅不利于地方政情反馈中央,更使得督抚夹在阁部与谘议局之间,进退两难。到任后的赵尔丰吸取王人文教训,在中等社会与中央政府的双重压力下,选择了对前者施加强硬手段,却终至身败名裂。或许是由于此类处境的压迫,江苏巡抚程德全、广西巡抚沈秉堃等人索性接受本省谘议局拥戴,宣布独立。

五、"承先启后的历史环节"

关于这场"中等社会革命",陈旭麓先生曾把它定性为"承先启后的历史环节"。在总结这场革命时,他有一番话颇耐人寻味:

> 近代中国的改革是从上层开始的,是在外国资本主义侵略和农民起义的双重压迫下迈开第一步的:依次推移,由上层肇始,逐级发自中下层,它的发展形成一个塔形。作始于洋务运动而登场于甲午战争后的改良派曾寄希望于"上等社会",他们看不起"下等社会",极言革命之祸以推动清廷变法,并赋予变法以防止"下等社会"揭竿而起的意义。……直到20世纪初年的"中等社会",才认识到"中等社会"必须以"下等社会"为依托,为根据地,并自信有能力领导"下等社会"进行"积极之破坏","有秩序的革命"。尽管这种认识仍然是不明晰的、朦胧的,"中等社会"也并没有真正把"下等社会"发动起来,

> 但它却使"中等社会"和"下等社会"有了一定的联系。……"五四"以后，新的宇宙观、人生观一齐涌来，新的一代改革者科学地认识和阐明了下层群众在社会进步中的作用，"下等社会"的力量得到了真正的发挥。这就是共产党领导的工农大众革命。而"中等社会"领导的革命则是一个承先启后的历史环节。①

我们可以把这场革命称为"资产阶级革命"，但严格按照马克思定义的掌握生产资料者，并不是这场革命的主流。倘若称它为"士绅革命"，则又凸显不出革命者的启蒙意味。至于"学生革命"等等则更欠妥当。或许当时人的术语"中等社会"才是对这场革命最好的概括。

如果说现代国家的实质在于抽调原本横生在国王与平民之间的各个中间层级，把基层全部都整合进国家权力体系之中，那么令人疑惑之处就随之而来了。这场中等社会的革命究竟是扩大了现代国家本该抽调的中介层级，还是缩小了它们？如果是前者，这场革命之于现代化又在哪里？

陈旭麓先生的话暗示了，如果这场革命是现代的，它的意义只在于开启了后来的下等社会革命。换言之，中等社会革命的现代化意义，要靠之后获得成功的下等社会革命来确定。

1902年时，梁启超曾感慨国事混浊黑暗，令人心灰望绝，

---

① 陈旭麓：《近代中国社会的新陈代谢》，第275—276页。

惟有三事能放一线光明:"学生日多,书局日多,报馆日多是也。"①它们正好构成了孳乳中等社会的条件。彼时梁氏大概不会想到,这些在他看来尚且幼稚的因素,会在不到十年的时间里迅速发展壮大,不仅推翻了貌似强大的清王朝,更决定了民初政治的样态。

以政治动员为例,北洋时期的政争甚至战争之前,各派势力都要巴结舆论界,而舆论界倒向哪边,胜负的天平往往也会倒向哪边。这或许是民初"言论自由"、"知识分子天堂"的历史实相。这个舆论界与执政者若即若离、时分时合的现象一直持续到1920年代。那时列宁主义政党正在中国大地上兴起,它不仅自己就有强大的宣传机构,更有能力直接派工作组下到最基层去动员民众和整合资源。相比之下,北洋政府即便争取到了舆论界,其直接影响力也不过达于有文化的阶层。孰强孰弱,一看便知。

从这个意义上来说,作为旧民主主义革命的辛亥革命和作为新民主主义革命的解放战争,可以视作为两种不同类型的革命。一者更毋宁是旧政权内部失控而导致的崩塌,一者则是更高效更现代的新政权击败还不那么现代的旧政权。四十年转瞬即逝,1950年6月15日,成渝铁路开工。与上次不同,此次修路既没有"商办集股",更不存在谘议局和"中等社会"。仅仅两年后,1952年7月1日,铁路全线通车,天府之

---

① 　中国之新民:《敬告我同业诸君》,《新民丛报》第17号,1902年10月2日,第1页。

国终于有了自己的火车。

六、余论:保路运动与蜀学认同

保路运动之于蜀学认同的意义,自然不能因为谘议局政客的不良作为而失去光彩。需要指出,自认为是前者继承人的国民政府为了掩盖这场革命的实质,采取了特定的历史书写方式:武昌新军起义成为了"首义",由立宪派率先发动的保路运动反倒成为了辛亥革命的前史。

对此,郭沫若便忿忿不平:

革命纪念日定为武汉起义的十月十日,由资本主义所酝酿成的中华民国就好像是从天上降下来的神祇所创造的一样。其实这完全是想以一手遮尽天下人的耳目。真正的历史家,他用公平的眼光看来,他会知道辛亥革命只是四川保路同志会的延长。中华民国的双十节怕至少应该改成双九节罢?①

武昌起义本来应该是保路运动的延续,保路运动才是史书的正篇,到了国民政府手里,二者的关系却颠倒了过来。这个问题已经超出了本篇范围。令人关心的是,郭沫若的观点更反

---

① 郭沫若:《少年时代》,北京:人民文学出版社,1979 年,第216 页。

映了保路运动给川人带来的荣誉感。

西南交通不便,民风闭塞,这几乎是当时任何四川报刊都会涉及的观点。这种闭塞和落后延续到了政治运动中。以轰轰烈烈的国会请愿运动为例,第一次请愿,四川代表竟无一人参加,第二次请愿则仅"有一二代表人,而其人不过薄志弱行之青年,聊以备员而已"。① 须知"僻远如贵州,且遣会员二人,入都为代表,而吾蜀闃无闻焉",这能不令蜀人"为吾蜀忧"?② 但在颠覆清王朝的革命斗争中,一贯迟缓的蜀人却站在了全国的前列,这又怎么能不令四川人感到一雪前耻、扬眉吐气呢?

这场四川全民运动自然少不了四川学人的身影,例如廖平便积极参与运动,宣传"破约保路"。③ 他在革命后更一度成为四川枢密院院长,积极为四川革命政权建设建言献策。

---

① 白坚:《论蜀人由今当竭诚竭智竭力于立宪》,《蜀报》1910 年第 1 卷第 4 期,第 4 页 a(文页)。

② 《蜀人对于国会请愿之冷落》,《蜀报》1910 年第 1 卷第 3 期,"批评",第 1 页(文页)。

③ 按《六译先生年谱》"宣统三年辛亥(1911)"称"先生尊经同学曾培任川汉铁路公司总理,聘先生任《铁路月刊》主笔"(《廖平全集》第 15 册,上海:上海古籍出版社,2015 年,第 606 页)。但笔者查阅《中国近代期刊篇目汇录》(上海图书馆编,上海:上海人民出版社,1965—1985 年)、《中国近代报刊名录》(史和、姚福申、叶翠娣编,福州:福建人民出版社,1991 年)、《四川省图书馆馆藏四川保路运动史料书影汇编》(成都:四川大学出版社,2014 年)、《辛亥年四川保路运动史料汇编》(台北:国史馆,1981 年)、《四川保路运动档案选编》(成都:四川人民出版社,1981 年)等史料,皆未发现有关《铁路月刊》的记录。征之川汉铁路公司创办的刊物,月刊只有《蜀风杂志》较有影响力,心疑廖平实为《蜀风杂志》主笔。遗憾的是,《蜀风杂志》难以找寻,无法考证。

作为晚清经今文学的领袖和四川最具有知名度的学者之一，廖平参加革命的意义对于蜀学而言，不可小觑。1912年四川学人杨赞襄便发表文章，一改"南北学派之分"的传统说法，提出应以东、西作为划分学派的标准。

> 今汽船云集沪上，铁道辐辏汉口，沪汉者天下之枢也。故地气自西徂东则钟于吴越，自东至西则钟于楚蜀，旧邦既焕新猷，旧学亦开新派。吴则刘子，越则太炎，其考证用古文法式，而理论则近于今文，又湛于佛。昔宋学籍玄理而昌明，二子其有意乎？楚南则湘绮提倡今文家说，及主讲尊经书院，其道乃大行于吾蜀。吾师富顺宋先生于微言大义，独有会心，其宗旨在以教养致富强。夫然后通经乃能致用，襄及中江刘退溪，资州郭景南，拳拳服膺焉，资州饶焱之则得其小学，此富顺学派也。井研廖氏亦别有会心，其宗旨以皇帝王霸循环逆数为归宿，或咎其符命，不尽然也。其门人之笃信好学者，唯青帅王佐。廖学又逾岭而南，康梁实为巨子，与章刘旗鼓中原，遂影响于革命保皇二党，此井研学派也。夫章刘王宋廖康皆思以其道易天下，太史公所谓此务为治者也，岂从前考证家所能及耶？湘绮门下蜀士，尚有华阳吕雪堂，以朴学鸣，又有新宁傅晋卿，亦湘潭学派也。楚北则吴华峰，墨守古文家说，刘幼丹长于金石学，襄长同字焉，是亦旧考证家也。畴昔读汉书儒林传，至田何易东之叹，窃疑两汉经学有东西无南北，今之新考证家

亦复如是！①

四川人才济济，其中当以廖平为翘楚。康有为之学得自廖平，其经今文学当为蜀学余脉，章太炎、刘师培则出于江浙，是故今古文之争当为蜀学与江浙学术东西之争。有趣的是，此时本为端方幕僚的刘师培，被哗变军队带到了成都，并于1912年底成为了四川国学院院副，成为了廖平的同事（四川都督尹昌衡为当年将枢密院改为国学院）。蜀学翘楚与江浙学术重镇在成都有了直接对话的机会。蒙文通后来回忆自己于1912—1913年间在四川国学院学习的经历："文通于任子、癸丑间学经于国学院，时廖、刘两师及名山吴师并在讲席，或崇今，或尊古，或会而通之。持各有故，言各成理，朝夕所闻，无非矛盾。"②廖平、刘师培、吴之英三人，一主今、一主古、一主今古汇通，"今古文之辨"汇聚于四川国学院讲台上，可谓近代学术一大景观。

　　然而康有为毕竟是保皇派，岂足与投身革命的廖平相比？杨赞襄之说或许有此一失，而蒙文通则有不同的说法。需要指出，蒙文通生父蒙君弼曾在石牛、黑坪、西牛一带组织民兵百余人，参加保路同志军。他养父蒙裁成更因参与宣传保路而身陷

---

① 杨赞襄：《书刘申叔南北考证学不同论后》，《四川国学杂志》第3号，1912年11月，第1b—2a页（文页）。按文章开头有"此丙午旧作"，当为1906年所作，刘师培《南北学派不同论》发表于1905年《国粹学报》第7号。感谢浙江大学张凯先生向笔者提示本条史料。

② 蒙文通：《经学抉原》"序"，上海：上海人民出版社，2006年，第54页。

囹圄。据 1911 年 6 月 27 日《保路同志会报告》第 2 期载：

> 方会议时（指五月二十一日成立四川保路同志会）某君与某君争[当]交涉部长，以死为众倡。忽旁座有攘臂大哭而起者曰："今日之事，实吾川生死存亡问题，亦即吾国生死存亡问题，两君争死于一部长，当已不能再容我，我惟问何部先死，吾即属居其部！"言语激昂，形体婆娑，则六十有余只成都冷官府学教授蒙公甫先生也。老当益壮，真不愧我中国之国民！①

关于此事，李劼人在《大波》中曾有如下描述：

> "……路亡了！省亡了！国亡了！……牛马不如……还活得出来吗？……老年人……要死的，……年轻娃儿家，日子长罗！……看看这些小国民……痛心呀！痛心呀！……呜！呜！呜！……"

> 会场上又有应声而哭的声音。

> 忽然一片孩子声音："蒙老先生六十多岁的人，还这么爱我们娃儿，怕我们当亡国奴，我们硬要争气！……我们要保路！要反对盛宣怀！反对端方！要摄政王下上谕取消借款条约！要他把路权收回来，仍然交给我

① 《成都府学教官蒙裁成在四川保路同志会成立时与人争入会拼死》，《四川保路运动史料汇纂》中册，第 1016 页。

们！……若是他不肯，我们都不想活了！……我们娃儿也要成立同志会，我黄学典首先发起！……"

　　立刻一片巴掌声，比放鞭炮还响。①

其他记载如廖仲宣《辛亥革命前后的盐亭》称：

> 　　盐亭县北金鼎场人蒙公甫，时任成都学府教授，与省谘议局长、议员蒲殿俊、罗纶、彭兰村等过从甚密，反对满清国卖路最为激烈。同时川北人民又选他与张澜等五人为股东代表，更使他感到重任在肩，不敢有负乡亲厚望。
>
> 　　9 月 7 日，四川总督赵尔丰，扣捕蒲殿俊、罗纶、张澜等人于督署内来喜轩，而独囚蒙公甫于成都监狱。以公甫身为教授，是朝廷命官，不应附和同志会诸人反对朝廷。②

正因蒙裁成在保路运动中的积极表现，是年底四川军政府都督尹昌衡任命他出任巴安知府。某种程度上说，如果不是与保路运动具有这样密切的联系，蒙文通很难在后来提出革命儒学。在蒙氏看来，廖平积极参加保路运动的事情本身说明了，经今文学的要旨在革命，而不在改制。深受革命激荡感染的蒙文通，会否因其"素王革命论"而比主张"改制说"的康有

---

　　① 李劼人：《大波》，《李劼人选集》第 2 卷上册，成都：四川人民出版社，1980 年，第 36 页。

　　② 廖仲宣：《辛亥革命前后的盐亭》，转引自王承军：《蒙文通先生年谱长编》，北京：中华书局，2012 年，第 38—39 页。

为更切近于现代中国的核心政治问题呢?

附论:严复对梁启超的批判

——对中等社会的一种反思

1905 年夏,严复受上海基督教青年会邀请,作了八次关于"立宪为何等事"的政治学演讲。稍知中国近代史的人总不免联想到,上一年,即 1904 年底,《中美会订限制来美华工保护寓美华人条款》十年期满。清政府当即利用这个时机向美国政府提出修约要求,以期废止美国长期奉行的排华政策。但这一合理的要求却遭到了美国政府悍然拒绝。一时间东南亚和上海等地的商界、学界群情激奋,遂掀起了声势浩大的抵制美货运动。然而严复却对这场运动颇感担忧。他在给曹典球的信中写道:

> 仆以为抵制是也,顾中国民情暗野,若鼓之过厉,将抉藩破防,徒授人以柄,而所其不成,则语以少安无躁。当此之时,逆折其锋,若将弃疾于复者。乃逾秋涉冬,其祸果发于罢市之一事。于是官绅群然悔之,知前所主之非计。今夫处孱国而倡言排外,使人得先我而防之者,天下之至危也。彼议不旋踵而取快于一击者,初何尝恤国事哉。①

---

① 严复:《与曹典球书之四》,王栻编:《严复集》第 3 册,北京:中华书局,1986 年,第 568 页。

严复当然不否定商界、学界的爱国情怀，也痛恨于美国政府的蛮横无理。但这样的抵制真能达到好的效果吗？在他看来，这样的抵制不过是"取快于一击"，非但不能真正使美国放弃其一贯政策，反而"使人得先我而防之者"更不利于中国外交。

抵制美货运动如此，其他群众运动不也同样一哄而上，徒有破坏之力而无建设之功吗？或许严复怀疑的并不只是某一次的运动，而是这类运动本身。大抵在他看来，政治是一种具有高度技术性的活动，让毫无政治经验的学商群体任意干预，是十分危险的。何以见得？十余年后，严复在反省清末政治得失时，做出了这样的检讨："国家于初毕业学生，无论如何优秀，皆不肯即畀重权，常令从最下级做起，此西洋日本所历用之成法也。惟吾国不然，往往于出洋之人，以为新派，视同至宝，立畀重权，故多失败，此真孔子所谓：'贼夫人之子者'。"[1]清廷改革的初衷固然正大光明，结局却播出龙种收获跳蚤，很大程度上是因为事权往往落在了这群毫无政治经验却自以为是的新式知识分子手中。正是这些人把改革引向了自我毁灭的道路。

进而言之，严复焦虑的还不只是这些运动家们"成事不足，败事有余"，而是任何运动一经产生就有脱离控制的倾向。历来民族主义运动大体有个规律：受到外部羞辱的人们，往往会要求政府采取过分的对外强硬政策，而当政府出于现

---

① 严复：《与熊纯如书之四十八》，《严复集》第3册，第661页。

实考虑不能满足这些不切实际的要求时,人们又会转而质疑政府的合法性,并倾向于从根本上变革甚至抛弃既有政权。对外御侮和对内改造,往往互为表里。而在近代中国,人们更是习惯于把自由民权与国家富强划上等号,仿佛对内求自由与对外求富强可以毕其功于一役。这种政治上的不成熟状态,令严复忧心忡忡。正因如此,他在上海演讲时,便对这种不切实际的观念大泼冷水。

例如严复在后三场演讲中就反复强调,自由与善治完全是两回事:

> 独惜政治所明,乃是管理之术。管理与自由,义本反对。自由者,惟个人之所欲为。管理者,个人必屈其所欲为,以为社会之公益,所谓舍己为群是也。①

论者一般认为,严复这种把公共权力与个人自由对立的思路,得自于英国自由主义传统。但很明显的是,严复关注的并不是如何保障私人空间不受公权力的侵犯,他更在乎公权力如何不受自由民权运动败坏。如他所言,"以自由为幸福者,有时而然,而自由为灾害者,亦有时而然。自其本体,无所谓幸福,亦无所谓灾害,视用之者何如耳。使其用之过早,抑用之过当,其为灾害,殆可决也。"②遗憾的是,国家强大、人民幸福

---

① 严复:《政治讲义》,王栻编:《严复集》第 5 册,北京:中华书局,1986 年,第 1279 页。

② 严复:《政治讲义》,《严复集》第 5 册,第 1288 页。

与否在于管理是否得当，与自由并没有什么关系，如此简单的
道理，主流舆论似乎不懂。

> 时人著论演说，好取自由名词，感慨欷歔道之。一若
> 民既自由，则国无不强，民无不富，而公道大申也者。习
> 之既久，二意遂不可分离。①

严复当然十分渴望能通过立宪实现中国政治的根本变革，但
立宪的作用并不在于扩张自由民权，而在于建成有"责任之
政府"。② 但时人偏偏以自由民权求立宪求富强，这岂非南辕
北辙，犹至楚而北行耶？

事实上，严复所谓"时人著论演说"者，其有所指。他在
给曹典球的信中就把此次演讲的潜在论辩对手说得明明
白白：

> 海上学界、商界，人杂语庞，其高自期许者，大抵云中
> 国迩年程度已进，所持议论，半皆三、四年来《新民》诸报
> 之积毒。适夏间有以讲说政治为请者，不自知其寡弱，乃

---

① 严复：《政治讲义》，《严复集》第5册，第1288页。
② 同上，第1287页。严复或许没有读过《联邦党人文集》，还不知
道宪政这个东西被发明之初，本就是用来限制民主的。把宪政等同于民
主，也就是19世纪后期才有的事情。参见〔美〕约瑟夫·熊彼特：《资本
主义、社会主义与民主》，吴良健译，北京：商务印书馆，1999年，第395—
413页；〔美〕乔万尼·萨托利：《民主新论》，冯克利、阎克文译，北京：东
方出版社，1993年，第287—308页。

> 取病夫症结,审其部位,一一为之湔涤,反复剖解,期与共
> 明并言后此立宪为何等事;讲后刊列报端,颇闻都下士夫
> 有以仆言为无以易者,此亦差足奉慰者也。①

"海上学界、商界"就是前述中等社会,他们的表率就是梁启
超和《新民丛报》作者群体。② 梁氏《新民说》诸论,不正号召
大家以自由民权争国之独立富强吗? 抵制美货之类的运动,
不正实践了梁氏之主张吗?

那么梁启超本人又是如何看待中等社会的? 巧合的是,
也就是在 1904 年 2 月到 5 月《新民丛报》连载了梁启超《新民
说》的第 18 节"论私德"。这标志着梁氏放弃了激进路线,转
而关注起立宪改革来了。

> 吾见世之论者以革命热之太盛,乃至神圣洪秀全而
> 英雄张献忠者有焉矣,吾亦知其为有为而发之言也,然此
> 等孽因可多造乎! 造其因时甚痛快,茹其果时有不胜其
> 苦辛者矣。……人之欲救国,谁不如我? 而国终非以此
> "瞎闹派"之革命所可得救;非惟不救,而又以速其亡,此

---

① 严复:《与曹典球书之四》,《严复集》第 3 册,第 568 页。
② 关于严复、梁启超的分歧,学界已有专论。例如蔡乐苏:《严复
拒卢梭意在讽康、梁》,《近代史研究》,1998 年第 5 期;郭双林:《沉默也
是一种言说——论梁启超笔下的严复》,《史学理论研究》,2011 年第 2
期;魏义霞:《论梁启超与严复的相互评价》,《史学集刊》,2015 年第 5 期
等文,曾分别从严复和梁启超各自不同的角度,讨论过二人的差异。本
篇的目的不在于重复这些论述,而在于通过严复对梁启超的批评,考察
近代中等社会的症候。

不可不平心静气而深察也。①

何以华盛顿、吉田松阴等洋人的革命可以推动国家富强，而中国的革命却只能"以速其亡"呢？其中很大的原因在于革命阶层不同。梁氏在《中国历史上革命之研究》一文中便称：

> 泰西革命之主动，大率在中等社会，盖上等社会则其所革者，而下等社会又无革之思想、无革之能力也。

对比之下，除了"周共和时代国人流王于彘"外，中国历史上的所谓"革命"，不是上等社会篡权就是下等社会暴乱。如前引张献忠、洪秀全之流，哪里有一点进步意义？"彼中革命一最要之机关而我独阙如也"，在没有先进阶级充当领导的情况下，莽操革命之策，势必"以数百十队之私人野心的革命军同时并起，蹂躏于全国而蔓延数十年，犹且同类相屠，而两造皆以太阿之柄授外族，则过此以往，必有太息痛恨于作俑之无后者。"②梁启超做出"中国史上没有中等社会革命"的判断，无非是想反拨世人对中等社会的鼓吹。但这个道理，世人又岂会不知？

1903 年 5 月，原东京拒俄义勇队改组为军国民教育会，

---

① 中国之新民：《新民说·论私德》，《新民丛报》第40、41 号合刊，1904 年 2 月 16 日补印出版，第 6 页。

② 中国之新民：《中国历史上革命之研究》，《新民丛报》第46—48 合订，1904 年 2 月 14 日，第 117—120、128 页。本期《新民丛报》实 6 月出版，参见李国俊编：《梁启超著述系年》，上海：复旦大学出版社，1986 年，第 83 页。

其成立之初就指出："庚子之祸,义和团敢犯众怒,辀张狂狡,自取殄咎,为世界羞。"究其原因,在于领导拳民的上等社会昏聩无能,平时鼓吹野蛮排外,一旦八国联军入京,"乃转哀号乞怜于所仇雠,以苟一日之生,与其富贵。"①《湖北学生界》第 2 期刊文《学生之竞争》,也指出:

> 下等社会之中,识字者盖寡,廿四朝历史、十八省地理、自幼稚而少壮而老大,眼中耳中脑中,未尝经一二之感触,爱国之心何繇而起?且蛮野横悍,动辄蚁聚蜂屯,戕害外人,昧公法,召衅端,其愚更可悯矣。以与世界高掌远蹠之文明国民相竞争,如卵投石,如汤沃雪,安往而不败哉?则位置之下于学生者更无望矣。②

中国历史上没有中等社会的革命,所以两千年静止不动,这反而说明了中国亟待一场中等社会的革命,以告别两千年神州长夜之狱。这正是文明革命与野蛮革命的差别所在。

下等社会蠢昧无知,更凸显了中等社会教育下等社会的历史作用。例如《游学译编》于 1903 年 9 月刊文《民族主义之教育》,就指出:

---

① 《〈军国民教育会纪事〉序》,杨天石、王学庄编:《拒俄运动》,北京:中国社会科学出版社,1979 年,第 134 页。
② 李书城:《学生之竞争》,《辛亥革命前十年间时论选集》第 1 卷上册,第 453 页。

支那民族经营革命之事业者,必以下等社会为根据地,而以中等社会为运动场。是故下等社会者,革命事业之中坚也,中等社会者,革命事业之前列也。故今日言革命教育者,必在两等社会。此两等社会之教育事业,不在家庭教育,不在学校教育,而在社会教育。①

"此两等社会之教育事业,不在家庭教育,不在学校教育,而在社会教育",这与梁启超批评中国传统只重视"纸的学问"而不重视"事的学问"如出一辙。

事实上,梁启超也在《新民说》最后一节"论政治能力"中,也寄希望于"有思想之中等社会"能够启蒙国民的政治能力。② 他似乎忘了自己两年多前还在控诉上等社会和中等社会多属食利阶层,"盖惟挟持强权者,乃得取他人所生之利而坐分之也"。③ 如学者在论及梁氏"论政治能力"一节时所言,"破坏主义之徒在'论私德'里是被排除在新民范围之外的,而在这一节里,又进而放弃了将全体民众改铸成新民来实现中国之革新的道路。"④

---

① 佚名:《民族主义之教育》,张枬、王忍之编:《辛亥革命前十年间时论选集》第1卷上册,第408—409页。

② 参见中国之新民:《新民说·论政治能力》,《新民丛报》第49号、62号,1904年6月28日、1905年2月4日。

③ 中国之新民:《新民说·论生利分利》,《新民丛报》第20号,1902年11月14日,第15页。

④ 〔日〕狭间直树:《东亚近代文明史上的梁启超》,高莹莹译,上海:上海人民出版社,2016年,第248页。

　　而惟冀新学之青年,致死而之生之。若青年稍不慎,
而至与彼等同科焉,则中国遂不可救也。①

梁启超苦口婆心地告诫"新学之青年",与"彼等破坏主义之
徒"划清界限,以免重蹈张献忠、义和团之覆辙。然"彼等破
坏主义之徒"岂不也以"新学之青年"自居,而与张献忠、义和
团划清界限?二者策略主张固然不同,但其本相岂有差别?

　　或许正因如此,在严复看来,革命也好改良也罢,梁启超
的自我定位决定了他无论如何"以今日之我攻昨日之我",都
是换汤不换药。② 这在他于 1916 年给熊纯如的几封信中表
达得清清楚楚。

　　嗟嗟!吾国自甲午、戊戌以来,变故为不少矣。而海
内所奉为导师,以为趋向标准者,受屈康、梁师弟。顾众人
视之,则以为福首,而自仆视之,则以为祸魁。何则?政治
变革之事,蕃变至多,往往见其是矣,而其效或非;群谓善
矣,而收果转恶,是故深识远览之士,愀然恒以为难,不敢
轻心掉之,而无予智之习,而彼康、梁则何如?于道徒见其
一偏,而由言甚易。南海高年,已成固性。至于任公,妙才
下笔,不能自休。自《时务报》发生以来,前后所主任杂志,

---

　　① 中国之新民:《新民说·论私德》,《新民丛报》第 40、41 号合刊,
第 11 页。
　　② 相关论述,参见严复:《与熊纯如书之三十九》,《严复集》第 3
册,第 648 页。

几十余种,而所持宗旨,则前后易观者甚众,然此犹有良知进行之说,为之护符。顾而至于主暗杀、主破坏,其笔端又有魔力,足以动人。主暗杀,则人因之而僩然暗杀矣;主破坏,则人又群然争为破坏矣。敢为非常可喜之论,而不知其种祸无穷,往者唐伯虎诗云:“闲来写得青山卖,不使人间造业钱。”以仆观之,梁任公所得于杂志者,大抵皆造业钱耳。今夫亡清二百六十年社稷者,非他,康、梁也。①

在严复看来,越是大的变革越需要依赖高政治素养的人,而不是让更多本没有政治经验的人分享权力。这正所谓“是故深识远览之士,愀然恒以为难,不敢轻心掉之,而无予智之习”。持之以恒而不自作聪明,这看似简单的要求却是康有为、梁启超等中国第一代公共知识分子最欠缺的。究其实相,在于康、梁对政治缺乏起码的理解,不具备必要的政治专业技能。“于道徒见其一偏,而由言甚易”的康、梁党徒又哪里思考到,为政者最忌讳的就是朝令夕改。严复说,“政治变革之事,蕃变至多,往往见其是矣,而其效或非;群谓善矣,而收果转恶”。清末立宪最大的失策,就是在公共意见的裹挟下,不断被迫改动自己的宪政方案,而梁启超不就是最重要的公共意见鼓噪者?②

---

① 严复:《与熊纯如书之三十》,《严复集》第3册,第631—632页。

② 即令梁启超在“论私德”中接受日本阳明学,以王守仁“致良知”为私德表率,这也遭到严复批判,故有“然此犹有良知进行之说,为之护符”一语。与清儒一样,严复也认为王学一任本心,终至言人人殊,莫衷一是。如他所言,“任公宋学主陆王,此极危险”(氏著:《与熊纯如书之三十九》,《严复集》第3册,第648页)。在严复看来,清季舆情多变导致政令前后不一,某种程度上也是王学大彰其道的后果。

也许严、梁二人关于"文界革命"的一次小小争论,就足以反映出他们之间的极大不同。

1902 年,严复所译亚当·斯密《原富》头两卷甫一出版,梁启超即在《新民丛报》创刊号上加以推荐。然而"夙不喜桐城派古文"的梁启超毕竟不会欣赏严复"刻意模仿先秦文体"的做法。他虽然赞扬"严氏于西学中学皆为我国第一流人物",却同时批评严译"太务渊雅"。

> 夫文界之宜革命久矣,欧美日本诸国文体之变化,常与其文明程度成比例。况此等学理邃赜之书,非以流畅锐达之笔行之,安能使学僮受其益乎?著译之业,将以播文明思想于国民也,非为藏山不朽之名誉也。文人结习,吾不能为贤者讳矣。①

显而易见,在梁氏看来,翻译西方政治学经济学著作的最大作用在于启蒙民众,并通过觉醒起来的民众倒逼政治变革。但这番见解却被严复毫不客气地顶了回去。

针对梁启超的批评,严复区分了"报馆文章"和"翻译文章"。他明白指出:"不佞之所从事者,学理邃赜之书也,非以饷学僮而望其受益也,吾译正以待多读中国古书之人","夫著译之业,何一非以播文明思想于国民?第其为之也,功候有

---

① 任公:《介绍新书》,《新民丛报》第 1 号,1902 年 2 月 8 日,第 115 页。

深浅,境地有等差,不可混而一之也"。严复之所以选择斯宾塞、亚当·斯密、孟德斯鸠、穆勒诸书,在于他认定这些书都是极为严谨专业的社会科学著作。亦如他在 1905 年上海演讲时,便一再强调:"但我辈所言政治,乃是科学。既云科学,则其中所用字义,必须界线分明,不准丝毫含混。假其不然,则虽讲至口呿舌挢,于听者无几微之益也。"[1]严谨的专业著作必须要对应最精确的汉语,所以严复才"仆之于文,非务渊雅也,务其是也"。以"报馆之文章"强译社会科学著作,势必"若蜉蝣且暮之已化",造成理解偏差,倘若其影响执政者制定大政方针,责任由谁来负?[2]

严复关于"翻译文章"和"报馆文章"的区分,实际上点出了他不同于梁启超的自我定位。如史华兹所言,严复"所呼吁的对象是士大夫即知识分子阶层,因此他决心用一种投他们所好的语言。他并不奢望民众会直接阅读他的译著"。[3]再说得确切点,严复更在乎如何提高执政者的政治技能,而非启蒙民众。反观梁启超等人以似懂非懂的西学知识煽动民众,其将有益于维新改制乎? 时至晚年,严复如是反省清季新式知识分子:

---

① 严复:《政治讲义》,《严复集》第 5 册,第 1280 页。

② 严复:《与〈新民丛报〉论所译〈原富〉书》,《新民丛报》第 7 号,1902 年 5 月 8 日,第 110—111 页;另见严复:《与梁启超书之二》,《严复集》第 3 册,第 516—517 页。

③ 〔美〕本杰明·史华兹:《寻求富强——严复与西方》,叶凤美译,南京:江苏人民出版社,1996 年,第 83 页。

> 至挽近中国士大夫，其于旧学，除以为门面语外，本无心得，本国伦理政治之根源盛大处，彼亦无有真知，故其对于新说也，不为无理偏执之顽固，则为逢迎变化之随波。何则？以其中本无所主故也。①

所谓"挽近中国士大夫"，正是中等社会之中坚。相较于传统为政者，"其于旧学，除以为门面语外，本无心得，本国伦理政治之根源盛大处，彼亦无有真知"。他们当中充斥着"予智之习"，自以为读了点西书就不屑于中国传统智慧。这些人昧于中国政情民俗，所习西学也终归是无本之木，乃至"不为无理偏执之顽固，则为逢迎变化之随波"。学者将此类人物称为"边缘知识分子"，不仅指其因地位边缘而不满于现状，也指其知识结构半生不熟，此可说恰如其分。②

倘谓严氏此论已属"事后诸葛亮"，似又不然。早在1904年到1905年间，他就对彼时新式知识分子的知识结构提出了质疑。

> 大抵翻译之事，从其原文本书下手者，已隔一尘，若数转为译，则源远益分，未必不害，故不敢也。颇怪近世人争趋东学，往往入者主之，则以谓实胜西学。通商大埠广告所列，大抵皆从东文来。夫以华人而从东文求西学，谓之

---

① 严复：《与熊纯如书之三十九》，《严复集》第3册，第648页。
② 参见罗志田：《近代中国社会权势的转移：知识分子的边缘化与边缘知识分子的兴起》，《开放时代》，1999年第4期。

> 慰情胜无,犹有说也;至谓胜其原本之睹,此何异睹西子于
> 图画,而以为美于真形者乎? 俗说之誖常如此矣![①]

这段话真实地反映了严译西学与日本西学之间存在着竞争关系。[②] 如史华兹曾指出,"他没有过多地采用日本人在先前几十年里创造的新词。这位高傲的中国人,完全相信他对于本国语言渊源的理解远远超过'东方岛夷'的那些自命不凡的家伙"。[③]

然而事实是,20世纪初留东学生数量爆炸性增长,随着科举停废,这些人俨然成为"实学真知"的表率。在这场译名大战中,严复几乎是以一人之力对抗整个留东学生群体,显得形单影只。也许正因如此,史华兹才会感到,无论是对于"极端保守派"、"仍极注重'保教'的谨慎改革者"还是"康有为及其同伙",严复"事实上都是外人"。[④] 这个处境倒是为严复反思中等社会的局限性,提供了便利。他后来便说道:

> 任公文笔,原自畅遂,其自甲午以后,于报章文字,成绩为多,一纸风行海内,观听为之一耸。又其时赴东学子,盈万累千,名为求学,而大抵皆为日本之所利用。[⑤]

---

① 严复:《与曹典球书之三》,《严复集》第3册,第567页。

② 关于此一问题的讨论,可参见黄克武:《惟适之安:严复与近代中国的文化转型》第4章,北京:社会科学文献出版社,2012年。

③ 史华兹:《寻求富强》,第86页。

④ 同上,第74—75页。需要指出,尽管史华兹称"甚至对康有为及其同伙来说,严复在许多方面也与他们不合",但综合上下文来看,严氏对于梁启超的严厉批评,似未引起史华兹的充分重视。

⑤ 严复:《与熊纯如书之三十九》,《严复集》第3册,第648页。

冲在清末立宪运动前列的,正是广大留东学生。姑且不论日本人是否真诚地希望自己的学生能够在中国大地上推动宪政①,仅就事实上而言,近代日本人发明的"和制汉语"深刻地改变了中国新式知识分子的思维方式。他们持有的日本式的思维方式,即令严复也感到陌生,遑论旧士大夫群体。不管主观意愿上是否倾向于革命,这些受东语和东学缠绕的头脑都引领着广大中等社会偏离出了清政府的既定政治轨道,并最终瓦解了清政府。

应当说,相较于康、梁之徒,严复在清末纷乱的政局中,显示出了他在政治上较为审慎的一面。② 我们仍不禁感到遗憾,作为历史当事人,严复尚在局中,他仍难以对造成上述历史现象的结构性因素做出更深入的分析。毕竟我们很难设

---

① 严复"为日本之所利用"论实非虚言。早在 1897 年 2 月,日本海军省间谍宗方小太郎就在上海与李盛铎、罗诚伯、梁启超、汪康年等人商议兴亚之策,认为清国上层腐败无能,下层愚蠢无知,只有中间士子(即中等社会)可以成事,他日动摇天下者必此一族。其后近卫笃麿主导东亚同文会更加怀疑清廷有变革中国的愿望和能力,而专注于扶持在野力量革新甚至推翻清王朝。抗战期间,其长子近卫文麿提出"大东亚共荣圈",可在此找到源头。参见桑兵:《交流与对抗:近代中日关系史论》,第 60、77 页。

② 另,今人辄以改良、革命二派划分清季学人群体,似乎并不足以尽诸历史实相。例如严复与康、梁同列改良派,似乎他们之间的分歧属于"内部矛盾",在革命派这一外敌面前并不醒目。按当时人则有这样的划分:"今日海内,党派有四:曰变法党,曰革命党,曰保皇党,曰逐满党。"其中,"变法党者,专与阻变法者为仇,无帝后满汉之见也。保皇党者,爱其能变法之君,舍君而外,皆其仇敌也。革命党者,恶其不能变法之政府,欲破坏之,别立政府也。"此三派今天同属改良派,但他们之间差别丝毫不比各自与"逐满党"的差别小。参见孙宝瑄:《忘山庐日记》上册,上海:上海古籍出版社,1983 年,第 422 页。

想,对清末新政抱有很大希望的严复,会意识到这场改革给清廷究竟带来了什么。严复指出的梁启超的缺陷,甚至不只是中等社会的缺陷,亦复是上等社会的缺陷。他又怎能想到,对于清末立宪具有纲领意义的五大臣出洋报告,竟是让身为朝廷要犯的梁启超代为捉刀的?①

---

① 日人浅原达郎在《端方传》中,就考证戴鸿慈日记中所说的"定国是,改官制,审外交,设财政调查局,立中央女学院,凡五折"中的前两折,为梁启超代笔。之后,夏晓虹在北京大学图书馆发现一批梁启超手稿,证实了后三折也是梁氏所为。至此梁启超代拟"五大臣宪政上奏",成为铁案。参见夏晓虹:《梁启超代拟宪政折稿考》,《现代中国》第11辑,北京:北京大学出版社,2008年。

下篇:"诸子合流"与"素王革命"

——蒙文通的革命儒学与现代中国之根由

1937 年下半年,战争硝烟弥漫大江南北。与当时许多中国人一样,蒙文通一家辗转颠簸,终于在 10 月回到了成都。蒙氏最后一次出川任教就这样结束了,他或许想不到,除了 1957 年有半年留京任职中科院历史一所研究员的短暂经历外,自己此生已再没有离开四川任教的机会了。

蒙文通第一次出川的成果是确立了以分别齐鲁之学最终解决今古文之争难题的学术目标,第二次出川则使他因《古史甄微》成名于学界。前两次出川的时间各只有一年,而第三次出川则从有六年之久。也就是在这六年时间里,蒙文通不仅发展出了他完整的史学理论,并基本形成了他的经学体系。此番出川是蒙氏学术由早期走向成熟期的转折点。

他这次回到成都并再次任教于四川大学后,并着手把自己六年来的学术思考汇集成系统的文字,时间在 1938 年。这其中就包括前两章分别论述的《中国史学史》和《周秦民族史讲义》。除了史学理论和民族史外,蒙文通最看重的经学体系也基本成稿于这一年。可说 1938 年是蒙氏全面总结六年来学术思想的一年。在此基础上,1944 年成都路明书店出版了他的《儒学五论》,这是他生平唯一自编、自校、自跋的论文集。蒙文通已"时届五十知命之年,学问亦已大成",是他"当时儒学成就的一个阶段性总结"。① 也可以说,这是他儒学主张基本完成的一个标志。

1938 年 6 月 13 日,王铭章将军的遗体运抵成都,全城上下为之哀悼。张澜先生瞻仰烈士遗像,感而赋诗志哀:

> 席卷青徐势正危,孤军捍寇苦支持。一城守死真黑冢,千载留名比豹皮。
> 部属半为猿鹤侣,魂归应是风雨时。东征将士多忠烈,此日看君意更悲。②

蒙文通就是在此时写下《周秦民族与思想》"识语",追忆往昔与王师长在南京讨论周秦民族问题的时光。他说:"余校此方竟,而税尘适又归自战地,来余斋,可异亦可记也。"③当指昔日与王铭章师长讨论此篇,今日校稿甫毕,王师长遗体便荣

① 蒙文通:《儒学五论》,蒙默"重版前言",桂林:广西师范大学出版社,2007 年,第 1 页。
② 张澜:《为王之钟师长战死藤县题其遗像》,黎品、周子瑜编:《张澜诗选》,北京:中国文史出版社,1986 年,第 31 页。
③ 蒙文通:《周秦民族与思想》"识语",蒙默编:《经学抉原》,上海:上海人民出版社,2006 年,第 150 页。

归故里。

在这段"识语"中，蒙氏悲愤道："今者旧游之地悉已沦为蛇豕之域，君子怀猿鹤之悲，小人罹蟲沙之虐，思之心碎，言之眦裂，儒冠鲜用，投笔何补。"平日袖手高谈阔论，于国难之际却不能为国效死命，文人之可悲，莫过于此。蒙文通接着说道：

> 一载以来，深自刻厉，于民族之故，补缀稍完；而思想一端则已写有《汉儒之学源于孟子考》，有《儒家哲学思想之发展》，有《非常异义之政治学说》及《解难》，则言儒家政治思想之发展者也，有《墨学三派及来源》，有《秦之社会》诸文，皆属下卷之事。并《中国史学史稿》，及他之难述，合十四五万言，其是其非，诚不暇计。方此外患日烈，如火如荼，书生致命，力仅此耳。虽时或手倦神疲，未敢休止，讵谓有裨，但自奋也。①

书生无力上阵杀敌，此时惟有"以国粹激动种姓，增进爱国的热肠"（章太炎语）。蒙文通自况他能在 1938 年把六年来的学术思考作一总结，实乃国难感召所致，不敢说有裨益于国家，"但自奋也"。

在这份书单中，《中国史学史》、《儒家哲学思想之发展》、《秦之社会》等著作，姑且不论。这里要考察的是"言儒家政

---

① 蒙文通：《周秦民族与思想》"识语"，《经学抉原》，第 150 页。

治思想之发展"的《汉儒之学源于孟子考》《非常异义之政治学说》及《解难》。这三篇文章中，《汉儒之学源于孟子考》为梗概、为先导，《非常异义之政治学说》及《解难》为延伸、为发展，具有明确的先后承接关系。

1937 年 3 月，蒙文通于《论学》第 3 期上发表了《汉儒之学源于孟子考》。该文指出，清末以来公羊家鼓吹孟子才是孔学正宗，又师宗董仲舒，殊不知：

> 孟言性善，而董之说性入于三品，则非孟内圣之微也；
> 孟言损益为革命，而董但言改制，则非孟外王之大也。[①]

就心性论而言，孟子主张性善论，董仲舒却杂入告子"性不恶不善"和荀子"性恶论"。更重要的是，孟子以"汤武伐桀纣"不为弑君，但"诛一夫"而已，明确主张革命，但董仲舒谈来谈去却不过改制。二者哲学思想、政治主张泾渭分明，判然两途。可笑康有为一方面主张孟子传公羊学之微言，另一方面却以《春秋董氏学》为其今文学说的核心，真传孟子之道乎？变乱孟子微言乎？

康氏上承董仲舒之学，实篡改孟子真学，由是看来，就不只是"今之今文学有二"了，汉代今文学也有二。康氏为晚清伪今文学，董仲舒为西汉伪今文学，是则西汉真今文学何在？

---

① 蒙文通：《汉儒之学源于孟子考》，蒙默编：《蒙文通全集》第 1 卷，成都：巴蜀书社，2015 年，第 415 页。

蒙文通接着说：

> 因《齐诗》之说，推汉氏一代之言，然后知其说之谛
> 而皆源于孟氏也。①

相较于董仲舒，《齐诗》学家辕固生才是真正继承孟子心性论
和革命思想的人。晚清以来，今文家徒知有董仲舒、何休，却忘
了辕固生，实在走错了路。与他们不同，蒙文通治今文学的目
的，就是要把这套不为后人重视的儒家真今文学说揭示出来。

质言之，《汉儒之学源于孟子考》开启了《非常异义之政
治学说》及《解难》：真正承接孟子思想的是辕固生而不是董
仲舒；公羊学只是汉初今文学的一轮，如无另一轮齐诗学辅
翼，今文学就是不完整的。

如前所论，蒙文通在经史思想上最继承发扬廖平之处，就
在于重制度明典章，从社会结构变迁入手看待历史。但《汉儒
之学源于孟子考》的重点毕竟还在心性论，于制度一端着墨仍
然太少了。辕固生有革命思想，倘这个革命不只是改朝换代，
则它必须要落实到制度变革上去。如不阐明制度变迁，革命思
想就落不到实处。"古学宗《周官》，今学宗《王制》"（廖平
语），革命之微言就要从《周官》、《王制》的差异入手才能显现。
通过这些思考，蒙文通完成了自己的经学体系。

---

① 蒙文通：《汉儒之学源于孟子考》，《蒙文通全集》第 1 卷，第
418 页。

一、近代《周官》、《王制》地位之变迁

如上篇所论,事实上并不存在从常州学派到康有为、崔适一以贯之的清代今文学谱系,清代今文学的发展是经历过重大转折的。常州学派不惟与廖平、康有为等人没有紧密的学缘关系,从学理上看,二者也是非常不同的今文学路数。至少常州学派那里还没有形成今人熟悉的今古文分派标准。

于此我们不会奇怪:何以在刘逢禄、庄存与、龚自珍等人的时代,没有"汉学正统派"出面与之对抗,到了廖平以后,今古文之帜却突然分明起来?学者对于《王制》、《周官》两篇的评判便是显例。

(一) 清代《王制》的变化

且就《王制》而论。①

---

① 关于清代《王制》学的问题,学术界已经多有讨论,仅就与本文相关的研究论文而言,可以分为三类。第一类是对《王制》的地位变化的研究,例如章可:《〈礼记·王制〉的地位升降与晚清今古文之争》,《复旦学报》(社会科学版)2011年第2期;王锷:《清代〈王制〉研究及其成篇年代考》,《古籍整理研究学刊》2006年第1期。第二类关于《王制》与《周官》内容的比较,例如常柑:《〈礼记·王制〉、〈周礼·大司徒〉封国制度异同辨》,《运城师专学报》1986年第2期。第三类是对清末今文家《王制》学的专题研究,例如赵沛:《廖平的〈王制〉研究》,《四川大学学报》(哲学社会科学版)2006年第6期(总第147期);吴仰湘:《皮锡瑞〈王制〉研究评析》,《湖南大学学报》(社会科学版)第27卷第1期,2013年1月;吕明烜:《为今文学正名:皮锡瑞的〈王制笺〉》,《中国文化》2016年第2期(总第44期)。其中章可和常柑两文对笔者帮助颇大。

　　清代礼学发达,张尔岐《仪礼郑注句读》、姚际恒《仪礼通论》首倡其功。至乾隆初年清廷开设三礼馆,编纂《三礼义疏》,学界礼学研究更蔚然成风。但即便如此,没有哪位学者像朱熹从《小戴礼记》中单独抽出《大学》那样单独抽取《王制》。直到此时,清代学者对《王制》的研究都是在《礼记》的框架下进行的。与《周官》单独成书不同,《王制》只是《礼记》中的一篇。彼时学者既从未把《王制》抽出,就不可能把《王制》的地位捧过《周官》。

　　简言之,他们对于《王制》的研究有两个核心问题:一、《王制》的成篇年代;二、《王制》、《周官》的礼制异同。

　　先看第一个问题。

　　郑玄认为"周公居摄而作六典之职,谓之《周礼》";《王制》则如卢植所说,为"汉文帝令博士诸生作此篇"。① 这里存在一个细节问题。卢植的观点大抵来自司马迁的说法,公元前164年,汉文帝"使博士诸生刺《六经》中作《王制》,谋议巡守封禅事"。但唐人司马贞在《史记索隐》中称,"刘向《七录》云,文帝所造书有《本制》、《兵制》、《服制》篇。"② 倘《王制》真是汉文帝时所作,怎么刘向《别录》毫不提及? 是否司马迁本意指"巡狩封禅之王制"而非书名?

---

　　① 郑玄注,贾公彦疏:《周礼注疏》上册,北京:北京大学出版社,1999年"简体横排版",第1页;郑玄注,孔颖达疏:《礼记正义》上册,北京:北京大学出版社,1999年"简体横排版",第330页。
　　② 司马迁:《史记》第4册,司马贞"索隐",北京:中华书局,1959年,第1383页。

事实上,郑玄自己的叙述也有矛盾。不同于之前的"文帝说",他在《三礼目录》中则指出,"《王制》之作,盖在秦汉之际。"孔颖达正义乃袭用此"秦汉之际说"。①

是以关于《王制》的成书年代,乾嘉学者主要有两种说法:"文帝说"和"秦汉之际说"。例如孙希旦《礼记集解》称,"此篇作于汉时明矣。"②朱彬《礼记训纂》则明言,"案《王制》之作,盖在秦汉之际。"③

这两类说法有所差异,但是核心思想殊无二致,即《王制》原为口耳相传,至少要到秦亡以后才形成文字。④ 这对今天文史学界的影响仍然很大,例如沈文倬先生论述周代礼仪的演习和实行时就指出,"《王制》篇应属秦、汉间人论述前代爵禄、学校、选举、养老等制度的作品"。⑤

《周官》、《王制》一为周公手订,一为汉初博士所作,孰优孰劣不证自明。当然也有例外,例如颇有疑古倾向的清初学者姚际恒就曾指出,"《周礼》本非周制",《王制》虽为汉博士书,但其所言"皆周制也",是以《王制》优于《周

---

① 郑玄注,孔颖达疏:《礼记正义》上册,第 330 页。

② 孙希旦:《礼记集解》,沈啸寰、王星贤点校,北京:中华书局,1995 年,第 309 页。

③ 朱彬:《礼记训纂》,饶钦农点校,北京:中华书局,1996 年,第 163 页。

④ 有学者统计,清代中前期关于《王制》成书年代的观点计有四种之多。但细看这四种说法,其实相去不大,且基本依据郑注孔疏,都认定此篇成于战国以后。参见王锷:《〈礼记〉成书考》,北京:中华书局,2007 年,第 179 页。

⑤ 参见沈文倬:《宗周礼乐文明考论》,杭州:杭州大学出版社,1999 年,第 3 页。

官》。①

再看第二个问题。《王制》、《周官》制度差异当作何解？

对此，乾嘉学者也可以分为两派：一、遵循郑玄的解释，《王制》为殷制，《周官》为周制，以殷、周异制来平分两篇；二、认为《王制》、《周官》都体现了周代的制度。

第一种观点无需赘论，就第二种观点而言。例如孙希旦就指出：

> 汉人采辑古制，盖将自为一代之典，其所采以周制为主，而亦或杂有前代之法，又有其所自为损益，不纯用古法者。郑氏见其与《周礼》不尽合，悉目为夏、殷之制，误矣。②

值得注意，孙氏已经提出，《王制》既然是汉儒作品，势必要掺杂汉代之法，而"不纯用古法"，此一洞见庶几近于历史实相。蒙文通与乾嘉汉学学派不同，但在这点上却有类似之处，反而与廖平、康有为、皮锡瑞等清末今文家相差更远。

当然，从孙希旦等人的初衷而论，他们与郑玄一样，都试图弥缝《王制》、《周官》。传统经学家相信六经是个整

_____

① 姚说辑自杭世骏：《续礼记集说》卷十九，光绪三十年（1904）浙江书局刻本，转引自章可：《〈礼记·王制〉的地位升降与晚清今古文之争》，《复旦学报》（社会科学版）2011年第2期，第126页。大抵姚氏辨伪《周礼》之说，本之于万斯同。

② 孙希旦：《礼记集解》，第309页。

体,六经之中有一以贯之的圣人之道;民国史学家却要否认六经的整体性,把它们还原为"各不相干的五部书('乐经'本无此书)"。① 一为经学,一为史学,二者立场、宗旨正相反。

总之,乾嘉汉学的总体立场还是在调和两书。例如江永在解释《周官·地官》"诸侯封土"时,便指出:

> 此《周礼》与《孟子》、《王制》所以不能同。《周礼》就其虚宽者言之。《孟子》、《王制》,惟举土田实封耳。②

《孟子》、《王制》都是在描述周代礼制的实际情况,而《周官》则反映了周代圣人制定礼制的规划标准。任何建设在规划时总是整齐划一,而具体落实下去则不免有所偏差。《周官》、《王制》一虚一实,虽然内容有差异,但精神则相同。③

常州学派不以礼制分今古,也就不会重视《王制》、《周官》差异。他们基本仍像乾嘉正统派那样试图弥缝二者。应当说,以《王制》、《周官》为今古文异制,是廖平和俞樾的创见。

---

① 钱玄同:《答顾颉刚先生书》,《古史辨》第 1 册,上海:上海古籍出版社,1982 年影印本,第 69 页。
② 江永:《周礼疑义举要》卷二,北京:中华书局,1985 年,第 13 页。
③ 学者在解释上述江永的文字时便指出,"江永《周礼疑义举要》对《周礼》注文多所驳正,但在封国制度上仍未跳出与《王制》调和的圈子。"这也可说是乾嘉学者对待《王制》、《周官》的基本态度。常柑:《〈礼记·王制〉、〈周礼·大司徒〉封国制度异同辨》,《运城师专学报》1986 年第 2 期,第 11 页。

换言之,同样是反对郑玄以殷、周异制平分《王制》、《周官》,孙希旦、江永等人是要调和二书,清末今文家则要彻底分割二书。双方旨趣背道而驰。

例如经学大师俞樾便认为《王制》与公羊师说多有相合之处。在他看来,所谓"王制"便是"素王之制",只能是"孔氏之遗书,七十子后学者所记",而绝不会如卢植所说的那样是"文帝博士之书"。俞氏说,"愚谓《王制》一篇体大物博,或犹在《中庸》之上乎?"因此学界有必要像当年宋儒表彰《大学》、《中庸》那样把《王制》从《礼记》中单独抽出。①

以俞樾在学界的影响力,此说一出,就为清末今文家升格《王制》提供了口实。之后今文家谈及《王制》时,大多都会援据俞说。②廖平以《王制》、《周官》分别为今古文的核心,就开创了清末今古文之辨的新标准。

此后,廖平撰写《王制集说》、康有为及其门人撰写《王制考订》,而皮锡瑞的《王制笺》更是清末今文家疏证该篇的集大成之作。

皮氏开篇就引据俞樾之说,认定《王制》体现了孔子素王之制,而非周代旧制。他接着发挥郑玄之说,即"以《王制》多为殷制,引《春秋》变周之文,从殷之制"。孔子改制损益虞夏

---

① 俞樾:《达斋丛说・王制说》,崔高维注释:《九九消夏录》(四种),北京:中华书局,1995年,第326—327页。

② 例如皮锡瑞《论王制为今文大宗即春秋素王之制》就基本照搬俞樾文章,参见氏著:《经学通论》卷三"三礼",北京:中华书局,1954年,第67—70页(卷页)。

商周四代,郑玄说《王制》中包含殷制,岂不正说明了"《王制》之通于《春秋》"？郑氏之过,主要在于不知此篇"为素王之制",除去殷制外,不仅含有虞夏之制,更含有孔子微言。①

从方法上说,皮锡瑞代表的清末《王制》研究的一大特点就是以《公羊》与《王制》互证。经学家以经证经,取何种经文互证对于经义的阐发有决定性的影响。例如江永以《周官》、《王制》互相诠释,就预设了二者之间存在内部关联。清末今文家断然否定两书可以互证,另取《公羊》与之互证,就把《王制》与孔子"为后世制法"关联了起来。

限于论文主题,这里没有办法详细展开,仅举"世卿"一例以资证明。

《王制》记载:

> 天子使其大夫为三监,监于方伯之国,国三人。天子之县内诸侯,禄也;外诸侯,嗣也。(《礼记·王制》)

按理说,西周为血缘贵族时代,不当有职业官僚体制,但《王制》说"天子之县内诸侯,禄也",王畿内的诸侯倒更像是职业官僚而非血缘贵族。至于实行世袭制而非任命制的"外诸侯",天子有权派"其大夫为三监",实行监督管理。从这个角度来看,《王制》的内容确实有悖于周代古法。

---

① 皮锡瑞笺注,王锦民校笺:《〈王制笺〉校笺》,第 10—11、12—13 页。

准此,皮锡瑞指出:

> 锡瑞案:此亦春秋素王之制。说《春秋》者以单伯为
> "吾大夫之命于天子",正天子使大夫为三监之明证,与
> 管、蔡监殷不同。①

周初"监殷顽"是通过外封世袭诸侯管叔、蔡叔进行的。天子
不能决定世袭诸侯的任免,致使诸侯权力尾大不掉,这是"管
蔡之乱"的制度原因。后来周天子东封太公之后于齐、周公
之后于鲁、召公之后于燕,又为东周诸侯纷争埋下了伏笔。

孔子有感于此,损益周制,特设"三监"制衡诸侯。皮氏
接着指出:

> 凌曙《公羊礼说》云:"圻外诸侯受采之制有二,有受
> 而传之子孙者,……。一则入为大夫,食其采,身没之后,
> 乃归采地于王朝。《王制》所云内诸侯禄也。"又云:"大
> 夫不世爵,……但受其禄位而已,不得据有其地,故卫武
> 公、齐丁公并入为卿士,不闻有子孙世守采地于京
> 师也。"
> 锡瑞案:此分别甚明,二义当互相见,皆《春秋》素王
> 之法也。
> ……

---

① 皮锡瑞笺注,王锦民校笺:《〈王制笺〉校笺》,第47页。

> 三传义不相背，《公》、《穀》讥世卿，正谓不世爵，非
> 谓不世禄，与此经义亦相合也。①

很明显，上述《王制》“天子使其大夫为三监，监于方伯之国”、
“县内诸侯，禄也”的规定，就是公羊学“讥世卿”在制度层面
的具体落实。

我们看到，在孙希旦等人看来，上述问题可能只是因为汉
儒采辑古制时，偶然杂入了文景时期的制度，反映出《王制》
并不能完全体现三代圣人之制。但在清末今文家眼里，这就
是孔子损益周制的例证，是圣人之制的最好证明。

这种分歧就影响到章太炎的《驳皮锡瑞三书》。其中第
三书“王制驳议”就是专门针对《王制笺》而发。彼时为 1910
年，距皮氏去世已经两年，章氏仍不念“死者为大”，攻斥凌
厉，甚至归咎于乃师俞樾。

> 《王制》者，汉文帝使博士剌六经为之，见于《史
> 记》。……先师俞君以为素王制法，盖率尔不考之言，皮
> 锡瑞信是说，为《王制笺》，所不能通，即介恃素王以为
> 容阅。②

然而章氏的批评略有过分之嫌。皮锡瑞仅说《王制》传素王

---

①　皮锡瑞笺注，王锦民校笺：《〈王制笺〉校笺》，第49—50 页。

②　章太炎：《驳皮锡瑞三书》，《章太炎全集》第 4 册，上海：上海人
民出版社，1985 年，第 26 页。

之制，未见得就此认定其书成于孔子之手。如他在"自序"开篇就说，"惟何劭公以《周礼》为六国时书，郑康成以《王制》在赧王之后，当得其实。"①这明确指出，《王制》虽然是孔子之制，但先经由口耳相传，到了战国以后才成书。可见皮氏持论慎重，虽然站在今文家的立场，却仍不全盘否定古文家的见解。

后来张尔田也指出："《王制》是汉时博士所为，大抵皆孔子门徒共撰所闻，后人通儒各有损益，圣人定礼之口说幸而获存者也。"②类似的今文学观点较为温和，章氏凭借卢植之论就全盘否定皮锡瑞，反而显得过于执着门户之见了。

重要的是，章太炎虽然在《王制》的成书年代上照搬乾嘉学者说法，但其基调已大为不同。乾嘉学者认定上古三代为黄金时代，《王制》或为殷制，或以周制为主，总之品格都不会太低。章氏却大不相同。他一则不信三代为黄金时代，二则不相信《王制》真实地记录了三代之制。

> 余以《王制》、《昏义》、《书大传》、《春秋繁露》，皆不达政体者为之，名曰博士，而愚莫甚焉！……然则仲舒论死，睦孟刑诛，于《王制》适为应辟矣。为今文而尊《王制》，只以自毙，夫何利之有？③

---

① 皮锡瑞笺注，王锦民校笺：《〈王制笺〉校笺》，第1页。
② 张尔田：《史微》，黄曙辉点校，上海：上海书店，2010年，第89—90页。
③ 章太炎：《驳皮锡瑞三书》，《章太炎全集》第4册，第27、29页。

他可能没有察觉到,他的批判实际上否定了《王制》的先秦史料价值,坐实了此篇为不同于三代之制的新制度。博识如太炎者,亦蔽于门户之见,令人叹息。

这里不是要责难章氏,而是要强调,明了此一问题之于理解蒙文通的《王制》研究至关重要。后面我们将会看到,身为今文学家的蒙文通居然跟章太炎一样,认定《王制》为汉博士之书,既非孔子之制,也非周代之制,只是二人褒贬正相反。

换言之,《王制》研究集中体现了蒙氏既不同于古文家,又不同于主流今文家的特殊立场。

(二)《周官》的先秦史料价值

唐人贾公彦在《周礼正义序》后附有《序周礼兴废》一文,专门论述《周官》在汉代的传播史。文中提及:

> 然则《周礼》起于成帝刘歆,而成于郑玄,附离之者大半。故林孝存以为武帝知《周官》末世渎乱不验之书,故作《十论》、《七难》以排弃之。何休亦以为六国阴谋之书。唯有郑玄遍览群经,知《周礼》者乃周公致太平之迹,故能答林硕之《论》、《难》,使《周礼》义得条通。[1]

---

[1] 贾公彦:《序周礼兴废》,郑玄注,贾公彦疏:《周礼注疏》,第9页。引用时标点略有改动。

这番文字虽然是在批判何休等人的疑难,但这却不自觉地传播了何休"《周官》为六国阴谋之书"的观点。① 以至于清末今文家每每援据于此,皮锡瑞《论周官当从何休之说出于六国时人非必出于周公亦非刘歆伪作》,便是显例。②

从标题可以看出,学界关于《周官》的成书年代大概有三种说法,即"周公说"、"战国说"和"刘歆说"。"周公说"不必赘论,后两说正是近代疑古风潮讨论的重点。

例如廖平"二变"时便改称该书,"乃刘歆本《佚礼》羼臆说糅合而成者","《周礼》为王莽以后之书,不能与《左氏》比也。"③康有为则称此书,"盖刘歆所伪撰也。……故刘歆之伪学,此书为首。……何休以为'战国阴谋之书',盖汉今文家犹知之。"④

简言之,廖平主"刘歆说",认为《周官》出于王莽之后,康有为则认为该书出于战国,经由刘歆而得列于经。二人虽然都否认《周官》经的地位,却都承认它具有一定的史料价值。

皮锡瑞的观点近于康有为。他更明确地指出,刘歆之罪

----

① 清初如毛奇龄便撰《周礼问》,称该书出于战国之末,不出刘歆。但彼时持有这类观点的学者并不多。

② 参见皮锡瑞:《论周官当从何休之说出于六国时人非必出于周公亦非刘歆伪作》,《经学通论》卷三"三礼",第49—51页(卷页)。

③ 廖平:《古学考》,张西堂校点,北平:景山书社"辨伪丛刊"本,1935年,第3—4页。

④ 康有为:《新学伪经考》,章锡琛校点,北京:古籍出版社,1956年,第76页。

不在于伪造《周官》,只在于"奏请《周官》六篇列之于经,为
《周礼》"。① 从中可以看出,在大多数清末今文学家那里,
"战国说"和"刘歆说"仍然是一个说法。但到了民国古史辨
运动那里,两说就不见得一致了。

例如 1931 年 4 月初,钱穆与顾颉刚争论"秦畤与五德终
始"问题。胡适参与论战,他在给钱穆的信中附录了《论秦畤
及〈周官〉书》一文。文中指出:

> 《周礼》屡说祀五帝,其为汉人所作似无可疑。其中
> 制度似是依据《王制》而大加改定的。②

大抵在他看来,此书虽然不见得全是由刘歆伪造,但确属汉人
凭空捏造无疑。这个观点不仅彻底否定了《周官》的先秦史
料价值,还说《周官》出于《王制》,二者皆是汉儒之书。胡适
牵强武断之处毋庸置疑,《周官》当然不可能出于《王制》。这
个论调反映出了彼时古史辨运动的激进作风:今文家斥《周
官》为伪,古文家斥《王制》为伪,古史辨吸收了二者的疑古结
果,以为两书皆伪。

再则,这点也充分显示了古史辨运动虽然继承了清
末今文学的疑古观点,但要比今文学家激进。今文家关

---

① 皮锡瑞:《论周官改称周礼始于刘歆武帝尽罢诸儒即不信周官
之证》,《经学通论》卷三"三礼",第 49 页(卷页)。

② 胡适:《论秦畤及〈周官〉书》,顾颉刚编:《古史辨》第 5 册,上
海:上海古籍出版社,1982 年影印本,第 639 页。

注的是经,他们疑古书,多是疑它经的地位,而不否认它史的价值;古史辨派则关注于史,他们疑古书则疑其史料价值。

例如《左传》,康有为以为是刘歆从《国语》中分出,本为独立的古史而不传《春秋》。但张西堂却说《左传》是"稗官野史之流,道听途闻之说"。① 傅斯年"重建古史"反而重拾清末今文家牙慧,"《国语》、《左传》虽是混淆了的书,但确也是保存很多古代史料的书。"②

《周官》也是如此。可能是针对胡适,钱穆在半年多以后,即1932年6月,于《燕京学报》第11期发表了《周官著作时代考》,指出"与其谓《周官》乃周公所著,或刘歆伪造,均不如何氏之说遥为近情。"③此即主张"战国说",而否定"刘歆说"。

无独有偶,郭沫若在同年发表《周官质疑》一文,依据考古材料论证此书出于战国后期。如他所说:

> 余谓《周官》一书,盖赵人荀卿子之弟子所为,袭其师"爵名从周"之意,纂集遗闻佚志,参以己见而成一家之言。其书盖为未竣之业,故书与作者均不传于

---

① 刘逢禄:《左氏春秋考证》,张西堂"序",北平:朴社"辨伪丛刊"本,1933年,第17页。

② 傅斯年:《姜原》,欧阳哲生主编:《傅斯年全集》第3卷,长沙:湖南教育出版社,2003年,第46页。

③ 钱穆:《周官著作时代考》,《两汉经学今古文平议》,第322页。

世。……作者本无心讬之于周公，讬之于周公者，乃刘歆所为。①

相较于胡适等人，郭沫若、钱穆的立论显然要平实得多。这也成为了当今学术界的主流观点。②

诚然成书年代并不能完全限定该书的史料价值。按照章学诚的定律，上古之书无篇名、无作者，各篇经典皆有后人积累材料编辑而成。例如《曲礼》即便真如学者所说，"成篇于春秋末期战国前期"③，也不能认定当中就没有春秋中前期的内容。

然而《周官》的疑点在于它过于整齐划一，乃至于即使不是出于某个人的设计，也像是出于同一拨人的设计。因此《周官》似乎很难具有战国以前的史料价值。郭沫若就曾依据《周官》并非"岁月演进中所累积而成"这点，认定该书最早出于春秋末期，且其中内容大多不能反映西周制度。④

准此而论，廖平《今古学考》"《周官》为周代旧制，《王制》为理想政制"的命题岂不是要失效了？

---

① 郭沫若：《周官质疑》，《郭沫若全集》"考古编第5卷"，北京：人民出版社，1954年，第81页a—b。
② 关于百年来《周官》学的研究综述，可参见周书灿：《20世纪以前的〈周礼〉学述论》，《河北师范大学学报》（哲学社会科学版）第29卷第4期，2006年7月；刘丰：《百年来〈周礼〉研究的回顾》，《湖南科技学院学报》第27卷第2期，2006年2月。应当说，关于《周官》的整体研究框架，在民国时期已经基本定型。今天仍有许多相关的优秀研究成果出现，但多集中在"三公六卿"、"田制"等具体问题上，兹不赘述。
③ 王锷：《〈礼记〉成书考》，第104页。
④ 郭沫若：《周官质疑》，《郭沫若全集》"考古编第5卷"，第80页a—b。

（三）蒙文通对《周官》史料价值的评判

针对学界越是整齐划一则越可能出于伪造的观点,蒙文通在晚年曾指出:

> 《周官》一书貌似规模宏大,职官分明,故后世有"周公致太平"、刘歆伪造之说。然细究其实,亦殊混乱,如选举不尽属大宗伯,军事不尽属大司马,冢宰所主则多为王朝内府之事。若再细审之,则各官职分之重复者亦不少。可见其实非系统完整之理想制度。至其所反映之社会制度亦与战国以后之实况不合而颇与西周相符(别有专文),皆可证其为就旧日之档案整理而成者。①

世人只看《周官》六官之职似乎整齐划一,就以为它出于战国某阴谋家或刘歆的设计,殊不知其间有许多矛盾混乱之处。从这点看,此书虽可能经由后人加以整理,罗列纲目,但这丝毫不能影响它档案累积的痕迹。

事实上,关于《周官》是否具有西周史料价值的争论至今也没有停止。② 例如南高学派干将顾实就指出:

---

① 蒙文通:《治学杂语》,蒙默编:《蒙文通学记》(增订本),北京:三联书店,2006年,第6页。

② 有学者便坚持《周官》许多内容都能反映西周历史,例如杨天宇:《〈周礼〉的内容、行文特点及其史料价值》,《史学月刊》2001年第6期;甚至有学者指出此书不惟具有西周的史料价值,它的成书年代也在西周末年,例如葛志毅:《〈周官〉与西周制度》,《学习与探(转下页注)

《周官》最多有他书不用之古字,……使《周官》而果
为汉人伪作,假造此等古文字,何以千载之下偏有发见殷
周骨甲文、钟鼎文与相证合,不谋而同?自非《周官》一
书早作于西周之世,乌得有此乎?①

顾实提出以《周官》中的古字印证金文、甲骨文,这正符合二
重证据法,实乃学界论证该书史料价值的一大依据。

又如杨筠如取金文材料与《周官》官名互证,得出结论,
即该书虽然杂采春秋各国官制,"其中虽大致与周制犹相近,
而谓全为周制,则殆不可信。"②可说这种方法至今仍是确立
《周官》史料价值的主要方法。③

遗憾的是,蒙文通不识金文、甲骨文,不能以此法证实
《周官》的西周史料价值。他采取的是另一种方法,即"取异
族之故事与我国之旧籍互相补正"和"取外来之观念与固有
之材料互相参证"。

上述《治学杂语》引文中,蒙文通说"别有专文"论证该书

(接上页注)索》2002 年第 6 期(总第 143 期)。也有学者截然相反,否认
《周官》具有西周的史料价值,例如史建群:《〈周礼〉乡遂组织探源》,《郑
州大学学报》(哲学社会科学版)1986 年第 2 期;有学者甚至以此为基
础,否定了西周存在国野制度,例如张荣明:《〈周礼〉国野、乡遂组织模
式探原》,《史学月刊》1998 年第 3 期。

① 顾实:《重考〈古今伪书考〉》,录自张心澂:《伪书通考》上册,上
海:商务印书馆,1939 年,第 313 页。

② 杨筠如:《周代官名略考》,《国立中山大学语言历史学研究所周
刊》第 2 集第 20 期,1928 年 3 月 13 日,总第 201 页。

③ 例如李学勤:《从金文看周礼》,《寻根》,1996 年第 2 期。

"颇与西周相符"。此专文大概指 1942 年 3 月发表于成都《图书集刊》创刊号上的论文《从社会制度及政治制度论〈周官〉成书年代》。蒙氏开宗明义，此书既不出于"六国阴谋"，也不出于"刘歆作伪"，"虽未必即周公之书，然必为西周主要制度，而非东周以下之治，有可断言者。"①他为什么有这样的自信，敢下此断言？

蒙氏尝津津乐道于自己在北大任教的一段经历：

> 1934 年，我讲魏晋南北朝史，讲到高欢语鲜卑曰："汉民是汝奴，夫为汝耕，妇为汝织，输汝粟帛。"语华人曰："鲜卑是汝作客，为汝击贼，令汝安宁。"猛然悟到这种区分正与周代国人、野人之分相吻合。下课返家立即进行研究，看出《孟子》《周官》所讲确实是如此，国、野不仅田制、兵不同，学制、选士也不同。并且进一步看出廖先生说古文是史学、今文是经学（或哲学），的确是颠扑不破的判断。同时也看出经学家们把经今古文问题推到孔孟时期显然也是不对的，孔孟所言周事还基本是历史事实而不是理想虚构。②

所谓"异族之故事"就是"鲜卑之故事"。北魏、东魏实行胡汉分治，统治民族鲜卑族承担当兵的义务并享有公民权利，被统

---

① 蒙文通：《从社会制度及政治制度论〈周官〉成书年代》，蒙默编：《蒙文通全集》第 3 卷，成都：巴蜀书社，2015 年，第 360 页。

② 蒙文通：《治学杂语》，《蒙文通学记》，第 41 页。

治民族汉族只能充当生产者以供养鲜卑族。《周官》所载之亦不外乎是。

刘师培《西汉周官师说考》指出，王莽以长安行六乡之制，以洛阳行六遂之制，王莽一意效法周代典章，由此可以倒推，周代也以陕西行六乡之制，以陕东行六遂之制。为什么要以陕为界而乡遂异制？刘师培没有明言。但蒙文通援引师说，并指出：

> 大司徒之职曰："五州为乡，凡万二千五百家，凡六乡。"六乡军法在小司徒之职曰：五师为军，军万二千五百人，出于乡、家一人也，六乡而六军，大司马之职所谓王六军者也。《周官》建学，亦止于六乡。六乡者，彻之所行，即军之所出，又为建学以登庸焉。野则助之所行，不出兵，不建学，此无他，周既克殷，周人居国中，而放逐殷人于野耳！……君子为统治阶级，野人为被统治阶级者也。……此何异秃发高欢所谓鲜卑任战伐，而汉人为汝作奴，夫为汝耕、妻为汝织者乎？①

陕西为周民族所在，陕东为殷民族所在。陕西行六乡之制，陕东行六遂之制，象征着统治者与被统治者的制度不同。此犹近代资本主义宗主国人民与殖民地人民的权利义务不同。六军之法之见于六乡，而不见于六遂；庠序之教亦只见于六乡，

---

① 蒙文通：《从社会制度及政治制度论〈周官〉成书年代》，《蒙文通全集》第3卷，第361页。

而不见于六遂。六遂只负责生产,而不享有政治权利。蒙文通说,西周时代之君子绝不如后世那样指代品德高尚者,君子就是统治阶级,野人就是被统治阶级,这真是不易之论!

孟子说,"夏后氏五十而贡,殷人七十而助,周人百亩而徹,其实皆什一也。"此明乎殷人田制实行助法,周人田制实行徹法,二者判然有别。但他在别处又说"虽周亦助也"。(《孟子·滕文公上》说)二者岂不是自相矛盾?徹、助之法历来争讼纷纭,几为千古难题。

但在蒙文通的框架下,这很好解释。鲜卑人统治汉人,只要汉人交粮纳税,而不管汉人是如何生产的。周人统治殷人亦然,他们一方面剥夺殷人参军和受教育的权利,另一方面为保证税收稳定,又准许殷人按照原有的方式组织生产。孟子说"周人百亩而徹",这是指六遂;说"虽周亦助",则是指周人统治下的殷顽。

从中不难看出,周代井田、乡遂等制度绝不是什么理想制度。蒙氏甚至说:

> 明乎《周官》之井田,事至卑陋不足观,而周公之处殷人,事至惨刻不足取,昔人以此为致太平之书诚诬,今人信此为太平之迹不应为周制更为愚,以愚诬之见衡《周官》之真伪,事之可笑,宁过于斯![1]

---

[1] 蒙文通:《从社会制度及政治制度论〈周官〉成书年代》,《蒙文通全集》第3卷,第363页。

学者多以为《周官》一书过于整齐,当为理想设计而非历史事实,其基本前提就错了。该书既不整齐,更不是理想制度,故而不可能出于"战国阴谋家"或刘歆之手,其大体上反映了西周惠王、襄王以后的制度。①

不特《周官》不是理想制度,《孟子》所述的也不是理想制度。至少从 1933 年开始,蒙文通就逐渐发现,不能把今古文问题推本于孔孟,"孔孟所言周事还基本是历史事实而不是理想虚构",这否定了清末以来今文家的"孔子改制说",更否定了孟子传大同之道。蒙氏说:

> 孔子、孟子都是维护贵族世卿政治的,文王治岐,"仕者世禄",贵戚之卿,"君有过则谏,反复之而不听则易位。"尊君权是法家的特点。公羊家才有讥世卿之义,荀子也反对世卿,都是受法家影响。②

孟子所述多周代旧制,这近于古文学,荀子为赵人,受三晋法家之学影响,反而接近于今文学。

须知清末以来总是今文家尊孟子、古文家尊荀子。蒙氏几乎把清末今古文学的结论颠倒了过来。这个结论看似十分大胆,却不无道理。西汉时期,荀子的地位反高于子思、孟子;东汉时期,孟子才逐渐高升。又如公羊学为子夏传之公羊高,

---

① 蒙文通:《从社会制度及政治制度论〈周官〉成书年代》,《蒙文通全集》第 3 卷,第 366 页。

② 蒙文通:《治学杂语》,《蒙文通学记》,第 12 页。

才由后者形成传文。子夏虽然不是荀子一派,但他与荀子一派的思想都近于法家。这说明了他逐渐超出了清末以来的今古文门户,可能更接近于历史实相。

必须强调,蒙文通虽然政论不多,但他不是退避书斋的纯粹学者,其经学史学不直接谈政治,却处处透露出现实关怀。蒙氏的《周官》学、《王制》学反映了什么样的现实?

现实情况是,中国相比于日本无论在政治组织、军事训练,还是经济生产上都远称不上"现代"。更重要也更容易为人忽略的是,在法理上,"现代中国"仍然是一个未完成的概念。

二、"抗战建国"与《重光》月刊

1908 年 8 月 27 日,宪政编查馆会衔资政院上奏"宪法大纲"。其中强调:

> 夫宪法者,国家之根本法也,为君民所共守,自天子以至于庶人,皆当率循,不容逾越。①

其实,来自于日本的"君主立宪"一词,并不如中国传统说法"君民共主"更能反映这场变革的实质。

按照"君主立宪"的字义,宪法似乎是君主恩典的产物。

---

① 《宪政编查馆资政院会奏宪法大纲暨议院法选举法要领及逐年筹备事宜折》,故宫博物院明清档案部汇编:《清末筹备立宪档案史料》上册,北京:中华书局,1979 年,第 56 页。

也许日本明治维新由天皇"钦定宪法",这也说明了在日本君主才是宪法的源头。按照"君民共主"的表述,君却被降格到了与民对等的地位,并且他要与民共同遵守某一个"主"。清末立宪无疑想要复制明治维新由天皇"钦定宪法"的历史。吊诡的是,上述引文却更接近于"君民共主"的表述,即君民双方平等地接受宪法节制。尽管清廷一再强调"君主神圣不可侵犯"是"宪法之精义",却不能掩盖这一根本问题:这里君主的神圣地位是宪法赋予的,而不是像日本那样由天皇赋予宪法的神圣地位。

1911 年 11 月 3 日,已慌不择路的清政府又公布了由资政院匆匆起草的《宪法十九信条》,不仅一再重申宪法至高无上的地位,更要组织完全内阁和完全国会,使皇帝像英王那样,完全"不负责任"。① 重要的是,清廷许诺,未来的宪法将出自国会,国会则是民选的,而不是皇帝钦定的。由此可见,中国政治合法性的巨大变革始于清末。这场变革的结果是,统治者的权威不再受命于天,而是受命于民。

问题是,从"君权神授"到"主权在民"的转变是怎么发生的? 是通过革命的方式打碎旧法统并建立新法统,还是通过让与的方式实现两种法统之间的自然过渡?

值得玩味的是,随着民国的建立,南北两方对现代中国的法统就出现了这两种截然不同的看法。对于北洋政府而言,

---

① 参见《组织完全内阁并令资政院起草宪法谕》,《清末筹备立宪档案史料》上册,第 97—98 页。

民国的建立是得自于清帝逊位主动让与的;但南方政府却更倾向于认为民国是革命造就的。前者侧重现代中国与旧王朝在法理上的接续关系,后者则强调现代中国与旧王朝存在着革命断裂关系。①

众所周知,这个分歧在大革命和北伐战争之后,就烟消云散了,"革命造就说"最终获得了胜利。准此而论,近代中国政治合法性转变经历了两个关键步骤:首先,清末立宪和清帝逊位确立了现代中国"主权在民"的原则;其次,1920 年代的大革命则宣示了"主权在民"的原则是由革命创造的,而不是清帝转让的。是以现代中国就是建立在与传统决裂的前提之上,但告别了传统,中华民族又将何以立足?

根本问题也许在于,在革命法统之下,"现代"与"中国"可能是相互否定的。我们鼓吹传统,往往意味着要拒斥革命这一现代中国的根基;鼓吹革命,又往往意味着要否定传统这一民族自信心的源泉。这个矛盾怎么解决?②

(一)"外御其侮"与"革命建国":抗日战争的两个部分

对于南京国民政府而言,北伐成功和张学良"易帜"意味

---

① 关于北洋政府与清廷的法统关系,可参见章永乐:《旧邦新造:1911—1917》第 2 章,北京:北京大学出版社,2011 年。

② 需要强调,本篇所说的"断裂"是专就政治认同层面而言的,就具体历史现象而论,不可能存在任何截然分明的二元对立,任何传统都是由现实建构的,任何现实也都免不了传统的填充。

着自清末以来的漫长革命终于告以结束,建国的问题可以提
上议事日程。然而天不遂人愿,推倒北洋集团之后,国民党内
部各派却争权夺利,大打出手。"旧军阀混战"方歇,"新军阀
混战"又起,较之前者有过之而无不及。1930 年中原大战刚
结束,次年又发生了"九一八事变"。建国事业一拖再拖,直
至 1937 年抗战全面爆发。

时值国难当头,全民族空前团结。"兄弟阋于墙,外御其
侮",这番景象反而为民主建国提供了一个别样的契机。对此,
四川学者李源澄有文《所望于全国同胞者》,就颇富洞见地指出:

> 抗战之意义既明,则当集中全民之力以完成抗战,集
> 中全力之道,当自克己而恕人始,当今之失败,事实著于
> 耳目不可讳者,孰不曰军阀割据之所致……。今政府与
> 人民之间,学生与学校当局之间,政党与政党之间,谓同
> 立于抗日之地则可,谓能融合无间而各如其量以贡其力
> 于国家,则非所敢知……。以共产党之《抗日十大纲领》
> 而论,谓之为中国民族之抗日纲领,亦无不可,《十大纲
> 领》之中改革政治机构一条独成为当前之严重问题,拥
> 护与反对者交众,虽言之成理,而见者思睡,以吾人之所
> 希望者为抗日之政府,清明有能之政府,非问起机构为何
> 如,人事为何如也。①

---

① 李源澄:《所望于全国同胞者》,《重光》第 2 期,1938 年 1 月 15
日,第 5 页。

面对侵略者,国内各派势力似乎一下子找到了共同的敌人,民众对中央政府统治的认同度空前高涨。还在"八一三事变"后不久,国民党中央政治委员会就评估道:"战场中虽有重大之牺牲,而政治上并不收获相当之代价,则百年来空前之机会未免失之可惜。"①此话一语中的:民族危机,悬于一线,此固属事实,倘处理得当,这又不失为百年来开启新中国的最好时机,最起码执政党内部就可以借此实现权力整合。

正是在这样的期望下,国民党于 1938 年 3 月 29 日召开临时全国代表大会,并最终通过了《抗战建国纲领》。吊诡的是,大会开幕的地方和会议活动的地方却不在一起。彼时国民党中央党部和国民政府已经迁往重庆,但军事指挥机关却坐镇武汉,是故国民政府主席力主在重庆开会,而军事委员会则主张在武汉开会。经过讨价还价最终决定,大会在重庆开幕,由林森主持,但主要活动在武汉举行,以迁就双方。这一小小的分歧其实折射出了孙中山去世以后国民党党、政、军三者分裂的状况。

申言之,前此南京国民政府体制内中央常务委员会、国民政府、军事委员会并驾齐驱。蒋介石只是军事委员会委员长,只控制了军权。于党务一端,他不过是中常委之一,尚要受到党内元老掣肘。1931 年 2 月至 5 月发生的蒋介石软禁胡汉民、广州国民政府反蒋等事件,就是国民党内部军权、党权斗

---

① 《国民党中央政治委员会致国防最高会议》(1937 年 8 月 26 日),章伯锋、庄建平主编:《抗日战争》第 4 卷上册,成都:四川大学出版社,1997 年,第 121—122 页。

争的结果。后此汪精卫出逃投日，亦与此有密切的关系。而抗战全面爆发后，国家转入战时体制，蒋介石就可以通过成立国防最高会议指导政府工作，顺理成章地控制国民政府。所羁绊者，惟在党权而已。

这次国民党临时全国代表大会正好给了蒋介石整理党务的机会。因此大会产生了两个看似相反却相辅相成的结果。

一方面，大会最终通过了《抗战建国纲领》许诺实行适度的政治开放，例如成立参政机关，推动地方自治，保障公民议政权利等等。国民党的开放姿态博得了包括中共在内的社会各界的公开拥护。例如中共中央在 4 月 18 日下发各地党委的指示中就明确指出，《抗战建国纲领》"其基本精神同我党的主张是一致的"，各地党组织应"用一切方法推动其具体实施"，"赞助国民党的进步与扩大"。① 从这个角度看，国民党临时全国代表大会似乎在推动中国的民主化。

另一方面，这次临时代表大会也修改党章，增设"总裁"专章，分设总裁、副总裁各一人。须知国民党内只有孙中山曾任"总理"一职，而新党章规定由总裁代行"总理"职权，甚至规定中央执行委员对总裁负责，而非对全国代表大会负责。这就正式定蒋介石为孙中山的合法继承人，并将其地位置于全党之上。这样看来，临时代表大会又实现了国民党内部的

---

① 《中央关于对国民党临全大会宣言与纲领立场的指示》，中央档案馆编：《中共中央文件选集》第 11 册，北京：中共中央党校出版社，1991年，第 491 页。

进一步集权化。①

集权与民主，二者的关系纷繁复杂。之所以要集权，是为了提高政府的运作效率，之所以要民主，是为了扩大政府的合法性。众所周知，如处理得好，集权当然能巩固政权的合法性，如处理失当，则集权行为本身都会失去合法性。对此，李源澄颇有先见之明。还在时代表大会召开前夕，他就在《如何应付国难》一文中评论道：

> 国难之来非可避免，而应付国难则权自我操，故国难时间之政府必权力无上而后可以应用自如。……可见信任政府为当前之急务，而分崩离析必同归于灭亡，无可怀疑也。……然而信任政府拥护领袖并非禁止批评，盖国家大计之未经宣布者不可县测以摇动人心，其已经宣布者亦须考虑事实不可妄评以牵制政府。至于旧日之积弊不可讳之事实，正宜从此革新，岂惟人民应当促进政府，政府亦当竭诚接受之不暇也。②

————————

① 参见《改进党务并调整党政关系案》(1938 年 3 月 31 日)，荣孟源主编：《中国国民党历次代表大会及中央全会资料》下册，北京：光明日报出版社，1985 年，第 479 页。关于此次临时代表大会中各方博弈的状况和决议出台的过程，可参见汪朝光：《抗战与建国：国民党临时全国代表大会研究》，《抗日战争研究》，2015 年第 3 期，第 33—46 页。其他相关研究，例如曾景忠：《有关国民党临时全国代表大会之研讨》，《民国档案》，2001 年第 4 期；杜世伟：《试析国民党的〈抗战建国纲领〉》，《史学月刊》，1988 年第 5 期。

② 李源澄：《如何应付国难》，《重光》第 3 期，1938 年 2 月 15 日，第 3 页。

国难当头,亟待人民"信任政府拥护领袖","政府必权力无上"。这就需要对民众自由加以限制,"国家大计之未经宣布者不可县测以摇动人心,其已经宣布者亦须考虑事实不可妄评以牵制政府"。但为了巩固政府合法性计,对这种限制又不能不加约束。归根结底,集权能不能达到其应有的效果?能不能提高行政效率、消除腐败? 这是决定抗战建国成败的关键因素。

总而言之,对于中国人民而言,抗日战争实际上包含了"抗战"和"建国"内外两部分。它不仅是一场抵御外侮的民族解放战争,也是一场对内消除腐败、建立新政治的革命建国行动。今人往往容易看到前者而忽略后者,但对于当时人来说,后者恰恰是保障前者得以实现的基础。难题在于,"抗战"要保卫中国,"建国"却说中国还没有建成。一者是历史传统意义上的中国,一者是革命断裂意义上的中国,两个中国很可能在逻辑上是相互否定的。人们又将如何解决二者之间的分裂呢?

(二)"抗战建国"背景下的《重光》月刊

1937 年 12 月,正是在"抗战建国"呼声高涨的背景下,韩文畦在成都创办《重光》月刊,约请蒙氏及李源澄、唐君毅等人担任编辑。① 根据周辅成回忆,该杂志"按'有钱出钱,有力出力'原则,蒙文通、熊东明等是出钱出力之类,我和唐君毅、

---

① 王承军:《蒙文通先生年谱长编》,第 146—147 页。

李源澄等则属于仅仅出力,写文章之类"。① 这份存续时间不长的杂志,汇聚了当时许多重要的四川学者。

按照创刊号首页刊载的《本刊启事之一》:值此国难之际,本社同人"深信中国民族本其过去历史文化之光荣与古先圣哲之垂训,必能昭示来者以复兴民族之途径"。② 在《发刊词》中,熊东明更称:

> 盖温柔敦厚,《诗》之教也,情之至也,忠恕之质也,人道之基,文明之本也。谬此毫厘,失彼千里,而残贼奸伪乘之。浸为资本主义焉,帝国主义焉。盖内缚于情愿,则外蔽于功利。寻至初发凶机,终绝文纪。故曰人心惟危,不可放也。革命维新,请自此始,然后事非诈伪,志终可期。③

足见此刊物的宗旨就是"以国粹激动种性",即通过弘扬民族文化唤醒民众民族意识,以应外侮。重要的是,熊东明说"革命维新,请自此始"。按理说革命的任务就是要推翻旧权威

---

① 周辅成:《二十世纪断想》,季羡林、钟敬文等:《我与中国20世纪》,郑州:河南人民出版社,1994年,第268页。《李源澄先生年谱长编》说法与之霄异:"这一刊物,系先生为了对民众积极宣教抗战救亡意识,与友人韩文畦、成都华西协和大学讲师唐君毅、周辅成诸先生齐心创办","本年,先生一年中主办《论学》、《重光月刊》两种杂志,发表论文、时论文章共计21篇"。照此说法,似乎李源澄不只是参与者,而是发起者。参见王川:《李源澄先生年谱长编》,北京:中华书局,2012年,第33—34页。

② 《本刊启事之一》,《重光》创刊号,1937年12月15日,卷首。

③ 熊东明:《发刊词》,《重光》创刊号,第2页。

的统治,与传统做彻底断裂,但熊氏却把传统当作了革命的前提。没有传统文化收拾人心,就无所谓"革命维新",革命的目的也不在于抛弃传统文化,而在于复归传统文化。

传统文化则多是忠孝节义之类,此无疑为现代化之桎梏,国人去之尚且惟恐不及,以传统谈革命,岂不自相矛盾吗?按照我们对革命的通行理解,革命就是要与传统决裂,非此则不能称之为革命。从这个角度看熊东明的论述,显得十分怪异。

大抵自清末以来,西方殖民主义者的文明等级论便经由日本席卷中国知识界。如唐晓峰教授所述:古人也有文野之辨,但他们更希望把文明人和野蛮人隔绝开来,使之相安无事;而建立在新教和资本主义文化上的现代文明等级论却相信,文明人为了全人类的健康,有权利侵占、改造甚至消灭野蛮人。[1] 类似的观点,蒙文通也曾提出过:

> 中国历史上中央王朝对少数民族的政策,与西方帝国主义的殖民政策大不同:殖民主义一是移殖,二是掠夺;而中国、中央王朝常常是禁止汉人进入民族地区垦殖,禁止从民族地区带出金银。[2]

古、今文野之辨无疑造成了截然异趣的历史效果。公允地说,

---

[1]　参见唐晓峰:《地理大发现、文明论、国家疆域》,刘禾主编:《世界秩序与文明等级:全球史研究的新路径》,北京:三联书店,2016 年,第20 页。

[2]　蒙文通:《治学杂语》,《蒙文通学记》,第27 页。

这种现代文明论思想自清末以来就一直推动着中国人不断学习西方,但随着民族危机的加剧,它突然不合时宜了。

例如根据梁启超等清末今文家的"新夷狄说",夷夏之别由历史进化程度高低决定。相比之下,日本文明开化程度深于中国,是故日本庶几近乎华夏,中国则属于新夷狄。无疑,在清末新政时期,非如此则不足以号召政界、学界学习列强。但在抗战前期,如此则不啻于为投敌叛国辩护。显而易见,"中日提携"乃是"用夏变夷",人们投身"新华夏"尚且应之不暇,又何必抗日呢?后此公羊学家陈柱出任汪伪中央大学校长,不就是以身作则吗?

不管此等文明等级论是以"新公羊学"的面目出现,还是以"科学主义"或别的什么面目出现,究其实质,都很有可能在此危亡之际涣散民族凝聚力。早在"一·二八"淞沪抗战之际,上海各界纷纷支持十九路军,汪精卫却连续发表演说,将中日两国比作弓箭和机枪,"若贸然与之宣战,将必演成义和团第二。"论调悲观至极。① 类似观点在 1937 年全面抗战爆发后,更是甚嚣尘上。只要略观周佛海、陶希圣、梅思平等"低调俱乐部"成员的言论,便可知其大概。

须知胡适正是该俱乐部的骨干和命名者。后担任汪伪政权要职的罗君强曾回忆道,"胡适曾替周佛海的住宅起了一个'低调俱乐部'的名称。'低调俱乐部'的臭名一经传

---

① 参见蔡德金:《历史的怪胎:汪精卫国民政府》,桂林:广西师范大学出版社,1993 年,第 29 页。

出,引起大家的注意,于是熊式辉就警告周佛海说,这样传出去,将有大不利。"①以胡适在舆论界的地位,此时积极参与"和平运动"并发表大量悲观论调,影响着实太坏。② 根据日军特务今井武夫的说法,国民政府于"八一三"淞沪会战甫一爆发就派胡适即刻前往美国争取外援并于 1938 年委任他为驻美大使,实则是要使其远离国内政界、学界,以免影响抗战工作。③

《重光》杂志的作者群体在学术和政见上正是胡适的反对派,值此危难之机,更会出面批评胡适,以消除他的不良影响。熊东明接着说道:

> 缙绅大夫,尘点宴如,鲜能明耻,多有讬金异族,或委质为臣者。其子弟少年,情昧国史,智陋田巴,而掎抚异俗,辄訾前宪。国学之徒,又多璅璅无当,竞为碎僻荒诡之辞,冀容于时。将先纪文德,应绝神州,炎皇遗胤,左祍

---

① 据罗君强回忆,"胡适曾替周佛海的住宅起了一个'低调俱乐部'的名称。'低调俱乐部'的臭名一经传出,引起大家的注意,于是熊式辉就警告周佛海说,这样传出去,将有大不利。"罗君强:《'低调俱乐部'》;黄美真、张云编:《汪伪政权资料选编·汪精卫集团投敌》,上海:上海人民出版社,1984 年,第 200 页。

② 相关史料,可参见《抗日战争初期胡适的卖国罪证》,中国科学院历史研究所第三所编:《近代史资料》1955 年第 2 辑,北京:科学出版社,1955 年。该辑《近代史资料》出版时,正值对国内大批判胡适,"卖国罪证"一语显然有失公允,但他奔走于政界、学界,为"和平运动"出谋划策并积极造势,极不利于凝聚全国人民的抗战决心,却是不可否认的事实。

③ 〔日〕今井武夫:《今井武夫回忆录》,上海:上海译文出版社,1978 年,第 81 页。

长奴乎。①

"国学之徒，又多璅璅无当，竟为碎僻荒诡之辞，冀容于时"，这分明是在斥责胡适的"以科学的方法整理国故"。章太炎当初提倡国学，本是用于"激动种姓"，培养民族精神的。胡适却把它充作材料，用以标举自己的"西洋化"主张，此谓之"海外中国学"可也，谓之"国学"则太名不副实。

与之类似，周辅成批评"唯物主义者"：

> 他们是要将我们人类的精神，解释得更为简单，如像化学上分析物体，将原素归纳得愈单纯，愈为有用，但人类努力精神，却像入土的花枝，只有愈来愈繁茂。起头只注意的当然是生长的条件，但愈后则愈使我们要注意花枝的繁茂了。我们也因为花枝愈来愈繁茂，所以我们愈爱他。②

胡适曾说人是由几分之水、几分之碳合成的，大抵可归为此类"唯物主义"。用"唯物主义"治国学，其结局也只能是"碎僻荒诡之辞"。无疑，周辅成的这段话并不是在批判实证科学研究，而是在批判科学主义背后的文明等级话语。这种话语假设了西方或日本天生就具有现代的因素，并美化殖民主义、

① 熊东明：《发刊词》，《重光》创刊号，第4页。
② 周辅成：《精神何以有独立价值》，《重光》第2期，第20页。

帝国主义行径为人类历史的进步。

也正是在民族危机的背景下,学界的注意力逐渐由清末那种文明的历史等级论转向了文明冲突论。比如今天学者就发现了一个有趣的现象,"文明"这个清末民初最时髦的术语,在 1930 年代以后逐渐为"文化"取代。① 在当时的语境中,"文化"一词具有民族特性的意味,"文明"则更指西方已经到达而中国却远未到达的历史阶段。前者重于对等,后者则偏于等级。

胡适等人一再强调西洋文化具有中国文化所没有的现代因素,其最大问题不在于主张现代化和学习西方,而在于他们把传统与现代对立起来。《重光》写作群体正是要取消这个对立。

唐君毅称:"日本之民族日就死亡之民族也。中国民族当为世界创建新文化之民族也。"

> 然中国民族则必能为世界创建新文化,此亦由中国往昔之民族性而见。盖世界唯中国民族最善于养其太和之,识生人道之。气不祈福于天神,不驰逐于外物,力蓄于内故不竭,用而知反故不穷。此虽为圣贤能尽其道,而中国愚夫愚妇皆有与能焉。故中国民族独富宽容博大之精神,能融纳一切不同之文化而陶铸之,此于中

---

① 郭双林:《从近代编译看西学东渐——一项以地理教科书为中心的考察》,《世界秩序与文明等级》,第 237 页。

国往史已得其证。其所以必能创建世界未来之文化者，
亦以此。①

"宽容博大"是中国民族文化的特质，因此中国人民天生爱好
和平，即便迫不得已参加战争，也只是为民族谋独立而已，这
与日本根本不同。唐氏的关注点在于，中国历史上"融纳一
切不同之文化而陶铸之"的种种事例说明了，中国传统与现
代化并不背离。以"宽容博大"为民族精神，是要取消中国与
世界、传统与现代的简单对立。时至今日，这仍然是我们弘扬
传统不可替代的思路。

但仅凭此说仍然嫌不足，革命决裂已经是一个不容绕过
的政治事实，它是现代政治合法性的源泉。传统是革命的对
象，现代是革命的结果。唐君毅毕竟没有触碰革命这一现代
中国的根本问题，这就仍然没有真正解决传统与现代的对
立。倘若中国传统一贯包含现代因素，则仁人志士又何必投
身于革命呢？倘若革命本无必要，则由革命建立的现代政权
岂非同样没有必要了？反过来，倘若革命是现代中国的必由
之路，则岂不证明了中国传统并没有自动走上现代化的
能力？

毋庸置疑，儒学是中国传统文化的主干。但近代诸位大
儒在历史转折中的表现实在不佳：保皇干将中有康有为，洪宪
帝制拥戴者中有刘师培，孔教会为张勋复辟鸣锣开道，郑孝

---

① 唐君毅：《宣传民众者应有之认识》，《重光》第 3 期，第 14 页。

胥、罗振玉位列伪满洲国的"开国功臣"。清政府实行新政仍要学堂讲授经学，袁世凯复辟仍要尊孔读经，甚至连日本侵略者推行奴化教育还要宣扬"忠孝节义"。可说儒家、经学在近代史的账单上污点累累。反观章太炎以"订孔"批判保皇派，陈独秀以批判"东方文化"反对张勋复辟。这能不让人们把传统经学与反革命、反民主、反现代挂钩吗？

《重光》这块蜀学阵地于 1938 年 6 月停刊，只存续了半年，却正好发表了之于蒙文通而言非常重要的两篇文章《非常异义之政治学说》《非常异义之政治学说解难》。这两篇文章正是要着手处理传统与革命的根本问题。

蒙氏晚年曾说，"《孔子与今文学》，也可说是我的经学研究告一段落，比之《经学抉原》是有改变的。"①《孔子与今文学》是《儒家政治思想之发展》的白话文版，后者又是由《非常异义之政治学说》《非常异义之政治学说解难》合并而来。可以说，在《重光》杂志期间，蒙文通基本完成了他的经学转型。

须知蒙文通的川籍师友多具有革命经历。例如廖平、吴之英、刘士志、王铭章等人便积极参加保路运动，伍非百等人甚至投身护国运动、护法运动。他的伯父蒙公甫曾因主张保路为赵尔丰囚禁，生父蒙君弼则参与组织保路同志军。出于周围环境的影响，同为今文家的蒙文通对革命有着与康有为截然不同的理解。

---

① 蒙文通：《治学杂语》，《蒙文通学记》，第 34 页。

三、诸子汇通与汉初革命儒学

蒙文通生平唯一自编、自校、自跋的论文集《儒学五论》在1944年出版了。他之所以这样重视此书，无疑是因为自觉此时经学体系已经完成。为了这部盖棺之作，蒙氏甚至两次撰写"自序"。在第二稿"自序"中，蒙文通特别提到了一件往事。

1941年初，友人郭有守出任四川省教育厅厅长，致力于振兴蜀中文教事业。他不辞辛劳，四处奔走，创立了教育科学观、图书馆、博物馆等机构，并于1月9日电请蒙文通出任省图书馆馆长。2月3日，蒙文通在妥善安排金陵大学和东北大学教务后，终于就任馆长直至成都解放，并于任内大量收集古本古书，为四川文史资料的储备做出了很大贡献。

在此期间，儒将严立三曾来省图书馆拜访蒙氏。二人朝夕相对，无话不谈。严氏虽为军人，旧学造诣实则甚高，曾对《礼记·大学》《庄子》等有过精深的研究。谈话间，严立三就嘱托蒙文通："方此国难之殷、忧患之间，所冀友朋讲明此学，延之后生，无使坠绝。"又叮嘱道："学有汉宋之殊，宋儒于性德之奥抒发至矣，惟但有内圣而无外王，则于经世之旨不足。汉学有今古之别，古学于经传训诂考证既详可资诵习，而外王致用之学则在今文，吾子承廖氏之绪，宜以学以教，则儒之终有裨于国家民族也。"①

---

① 蒙文通：《〈儒学五论〉自序》（第二稿），蒙默编：《蒙文通全集》第6卷，成都：巴蜀书社，2015年，第125页。

可惜天不假人,就在蒙文通出版《儒学五论》前不久,这位誓于日寇"不共戴天"的爱国将领却因积劳成疾而病逝于湖北恩施①,未及阅览蒙氏大作,令人惋惜。蒙氏于第二稿"自序"中补入此事,正为悼念亡友。

实则严立三嘱托之时,蒙文通已早有主张。他接着写道:

> 然此百千年外王学说,欲持之以致用于今日,可乎?!顷者民治之论盛极于时,胡鉴民先生尝以问文通曰:今者国家推崇儒学,复步趋民治,二者其不相妨耶? 余以今文家政治理想告之,胡先生为首肯者再,知今世持胡先生之疑者非一人,于此编所论其亦为之首肯否也? 是此编者于重儒学行民治倘有万一之助也。②

世人皆知儒家提倡"忠孝节义"为历代统治者推崇,皆见康有为保皇复辟、袁世凯尊孔读经,也皆不满于蒋介石政权假王阳明、曾国藩为号推行独裁统治。他们往往忽略了孟子、荀子称颂"汤武不为弑",儒生眭孟敢上书汉昭帝"求索贤人,禅以帝位",这些不正说明了儒家并不教人愚忠吗?③

---

①　1938 年武汉会战期间,严立三目睹日寇烧杀抢掠,激愤不已,于宜昌三游洞石壁手书"不共戴天",誓于日寇血战到底。他于病重之际仍以战时物资紧张为念,要求医生保守治疗,令人钦佩。

②　蒙文通:《〈儒学五论〉自序》(第二稿),《蒙文通全集》第 6 卷,第 125 页。

③　蒙文通:《非常异义之政治学说》,《蒙文通全集》第 6 卷,第 94 页。

蒙文通敏锐地发现，尽管近代革命家除了西学资源外，大可以利用法家、墨家、道家、释家等学说，但传统资源中只有儒家才是明确提倡革命的。一个有名的例子发生在齐宣王与孟子的对话中间。齐宣王请教孟子何为卿士的职责，孟子说"有贵戚之卿，有异姓之卿"，并反问宣王问的是哪种卿。宣王说："请问贵戚之卿。"孟子答道："君有大过则谏；反复之而不听，则易位。"听到此话，齐宣王的反应是"勃然变乎色"。（《孟子·万章下》）可见"辄言汤武"的儒家原本并不讨统治者喜欢。

但问题是，在孟子那里，革命只是"贵戚之卿"的特权，对于"异姓之卿"而言，则是"君有过则谏，反复之而不听，则去。"（《孟子·万章下》）这毕竟仍是原始的血统论思想，与民主革命相去诚不可以道里计，岂可"持之以致用于今日"？

（一）　阴阳五行说与儒家革命思想的平民化

与孔子、孟子、荀子等先秦儒家一样，汉初儒生也辄言汤武。例如司马迁就记录了一场著名的宫廷辩论，辩论双方分别是主张黄老之术的黄生和主张儒术的辕固生。

> 清河王太傅辕固生者，齐人也。以治诗，孝景时为博士。与黄生争论景帝前。黄生曰："汤武非受命，乃弑也。"辕固生曰："不然。夫桀纣虐乱，天下之心皆归汤武，汤武与天下之心而诛桀纣，桀纣之民不为之使而归汤武，汤武不得已而立，非受命为何？"黄生曰："冠虽敝，必

加于首;履虽新,必关于足。何者,上下之分也。今桀纣
虽失道,然君上也;汤武虽圣,臣下也。夫主有失行,臣下
不能正言匡过以尊天子,反因过而诛之,代立践南面,非
弑而何也?"辕固生曰:"必若所云,是高帝代秦即天子之
位,非邪?"于是景帝曰:"食肉不食马肝,不为不知味;言
学者无言汤武受命,不为愚。"遂罢。是后学者莫敢明受
命放杀者。(《史记·儒林列传》)

对辕固生评价甚高的蒙文通便一再提及此事。① 辕固生宣扬
"汤武革命"以坐实"高帝代秦即天子之位"绝不是出于"媚
上",否则他怎么会因得罪太后而"执刃斗野猪"呢? 辕固生
只不过说出了儒家的一贯主张罢了。

重要的是,汉高祖起于平民而登天子位,辕固生拿他比作
汤武,革命已经不再是诸侯或贵戚之卿的特权了。蒙文通后
来曾指出:

但自战国以来的儒家,有一个大缺点,他们总认为
"无土不王"。"汤以七十里,文王以百里"这些事实成为
他们的迂腐成见,而他们认为必须要有七十里或百里才
能革命。后来陈涉等揭竿而起,似乎才打破了这种迷
信。……可见这一次人民大起义为儒生所拥护而打破了

---

① 例如蒙文通:《儒家政治思想之发展》(讲义本),《蒙文通全集》
第6卷,第105页;《儒家政治思想之发展》、《孔子和今文学》,《蒙文
通全集》第1卷,第57—58、323—324页。

原有的成见,陈涉虽失败,而刘邦却成了功。这对部分儒生受到绝大的启发。①

司马迁列陈涉于"世家",如他撰写《刺客列传》、《游侠列传》一样,体现了汉儒的平民思想,这是先秦儒家不具备的。蒙文通看到汉儒之革命不同先秦之革命,在于他们已然抛弃了"无土不王"陈腐见解,这正是来自于司马迁的提醒。太史公指出:

> 秦既称帝,患兵革不休,以有诸侯也,于是无尺土之封,堕坏名城,销锋镝,鉏豪桀,维万世之安。然王迹之兴,起于闾巷,合从讨伐,轶於三代,乡秦之禁,适足以资贤者为驱除难耳。故愤发其所为天下雄,安在无土不王?此乃传之所谓大圣乎!岂非天哉,岂非天哉!非大圣孰能当此受命而帝者乎?(《史记·秦楚之际月表》)

《史记》强调秦汉间的革命之所以"轶於三代",亦即之所以超出汤武故事,正在于革命者既非诸侯,亦非贵戚。"王侯将相,宁有种乎?"此话在今人看来不足为奇,但纵观世界历史,则不能不说这是一次历史的大进步,远超于欧洲、日本封建时期的思想。

大抵儒家"宪章文武",相信周公"天命靡常"、"以民为

---

① 蒙文通:《孔子和今文学》,《经学抉原》,第218页。

监"的观点,这势必就进而主张"天下唯有德者居之"。而汉儒则立足于陈涉、刘邦,把"有德者"的资格彻底平民化了。

更加难能可贵的是,司马迁指出了导致这种平民主义进步的原因恰恰在于秦始皇"无尺土之封,堕坏名城,销锋镝,鉏豪桀"。换言之,法家"削世卿,杜私门",恰恰为汉初儒家平民革命思想的产生奠定了制度基础。秦以私天下之心而行公天下之事,司马迁"岂非天哉,岂非天哉"的感叹不是近乎于马克思所说的"历史不自觉的工具"?

如前章所述,蒙文通在研究周秦民族时就得出,周秦之变和儒法之争的根本在于国野制度的消灭和世系等级制度的打破。是以后来的儒家吸收了法家的观点,不再主张世卿制度。这是汉初新儒学产生的第一个社会基础。而秦朝速亡教训深刻,汉初新儒学的产生又是为了纠秦之弊,这是它的第二个社会基础。这就像否定之否定的辩证运动,法家辩证否定了先秦儒家,汉代新儒家又辩证否定了法家。先秦儒家是正题,法家是反题,汉代新儒家则是合题。

但问题只在于,汉儒是怎么动员并隐藏自己的革命思想的?

蒙文通在《儒家政治思想之发展》开篇就旗帜鲜明地与清代主流今文家划清界限。我们可以把这里批判的主流今文家分为两类。关于第一类,蒙氏指出:

> 世之争今古文学者何纷纷也,盖古以史质胜,今以理想高,混不之辨,未解今文之所谓也,而漫曰"王鲁"、曰

　　"新周",说益诡而益晦,庄、刘、宋、魏之俦,殆亦有责焉。
　　不慧遍涉《齐诗》、《京易》、伏生之《书》、戴氏之《礼》,而
　　后知"一王大法"者,自有其经纬万端,在制而不在义,在
　　行事而不在空言。制备也,则"继周损益"、"素王受命"
　　非复徒言。①

　　这正是廖平之前的常州学派。他们不知今古文之别在于制度
而空谈"王鲁"、"新周",然则"新周"新在哪里? 彼辈仍然不
甚了了。直到廖平《今古学考》指出今古文之别在于制度,
"素王大法"才有了具体内容。

　　可以说这类批判在蒙氏早期的《古史甄微》等著作中就
已经进行过多次了,此处已没有重复论述的必要。他对第二
类主流今文家的批判说出了之前著作未曾说出的道理。

　　　　晚清之学,急于变法,故侈谈《春秋》,张"改制"之说,
　　而《公羊》之学,显于一时。然"改制"义,才比于"五际"
　　之"革政",而"五际"、"革命"之说,未有能恢宏之者。②

　　这无疑是针对康有为、皮锡瑞等人。此辈虽然略知今古文学
之制度差异,但却不知今文学的根本精神在革命而不在改制。
以至于他们先是保皇后又复辟,身败名裂。由此看来,世人批

---

① 蒙文通:《儒家政治思想之发展》,《经学抉原》,第152页。
② 同上,第154—155页。

判经学为专制统治之工具,亦有由也。

蒙文通便感叹道:

> 苟不省礼家之新制已大异周人之旧规,独张皇于
> "三科"、"九旨",而昧忽于"五际"、"三期",抗董、何之
> 浮文,以概六艺之宏义,孤树《公羊》,欲张赤帜,以召非
> 常可怪之讥,是欲尊之,适以窒之,斯皆不解儒家"革命"
> 之旨,不求历史蜕变之迹,正厚儒而不以其道者之罪,而
> 岂侮经毁孔者之过哉?①

大抵清代主流今文家只知道公羊学,康有为甚至明说"传经
只有一公羊",殊不知齐诗学也是今文学的重要组成部分。
康党错过了齐诗学的"五际"之说,也就错过了汉初今文家的
革命主张,彼等身败名裂固不足昔,连累儒学背负专制的骂
名,导致民族自信心不能伸张,却属是可忍孰不可忍。

令人好奇,究竟齐学具有怎样的"非常异义可怪之论",
竟蕴藏着革命思想?

蒙文通曾引用陈乔枞《三家诗遗说考》:

> 《大明》在亥,水始也。《四牡》在寅,木始也。《嘉
> 鱼》在巳,火始也。《鸿雁》在申,金始也。午亥之际为革
> 命,卯酉之际为改政。卯,《天保》也;酉,《祈父》也;午,

---

① 蒙文通:《儒家政治思想之发展》,《经学抉原》,第 152—153 页。

《采芑》也;亥,《大明》也,然则亥为革命,一际也。亥又
为天门,出入候听,二际也。卯为阴阳交际,三际也。午
为阳谢阴兴,四际也。酉为阴盛阳微,五际也。①

《大明》、《四牡》、《嘉鱼》、《鸿雁》、《祈父》、《采芑》等都是
《诗经》的篇名,天门为星相,亥、午等为时令。这段话怪诞到
几乎无法让人理解,《诗经》与星相运行、时令变化有什么关
系？蒙文通解释道,齐学家把《诗经》中的篇章与阴阳五行相
配,《大明》就是《大雅·文王之什》中的一篇。它记述的是武
王伐纣战于牧野之事,"《大明》在亥"讲的就是汤武革命。
"四始五际"以《大明》为首,足见革命的重要性了。

汉景帝以"食肉不食马肝,不为不知味"为由搁置了辕固
生与黄生的争论,其结果司马迁说得很明确,"是后学者莫敢
明受命放杀者。"统治者可以不准儒生谈革命,却无法阻止儒
生的革命思想。诚如蒙氏所说,"统治者不准讲论汤武受命,
就只好透过《大明》之诗披着阴阳五行的外衣来讲论了。"②不
特辕固生的齐诗学如是,京房的《易》学,伏生的《尚书》学皆
是如此。如他所说:

即以今文学讲的阴阳五行而论,也不应只看皮相,而
要透过阴阳五行看到它骨子里究竟是些什么,有没有什

①　陈乔枞:《三家诗遗说考》,转引自蒙文通:《孔子和今文学》,
《经学抉原》,第225页。
②　蒙文通:《孔子和今文学》,《经学抉原》,第226页。

么意义？犹之中医，不能只看到它讲阴阳五行，便说它不科学而把它否定掉。不正视今文学家的政治、哲学思想，而只抓住阴阳五行等表面现象，是抓不住今文学的实质的。今文学别有个精神，就是"革命"。①

蒙文通与顾颉刚都认为，方士与儒生在秦汉之交结合起来了。与顾颉刚的解释不同，蒙文通不认为儒生攀附阴阳五行说，只为了取荣于汉帝。② 这番指责倘用在公孙弘、董仲舒头上尚且合适，用在辕固生头上就显然不对了。

从这个角度看，在高压政治面前，汉代齐学家也分裂了。

　　一部分人变节，放弃了主张，入于利禄之途；一部分人只能隐蔽起来，秘密传授，所谓"以授贤弟子"。公开讲的是表面一套，秘密讲的才是真的一套。这就是后来所谓的"内学"。同时又不能不用阴阳五行为外衣当烟幕，这便成为后代纬书(不是谶记)的来源。③

公孙弘、董仲舒等公羊学家为了取荣于汉武帝，以改制代替革

---

① 蒙文通：《治学杂语》，《蒙文通学记》，第 14 页。
② 顾颉刚：《秦汉的方士与儒生》，上海：上海人民出版社，2005年，第 35 页。
③ 蒙文通：《孔子和今文学》，《经学抉原》，第 217 页。需要指出，蒙氏明分"纬书"与"谶记"，当是得之廖平。如廖氏《经话乙编》明确区分谶、纬二者，纬书最初用于发扬圣人微言大义，藏之秘府，谶记则用于占验祯祥。迁延日久，二者逐渐混淆不清。

命。康有为等保皇党人不仅在学术鼓吹董氏,更在政见上继承董氏。蒙氏感叹道:

> 于是"改制"之说起,而"革命"之论淆,至晚近谈"变法"而旨益隘。董生变其所学,以委曲于汉,固无以愈于公孙弘之阿世,然儒术遂行,儒显而道以晦,独非董生之咎哉![1]

大抵在蒙氏看来,康有为固然能够剿袭廖平的观点,却学不来廖平学说的精髓。廖平积极投身保路运动并参加革命军政府的经历,不正说明了今文学还有革命的一面?

"近代之今文有二"源于"汉代之今文亦有二",一条是革命的道路,一条是保皇的道路。其实顾颉刚何尝没有看到齐学也有挑战君权的一面?他在名著《五德终始说下的历史和政治》中就明确指出:

> 堪笑秦始皇一方面要"至于万世,传之无穷",一方面却又听信了齐人的话,自承为水德。他不想想:倘有土德之帝起来,他的天子之位是不是尚可传之无穷呢?
>
> ……
>
> 因为那时人相信做天子的也像做官一样,多少年后须换一新任,故纬书中便有下面的话:……。
>
> ……

---

[1]　蒙文通:《儒家政治思想之发展》,《经学抉原》,第157页。

天下怨愤之情,于此可见。在这样怨愤的空气中,人民对于汉帝的信仰是衰落了,一班五德三统论者就依据了自家的学说而主张易姓受命了。这不是他们好弄术数的玄虚,正是他们在失望之下的新希望。①

这样看,阴阳五行就不只是齐学家掩盖自己革命主张的外衣了,它更能反过来强化革命、禅让的信仰。

引文中说的"那时人相信做天子的也像做官一样"一句,今文学称之为"天子一爵"。《白虎通义》开篇就称:"天子者,爵称也。爵所以称天子何?王者父天母地,为天之子也。……帝王之德有优劣,所以俱称天子者何?以其俱命于天,而王治五千里内也。"②天子与公、侯、伯、子、男一样都只是一个爵位,这说明了天子也不是绝对在上的。天子受命于天,但"天命靡常,以民为监",倘其失去民心,革之正当合理。

顾颉刚是史学家而不是经学家,他的话证明了蒙文通的齐学革命观点是有历史依据的。蒙氏在此一改早年《经学导言》、《经学抉原》中批判内学的态度,转而认为内学才是儒学的精髓,很可能受到了顾颉刚的影响。

蒙文通指出:"'素王'之说,本于'革命'。……'革命'

---

① 顾颉刚:《五德终始说下的历史和政治》,顾颉刚编:《古史辨》第5册下编,上海:上海古籍出版社,1982年影印本,第466—470页。

② 班固撰,陈立疏证:《白虎通疏证》上册,吴则虞点校,北京:中华书局,1994年,第1—3页。

'素王'之义,如车二轮,《齐诗》、《公羊》,合而后备,本出一源,岂二致哉!"①对此,他在《孔子和今文学》中进一步解释道:

> 《齐诗》讲"革命",《公羊》讲"素王"。但两者是不能分割的,不能孤立起来讲论的。很显然,如果没有"革命"来"易姓改代",圣人如何能受命而王。故只讲"素王"而不讲"革命",称王便失掉根据。反过来,如果没有"素王"的"一王大法","革命"便将无所归宿,故只讲"革命"而不讲"素王","革命"便失掉行动的目标。……"革命"、"素王"二说,如车之两轮,相依为用,缺一不可。必须把《公羊》、《齐诗》合起来看,而后可以窥其全豹。②

康有为等人的错误就在于只知道公羊学的"素王大法",而不知道齐诗学的革命思想,因而他们虽然指出了理想制度,却总找不到实现理想制度的途径。总之,忽略了革命,素王之制就会失去保障,忽视了素王之制,革命就要失去方向。

"齐学革命"一轮大体如此,"素王大法"一轮又体现在哪里呢?

秦朝灭亡的原因在于不外乎两点,一为残暴统治,二为土

---

① 蒙文通:《儒家政治思想之发展》,《经学抉原》,第156—157页。
② 蒙文通:《孔子与今文学》,《经学抉原》,第229—230页。

地兼并。

先就第一点残暴统治而言。秦皇筑长城、修骊山陵、建咸阳宫,直道、驰道、五尺道、灵渠等浩大工程接踵而至,丝毫不吝惜民力。

再就第二点土地兼并而言。秦国又承认土地私有,允许自由买卖,造成大量农民失去土地。

综上两点,正是秦末农民大起义的社会政治根源,这已无需赘言。我们把蒙文通的"素王之说"归纳一下,不难发现,汉初今文家的理想制度正是针对以上两点而发。

(二) 教育与选材:纠秦之弊与汉初新儒家的社会革命

蒙文通清醒地看到,经历了周秦之变,国野、乡遂之界别已然彻底打破,无论儒生再怎么向往三代之制,事实上都不可能回到过去了。

> 夫周则贵贱之悬殊,秦则贫富之迥绝,而《公羊》家之言井田也则又异。……则今文家所论井田,通国皆助,通国皆出兵出车,亦通国立学,而君子、野人之隔泯矣。则今文家之论井田,既以夷周人贵贱之殊,亦绝秦人贫富之隔,所谓"一王大法"者,岂非鉴于二代之弊,而特拟一理想之治哉!①

---

① 蒙文通:《儒家政治思想之发展》,《经学抉原》,第159页。

乍看上去,汉儒为纠秦之弊是想要倒退回周制去,但在新的历史条件下,这种井田制度已然不可能再完全复制周代的井田制度了。汉儒主张的井田最起码已经失去了周代井田的现实根基,即国野、乡遂制度。编户齐民条件下的井田制度不会再有国人野人之类的血统差别,而是平等地施之于全体人民。简言之,这样全民平等的土地公有制既纠正了秦代"贫富迥绝"的社会弊病,又不至于落入周代"贵贱悬殊"的泥淖中去。

由新的经济基础作保障,汉儒设想的教育、选举、文化制度都呈现出了全然不同于周制的新气象。且看《周官》对"师氏"一职的规定:

> 居虎门之左,司王朝。掌国中(得)失之事,以教国子弟,凡国之贵游子弟学焉。(《周官·地官·师氏》)

很明确,师氏的一大职能是要教育"国子弟",让他们掌握国之盛衰兴亡的道理。关于"国子弟",贾公彦疏证:

> 国之子弟即王大子已下,言弟,即王庶子。以其诸侯已下皆以嫡子入国学,庶子不入,故知也。①

在周代宗法制度之下,诸侯嫡庶的地位尚且天然不平等,更何况贵族与平民呢?

---

① 郑玄注,贾公彦疏:《周礼注疏》,第351页。

再看《周官》对于"保氏"一职的规定：

> 保氏，掌谏王恶。而养国子以道，乃教之六艺：一曰
> 五礼，二曰六乐，三曰五射，四曰五驭，五曰六书，六曰九
> 数；乃教之六仪：一曰祭祀之容，二曰宾客之容，三曰朝廷
> 之容，四曰丧纪之容，五曰军旅之容，六曰车马之容。
> （《周官·地官·保氏》）

对比《周官》对于"大司徒"一职的规定：

> 令五家为比，使之相保；五比为闾，使之相受；四闾为
> 族，使之相葬；五族为党，使之相救；五党为州，使之相赒；
> 五州为乡，使之相宾。……以乡三物教万民而宾兴之：一
> 曰六德，知、仁、圣、义、忠、和；二曰六行，孝、友、睦、姻、
> 任、恤；三曰六艺，礼、乐、射、御、书、数。（《周官·地
> 官·大司徒》）

显而易见，普通乡民接受的教育与贵族子弟接受的教育是截
然不同的。从"五家为比，使之相保；五比为闾，使之相受"等
规定来看，撇开游牧与农耕的生产方式差异不谈，周代乡民基
层单位性质上类似于猛安谋克制度、八旗制度，都是一种军政
兵民合一的原始共同体。

普通公民平时生产战时打仗，贵族则为他所辖民众的军
事领袖。所以乡民与贵族都要学习军事技能，但除此之外，双

方所受的教育就完全不同了。贵族学习国家礼仪，掌握兴亡之道；乡民教育则重在相互和睦，对上效忠。对于"乡三物"的功能，郑玄注释：

> 民三事教成，乡大夫举其贤者能者，以饮酒之礼宾客之，既则献其书于王矣。[1]

乡民教育的目的是要选拔优秀人才，但优秀人才再怎么样也成不了贵族，统治者只需要他们"献其书于王"，为己所用而已。郑玄的解释还不够清楚，宋儒刘彝说得十分透彻：

> 古者乡学教庶人，国学教国子。乡学所升不过用为乡遂之吏，国学所升，则命为朝廷之官，此乡学国学教选之异，所以为世家编户之别。[2]

站在今天人类学的原理上，我们不禁感到刘彝的话真是不易之论！周代还是血缘宗法制时代，职业官僚体系是战国以后逐渐形成的，彼时还没有职业官僚体系，又怎么可能出现超出血统身份限制的选聘制度呢？

　　相对于贵族而言，乡民是被统治阶级，相对于六遂殷顽而言，他们又是统治者了。可以说，周王朝的权威就是在遂人、

---

① 郑玄注，贾公彦疏：《周礼注疏》，第266页。
② 辑自秦蕙田：《五礼通考》卷一百七十三，转引自蒙文通：《儒家政治思想之发展》，《经学抉原》，第162页。

乡人、卿大夫、公侯、天子层层分明的等级制度之上建立起来的。

相比之下，《王制》的规定就不大一样了，它非特取消了乡遂之别，更突破了平民、贵族的绝对界线。例如它对司徒之官的规定：

> 命乡，论秀士，升之司徒，曰选士。司徒论选士之秀者而升之学，曰俊士。升于司徒者，不征于乡，升于学者，不征于司徒，曰造士。乐正崇四术，立四教，顺先王《诗》《书》《礼》《乐》以造士。春秋教以《礼》《乐》，冬夏教以《诗》《书》。王大子，王子，群后之大子，卿大夫元士之适子，国之俊选，皆造焉。凡入学以齿。
>
> 将出学，小胥、大胥、小乐正，简不帅教者以告于大乐正。大乐正告于王。王命三公九卿大夫元士皆入学。不变，王亲视学。不变，王三日不举，屏之远方，西方曰棘，东方曰寄，终身不齿。大乐正论造士之秀者以告于王，而升诸司马，曰进士。（《礼记·王制》）

在这个选拔系统中，乡秀士完全可以凭借自己的才能一步步升入国学，与"三公九卿大夫元士"处于同样的地位。天子拜官授爵都在国学中选拔，平民享有了与贵族同样的晋升国家权力阶层的机会。

仅凭这点就可以清楚地说明，乾嘉学者认为《王制》体现了周制实在大谬不然。"周制"只是外衣，内核已经全然不同,这是编户齐民条件下的新事物。令人遗憾,皮锡瑞身为今文学家,一再强调《王制》与《周官》的制度差别,却也对此节不甚了了,以为二者"以司徒为地官相近"。①

重要的是,清末今文家以为《王制》是孔子制作,把孔子目为无所不能的规划者,这就使得素王大法成为了无本之木,无源之水。这不仅无法取信于世人,就连其思想的来源也没有办法参透——他们不会去思考"编户齐民"这个周秦之变的关键对于汉初今文学产生了多么深刻的影响。

从这个角度来讲,反而是痛骂《王制》"不达政体,愚莫甚焉"的章太炎说得更准确:《王制》既不是周代旧制,也不是孔子之制,而是汉初博士的设计。事实上,章太炎不自觉地为蒙文通的《王制》《周官》研究铺好了道路,蒙文通只需要把章氏的褒贬评价翻转过来即可。这也无怪乎蒙氏谈起自己经学转型时,总要提及 1933 年与章太炎的对话了。

公允地说,倘蒙氏仅止于此则犹嫌不足,"理想之三代"到此也只是一套社会变革方案,还不是政治革命。只有明确它政治革命的内容,蒙氏才能真正与清末今文家拉开距离,才能真正答复严立三的嘱托"以外王致用之学裨于国家民族"。

(三)"选天子":墨家与汉初儒家的政治革命主张

就社会变革方案而言,汉初儒生尚能结合先秦儒法二家之长,去二家之短,创造一套新制度。就政治革命而言,先秦

---

① 皮锡瑞笺注,王锦民校笺:《〈王制笺〉校笺》,第 133 页。

儒法二家的思想资源就不够用了。幸而墨子学说提供了新的资源。

大抵在墨子看来，东周政治失序，社会动乱源于政令不一。是故墨家主张"尚同"，"闻善而不善，必以告天子。天子之所是，皆是之；天子之所非，皆非之。"（《墨子·尚同上》）单看此论，似乎是种极专制的思想，全社会都要以天子的想法为准，倘若天子不仁，百姓岂不要遭殃？须知墨子"尚同"的前提是一套完整的政治选举方案。

> 天下之乱也，至如禽兽然。无君臣上下长幼之节、父子兄弟之礼，是以天下乱焉。明乎民之无正长以一同天下之义，而天下乱也，是故选择天下贤良、圣知、辩慧之人，立为天子，使从事乎一同天下之义。天子既以立矣，以为唯其耳目之请，不能独一同天下之义，是故选择天下赞阅贤良、圣知、辩慧之人，置以为三公，与从事乎一同天下之义。天子三公既已立矣，以为天下博大，山林远土之民，不可得而一也。是故靡分天下，设以为万诸侯国君，使从事乎一同其国之义。国君既已立矣，又以为唯其耳目之请，不能一同其国之义，是故择其国之贤者，置以为左右将军大夫，以至乎乡里之长，与从事乎一同其国之义。（《墨子·尚同中》）

在墨子的设想中，不仅乡里之长是选拔贤能产生的，天子三公、诸侯国君、左右将军大夫也是选拔贤能产生的，就连天子都是选拔贤能产生的。具体方案是先从天下贤良、圣知、辩慧之人中民选天子一人;再由天子从智慧贤能之人中选拔三公、诸侯国君;再由诸侯国君从国中智慧贤能之人中选拔左右将军大夫、乡里之长。这套方案若是由西方启蒙思想家提出,我们可能不会觉得奇怪。但它在血缘等级制度尚未彻底破坏的东周时代,由墨家提出,就不能不令人惊叹了。

蒙文通指出:

> 夫选贤以为天子,其义著明已早,友人伍非百说:"《礼运》一篇,全符《墨子》之义"。……《传》于"春王正月"曰:"王者孰谓?谓文王也。"王则周之天王可也,奚必曰文王? 言文王者,说小康者恒以文王为主也。"西狩获麟"而曰"尧、舜之道",由小康而进于大同,由文王而进于尧、舜,此《礼》、《春秋》之所同,而三世义之所由起也。①

俞樾、廖平把《王制》从《礼记》中抽出单独成篇,康有为把《礼运》抽出单独成篇。明乎《礼运》"大同之道",是由孔子传之子游再传之子思、孟子。② 这里蒙文通又指出,"天下为公,选

---

① 蒙文通:《儒家政治思想之发展》,《经学抉原》,第163—164页。

② 康有为:《礼运注》,姜义华、张荣华编校:《康有为全集》第5集,北京:中国人民大学出版社,2007年,第554—555页。在廖平《今古学考》中,《礼运》还被认为"今、古相同"。廖平:《今古学考》卷上,《廖平全集》第1册,第32页。

贤与能"是汉初儒家吸取墨家,变革自身学说的显著成果。

　　引文中伍非百的观点出自《墨子大义述》一书。在该书中,伍非百还指出,"是以韩非'法治'之言,足补'人治'之缺,而未足破'尚贤'之论也。"①法家"法治"扬弃了儒家"人治",墨家"尚贤"又足以救法家之弊。蒙文通正是延续了这条思路。

　　除了伍非百外,顾颉刚也极富洞见地指出,战国时期社会变革,"庶民中的贤者就起而挤倒了世官",墨家选举思想应运而生。

> 　　学术界中第一个起来顺应时势的,是墨子。他有坚定的主义、有具体的政治主张。他的一个主张是"尚贤",他说:"虽在农与工肆之人,有能则举之,……故官无常贵而民无终贱。"他的第二个主张是"尚同",……这样说来,一切封建制度,贵族阶级,他们是准备全部打倒的;谁有本领谁做官,哪一个最有本领就请哪一个做天子。这等坚决的主张当然会博得民众的多数同情,所以就是和他势不两立的儒家,也不能不采取他的学说。②

此文本是 1934 年春夏间,顾颉刚为《崔东壁遗书》写的序言。次年 9 月,他将其中的战国秦汉部分发表在《燕京学报》第 2

---

　　①　伍非百:《墨子大义述》,南京:国民印务局,1933 年,第 145 页。
　　②　顾颉刚:《战国秦汉间人的造伪与辨伪》,吕思勉、童书业编:《古史辨》第 7 册上,上海:上海古籍出版社,1982 年影印本,第 11 页。

卷第 2 期上,并改标题为《战国秦汉间人的造伪与辨伪》。后
又收入 1940 年的《古史辨》第 7 册。这篇文章写作和发表的
时间正是蒙文通经学转型的关键时期,由《顾颉刚日记》可知
彼时顾、蒙二人学术往来频繁,上述观点很可能是二人相互影
响的结果。①

汉儒对墨家"选天子"之道的吸取,集中体现在明堂制度
上面。蒙文通说:

> 前论汉师之微言,若封禅之言禅让天子,巡守之言黜
> 陟诸侯,辟雍之选贤,明堂之议政,凡诸大端,莫不归本于
> 明堂,导源于墨子。以极端平等之思想,摧破周秦之贵族
> 阶级政治,墨家之要义,一变而为儒者之大经。自取墨以
> 为儒,而儒之宏卓不可及也。非入汉而墨翟之学失其传,
> 殆墨学之精入于儒,而儒遂独尊于百世也。②

明堂为何如此重要,竟至于汉儒政治理想全系于此?

---

① 1936 年春,顾颉刚在《史学集刊》上发表了长文《禅让传说起于
墨家考》,系统申说上述引文的观点。在文章结尾处,杨向奎附有"书
后",专门提到蒙文通《古史甄微》对于禅让的考订,"虞夏夏间禅让之
实,其关键乃在得失诸侯也",即禅让本质上是争夺诸侯的斗争,并不是
理想制度。但杨氏主要是批评此说仍是"弥缝工作",并反衬顾氏的研究
是"史源学"。参见顾颉刚:《禅让传说起于墨家考》,杨向奎"书后",《史
学集刊》(北平研究院)第 1 期,1936 年 4 月,第 229 页。必须指出,该刊
注明发行日期是"1936 年 4 月",但杨向奎"书后"落款却是"5 月 14
日",或是后者为农历日期,或是刊物实际出版日期与所署日期不符。

② 蒙文通:《儒墨合流与〈尸子〉》,《经学抉原》,第 183—184 页。

蒙氏指出,"夫明堂者,天子布政之宫也。……《孟子》曰:'民为贵。'无明堂,则民贵徒虚说也。"①所谓明堂,即是上古最高学府。汉儒多将明堂、辟雍、灵台连为一体,合称"三雍宫"。黄宗羲《明夷待访录》中有《学校》一篇,主张恢复三代学校之制。他指出:

> 学校,所以养士也。然古之圣王,其意不仅此也,必使治天下之具皆出于学校,而后设学校之意始备。……盖使朝廷之上,间阎之细,渐摩濡染,莫不有诗书宽大之气。天子之所是未必是,天子之所非未必非,天子亦遂不敢自为非是,而公其非是于学校。②

上古政教合一、官师不分,学校就是议政之所。《左传·襄公三十一年》载,"子产不毁乡校"。子产颇近于法家,"作丘赋"、"铸刑书",打破国野界别,破坏传统公社制度,使郑国逐渐从周代血缘制过渡到后来的官僚制。对于维护旧制度的先秦儒家而言,这恰恰是"不仁"的。但孔子听闻此事后,却"不信子产不仁",足证上古"学校议政"实则反映了原始民主制习俗。

毋庸置疑,这种民主制的根本在于严格的血统身份制度。战国时期社会结构大变动,关于这种身分制度的争论此起彼

---

① 蒙文通:《儒家政治思想之发展》,《经学抉原》,第168页。

② 黄宗羲:《明夷待访录·学校》,沈善洪主编:《黄宗羲全集》第1册,杭州:浙江古籍出版社,1985年,第10页。

伏。例如丧服制度是周代血统宗法制度的集中体现,仅凭孟子斥责墨子的"薄丧"主张为"无父",就可以看出墨家不像儒家那样受宗法等级制度的羁绊。嫡与庶之间、贵戚与异姓之间的绝然差异在墨家那里并不存在,这也是"兼爱"不同于"仁爱"的根本原因。

正因如此,墨家"选择天下贤良、圣知、辩慧之人,立为天子"中的"贤良、圣知、辩慧之人"是针对一切人说的,而不是具有特定血统身份的人说的。由墨家"选天子"之法改造过的明堂制度,也是一种万民平等的政治理想。例如蒙文通说:

> 今文学家强调明堂制度,其意义正在"明堂讲政"这一点。在论述"辟雍"段中,我们曾指出过周代的大学和今文学家理想的大学不同。周的大学是一群贵族子弟的学校,所谓大学议政,只不过是贵族子弟的课程实习而已。今文学理想的大学则不然,它已经不完全是贵族子弟的学校了,渗入了从王朝领地和诸侯领地所选送来的大量的秀选之士,这批人是从农村、从乡校选拔出来的优秀分子,富有广泛的代表性。这样的太学议政便不再是贵族子弟的课程实习,而是具有全国性的对政治的"献可替否"。①

公允地说,汉儒是否真有这样的理想,今人很难得知。但蒙文

---

① 蒙文通:《孔子与今文学》,《经学抉原》,第246页。

通借汉儒之口说出这番理想,岂不是要说,无论是西方的政治平等制度,还是苏联的经济平等制度,都不背离于中国传统的思想吗?

革命造成了传统与现代在政治认同上的断裂,蒙文通的"素王革命论"却告诉人们,即令革命本身都是传统,儒家并不反革命,革命传统正启自儒家。在中国历史上,"革命建国"从来都不是什么新事物,从某种程度上说,黄生和辕固生的宫廷辩论就是"革命"与"建国"关系的辩论。辕固生反驳黄生:"必若所云,是高帝代秦即天子之位,非邪?"就相当于在追问,否定了革命,本朝的合法性又何以立足? 而川大国民党校长程天放对蒙氏"素王革命论"的反映竟像是黄生的主张,"冠虽敝,必加于首;履虽新,必关于足。"乃以"批评时政"为由,将他解聘。①

人们也许会质疑,"汤武革命"与西方的"revolution"并不是一回事,蒙文通此举是否有穿凿比附之嫌?

事实上,蒙氏自己也注意到了这点。他后来说道:

> 关于封禅,今文家主张革命论,但他们主张的"革命",并不同于我们现代语辞"革命"的概念,只是认为天子所受的天命可以革去罢了。他们所理想的革命方法只不过是易姓改代的征诛或"禅让"。"禅让"是今文学家软弱的表现。但以处在绝对王权的专制时代的历史条件

---

① 参见蒙季甫:《文通先兄论经学》,《蒙文通学记》,第78页。

来看,敢于要求皇帝退位,仍不失是一种有进步意义的理论。①

我们反过来思考,其实中国人在近代史上又何尝完全照搬过西方人的观念呢?无论出于自觉还是不自觉,任何西方观念在中国语境中都不可避免地要同中国传统结合起来。革命概念亦复如是,中国近代史上的革命概念从来都不单纯是西方意义上的"revolution",而是中西革命思想交汇融合的产物。从这个角度说,蒙文通的素王革命论,既是对传统革命思想资源的溯源,他对革命传统的特殊解读方式本身又体现出中西革命思想交融的色彩。②

四、结　语

蒙文通他晚年所说:

> 老子、孔子之学(实指黄老和西汉今文学)何以在汉代战胜百家之学,这是一个大问题,从这里看孔、老,似乎

---

① 蒙文通发言,胡昭曦记录:《孔子思想中进步面的探讨——1961年12月在一次孔子讨论会上的发言》,《蒙文通全集》第1卷,第22页。

② 今天也有学者从中国传统资源入手讨论近代革命思想,例如刘小枫:《儒家革命精神源流考》,上海:上海三联书店,2000年,第2页。相关批评可参见王锦民:《〈儒家革命精神源流考〉驳正》,《二十一世纪》(香港),1999年第1期,第125页。该著在出版之前已经发表,故王锦民教授先有驳论。

比专就孔、老哲学思想看，更有着落。衡论学术，应该着眼于那一时代为什么某种学术得势，原因在哪里？起了什么作用？这才是最重要的。只从现代的观点来衡量、批判，脱离了历史，便成了空论。论宗教也须如此，多从作用论，论作用也不能只谈为统治阶级服务。哪有不为统治阶级服务的学术和宗教？只看到这点是不够的。儒家（今文家）之战胜百家，就在于它汲取了百家之长；道家（指黄老）也是这样，正是杂家胜利了。①

这番言论不只是史学论说，更是对我们民族精神的深切期待。

蒙氏不是激进派，却主张革命儒学。这是源于他深刻地认识到，革命已经造成了传统与现代在法理上的断裂。革命是现代中国的前提，否定革命就是否定现代中国的合法性。但承认革命又势必要否定传统，有害于民族自信心。蒙文通索性认定，中国的革命思想本身就来自于传统。他的"素王革命论"正是消解传统与现代对立的重要尝试。

值得注意，不论蒙文通的经学主张是否正确，努力是否有效，其都是以现代历史学为基础的。

首先，汉初齐学的产生有其社会基础。秦汉大一统帝国的建立和编户齐民制度的推广，使得周代的乡遂异制一去不返。各个地域文化的交流又为诸子百家的合流创造了条件。秦代速亡的教训更是汉初儒生不得不面对的问题。

---

① 蒙文通：《治学杂语》，《蒙文通学记》，第14—15页。

其次,此时的蒙文通既没有像清末今文家那样把"理想之三代"委之于孔子一人,又没有像自己早先那样建构一以贯之、静止不变的东方民族文化传统。在他看来,经今文学是从先秦儒学一步步变化发展到汉代才形成的。这实际上把经学变成了思想史。或者说,蒙文通是用思想史的视野和方法去研究经学的。

准此而论,尽管蒙氏的初衷是要平分经史,以对抗学界"六经皆史"的主张,却不自觉地推动了经学向现代历史学的转化。

事实上,这样结果说明了一个深刻的道理。经过启蒙运动和现代历史学的洗礼,我们已经不可能再像古人那样把圣人之道当作无需证明的前提加以接受。李源澄说:"廖师精卓宏深,才实天纵,惟为时代所限,囿于旧闻,故不免尊孔过甚,千溪百壑皆欲纳之孔氏"。① 此话足以体现现代学人的伦理心智,廖平想把孔子当作绝对者那样无条件地信仰,但经过启蒙的人们哪里会接受这个?

蒙文通则清楚地意识到,在启蒙主义的背景下,一切经学思想都必须经由现代历史学的检验才能成立。这也许才是现代智识的要害所在。

----

① 引自蒙文通:《廖季平先生传》,《经学抉原》,第 200 页。

后　记

　　2008 年到次年 8 月,我有幸在井研县从事志愿服务工作,这段"下放"的经历成为了我学习生涯的转折点。井研是一个位于成都平原南侧的小县城,印象中骑自行车从城区东头到西头也不过 20 多分钟。没有高楼大厦,没有车水马龙,但井研人民却有种天然的热情淳朴,让我们志愿队的全体同志有一种身在家乡的感觉,这种感觉在大城市是没有的。

　　可能因为这段缘分,我后来在读到廖平的著作时,总有一种回乡探亲的感觉。不错,廖先生是一个固乡守土的人。按照《年谱》记载,1890 年春,廖先生高中进士,却宁愿辞官回乡任教,为的是能够侍奉老母。① 后来他成名于学界,各路军阀政客、社会贤达纷纷登门拜访。廖先生对此不屑一顾,却总爱

---

　　① 廖宗泽:《六译先生年谱》卷三,舒大刚、杨世文主编:《廖平全集》第 15 册"附录二",上海:上海古籍出版社,2015 年,第 488 页。

把路过的农民请进家门,抽烟喝茶。儿媳埋怨他这样有失身份,他却笑答:"民以食为天,他们是功臣,失掉我什么身份?"①

他的高足蒙文通也同样固乡守土。真正的乡土情结当然不止于"爱家乡"这么简单。它毋宁使人相信,天地之间有种亘古不变的"正道",人身处其中,便只能依从于它。1939年,蒙先生在四川大学讲授革命儒学,国民党党棍校长程天放居然以"批评时政"为由将他解职。蒙先生却照常去学校上课,"聘不聘我是你学校的事,上不上课是我自己的事,我是四川人,不能不教四川子弟。"在那个国贫民弱、社会纷扰的年代,有此信念者,当不只廖、蒙等几人。他们的事迹暗示了,中国的革命思想不见得都是海德格尔批判的"无根性"或"异乡人",它根植于大地,依据于正道,既孕育于传统,又发扬于现代。

清楚记得我在北师大历史学院读书时,第一堂课上德高望重的郑师渠教授就再三叮嘱我们,千万不要把革命史观和现代化史观视作两个独立的学术范式。类似的提醒贯穿了我在北师大学习的整个阶段。我十分明白,他关注的实是"前三十年、后三十年相互否定"的大问题。

不止如此,郑老师研究清末民初的知识界,常认为李大钊、陈独秀等启蒙思想家也包含了丰富的现代性反思。他是

---

① 廖幼平:《我的父亲廖平》,《廖平全集》第16册"附录四",第1010—1011页。

以自己的方式处理传统与现代法理断裂的根本问题。这也是北师大近代史专业的共同关切。业师孙燕京教授、李帆老师、李志英老师、张昭军老师等人都以各自不同的方式讨论、处理这类问题。尽管他们对于具体历史人物和事件的评判或有不同，但无不担忧方今社会缺乏基本共识，倘无法律约束，派性斗争恐烈于当年"文革"。

得益于众位师长的言传身教，我才能去体会廖、蒙等先生学说背后的精神实质。这本小书正是对我此一阶段学习、思考的粗浅总结。

除了我在北师大的授业恩师外，首先需要感谢的就是刘小枫老师。虽然我早读过他的著作，听过他的讲座，但一直未曾当面请教于他。直到2015年11月，因为一个偶然的机会，刘老师知道我正在研究四川今文学，便对我这个素未谋面的后辈多加鼓励，促成此书的写作和出版。他提携后学的雅量与气度，令我感动不已。

其次要感谢人民大学的冯庆博士。冯庆是刘小枫老师的高足，与刘老师同为重庆人。他们身上都不自觉地透出一股重庆袍哥的仗义与豪气。轻利害，重结交，常常不顾个人得失，相助同道友人。在这个利己主义掠取一切的时代，这种气质弥足珍贵。

再次要感谢华东师范大学出版社的倪为国老师和彭文曼责编。倪老师与彭编辑毫不嫌弃本书平庸无聊，不惟耐心校对、改正书中的讹误疏漏，还常给予批评指正，令我受宠若惊。

感谢王锐、王云燕、盛差偲、李光迪、梁山等友人，与他们的交流启发了我的思路,对本书的写作助益良多。总之,给我帮助者,为数不知凡几,这里不能一一道谢,但感激之情毫不逊色。

最后必须指出,刘复生、王东杰等合撰的《近代蜀学的兴起与演变》(四川大学出版社 2017 年 3 月版)出版时,本书的主体部分(不包括"导言")已经完稿交给了出版社,因而未及引用其中的精彩观点。尤其是李晓宇博士撰写的第二章"尊经书院与近代蜀学的嬗变",功力深湛、发人深省,其与本书上篇第二节"尊经书院与近代蜀学的形成"有部分内容的重合,在此谨表歉意。

本书写作系作者独立完成,所有责任应由作者本人独自承担!

傅　正

2018 年 3 月 28 日

于清华园

图书在版编目(CIP)数据

古今之变:蜀学今文学与近代革命/傅正著.
--上海:华东师范大学出版社,2018
ISBN 978-7-5675-6869-3

Ⅰ.①古… Ⅱ.①傅… Ⅲ.①文化史—研究—
四川②巴蜀文化–研究 Ⅳ.①K297.1②K872.71

中国版本图书馆CIP数据核字(2017)第216797号

华东师范大学出版社六点分社

企划人 倪为国

六点评论

古今之变——蜀学今文学与近代革命

著　者	傅　正
审读编辑	彭海龙
责任编辑	彭文曼
封面设计	卢晓红

出版发行 华东师范大学出版社
社　　址 上海市中山北路3663号　邮编　200062
网　　址 www.ecnupress.com.cn
电　　话 021-60821666　行政传真　021-62572105
客服电话 021-62865537
门市(邮购)电话　021-62869887
地　　址 上海市中山北路3663号华东师范大学校内先锋路口
网　　店 http://hdsdcbs.tmall.com

印刷者 上海盛隆印务有限公司
开　本 889×1194　1/32
印　张 9.5
字　数 145千字
版　次 2018年8月第1版
印　次 2018年8月第1次
书　号 ISBN 978-7-5675-6869-3/K·493
定　价 58.00元

出版人 王　焰